Data-Driven Marketing

마케팅 평가 바이블

DATA-DRIVEN MARKETING : The 15 Metrics Everyone in Marketing Should Know
Copyright © 2010 by Mark Jeffery. All Rights Reserved.

Korean translation copyright © 2015 by Strategy City Co., Ltd.
Korean translation rights arranged with John Wiley & Sons International Rights, Inc. through EYA(Eric Yang Agency).

이 책의 한국어판 저작권은 EYA(Eric Yang Agency)를 통해 John Wiley & Sons International Rights, Inc.와 독점계약한 ㈜전략시티에 있습니다. 저작권법에 의하여 한국 내에서 보호를 받는 저작물이므로 무단전재와 복제를 금합니다.

마케팅 평가 바이블

초판 1쇄 발행   2015년 12월 30일
초판 3쇄 발행   2019년 2월 15일

지은이 마크 제프리
옮긴이 김성아

펴낸이 조철선
펴낸곳 ㈜전략시티
출판 신고 2003년 12월 23일 제 2018-000082호
주소 서울 성동구 왕십리로24나길 20, 2층 257호
전화 070-4070-0139 **팩스** 02-2213-0139
이메일 books@strategycity.net   **홈페이지** www.strategycity.net
블로그 blog.naver.com/strategycity   **페이스북** www.facebook.com/strategycity

ISBN 978-89-98199-15-9 93320
값 25,000원

* 잘못된 책은 구입하신 곳에서 바꿔드립니다.

전략시티는 세상에 도움이 되는 지혜를 출판합니다.

Data-Driven Marketing

마케팅 평가

세계 최고의 마케팅 MBA, 켈로그 경영대학원 강의

바이블

마크 제프리 지음 | 김성아 옮김

머리말

2008년 10월 베어스턴스Bear Sterns가 몰락하고 금융 위기가 시작된 지 몇 달이 지났을 무렵, 한 포춘 500대 기업에 재직하는 CMOChief Marketing Officer, 최고마케팅책임자를 회의석상에서 만났다. 마케팅 평가 지표에 대해 논의하기 위해 초대되었던 나는 CMO의 근심 어린 얼굴을 보자 진짜 문제가 무엇인지 궁금해 이렇게 물었다. "무슨 걱정거리가 있으신가요?"

"사실 일전에 저희 회장님과 만난 자리에서 마케팅 예산을 36퍼센트 삭감하고 싶다는 말을 들었습니다. 처음에는 농담이라고 생각했는데, 이내 심각한 상황이라는 것을 깨달았죠."

다음 날 아침 8시에 핸드폰으로 전화 한 통이 왔다. "교수님, 오늘 오후 2시에 회장님과 회의가 있습니다. 교수님의 도움이 필요합니다."

20년 만에 최악의 경제난을 맞이한 현재 상황을 고려했을 때, 이런 위기에 직면한 사람이 예의 CMO만은 아닐 것이다. 마케터들이 마케팅 예산의 타당성을 입증하기 위해 고군분투하고 있음에도 회사는 계속해서 보다 적은 자원으로 보다 많은 성과를 창출하기를 요구한다. 마케팅 담당이 아닌 임원들은 의심 가득한 눈초리로 마케팅 활동을 주시한다. 그러다 경영 환경이 나빠지면 마케팅은 예산 삭감 1순위 후보가 된다. 특히 브랜드 인지도Brand Awareness와 이미지를 제고하는 마케팅 활동들은 그 효과를 측정하는 기준이 '모호'한데다 매출 상승으로 직결되기 어렵기 때문에 성과를 측정하기가 한층 더 힘들다.

나는 252개 기업을 대상으로 그들이 1년 동안 집행한 총 530억 달러(약 60조 원) 규모의 마케팅 비용을 분석했다. 연구 결과 많은 마케터들이 자신이 담당한 마케팅 활동들의 성과를 측정하는 데 어려움을 겪고 있다는 사실을 알게 됐다. 조사에 참여한 마케팅 임원들 중 55퍼센트는 부하 직원들이 기본적인 마케팅 평가 지표조차 이해하지 못한다고 응답했으며, 조사 기업의 80퍼센트는 데이터 기반 마케팅data-driven marketing을 업무에 활용하지 않고 있었다. 하지만 이런 어려움은 엄청난 시간과 자원을 투자하지 않고도 얼마든지 해결할 수 있다. 올바른 평가 지표를 통해 올바른 방법으로 그 효과를 측정하는 데 집중하면 되기 때문이다.

　이 책은 객관적인 평가 관리를 통해 자신의 마케팅 업무 성과를 향상시키고 마케팅 투자 효과를 입증하려는 모든 마케터를 위해 쓰였다. 물론 마케팅 활동의 실제 효과를 확인하고 싶은 경영자들에게도 도움이 될 것이다. 나는 켈로그 경영대학원Kellogg School of Management에서 마케팅 평가 지표를 중심으로 한 데이터 기반 마케팅 수업을 하고 있다. 일반 MBA에서는 10주 과정으로, 최고경영자 과정에서는 5번의 수업으로, 3일짜리 특별 강좌로도 가르치고 있다. 이 책은 켈로그 마케팅 강좌의 모든 것을 담았다. 이 책의 전개 순서도 수업 내용과 순서를 따랐다. 이 책 한 권이면 켈로그의 마케팅 평가 강의를 고스란히 접하는 기회가 될 것이다. 이 책을 교과서 용도로 쓴 것은 아니지만, 마케팅 평가 관리와 데이터 기반 마케팅 수업에 좋은 참고 도서 역할도 할 수 있으리라 생각된다.

　구체적으로 이 책에서 나는 마케팅에 적용할 수 있는 100여 가지 다양한 평가 지표를 나열하는 대신, 가장 중요한 15가지에만 집중했다. 이 15개 평가 지표만을 활용하여 어떻게 마케팅 효과를 측정하고 그 성과를 근본적으로 향상시킬 수 있는지 이 책 전반에 걸쳐 보여줄 것이다. 대기업뿐만 아니라 중소기업들도 포함된 연구 사례들을 통해 데이터 기반 마케팅을 완벽하게 수행한 기업들이 경쟁자들에 비해 얼마나 더 나은 재무 성과를 창출했는지도 입증할 것이다. 15가지 평가 지표만 중점적으로 다룸으로써 여러분들은 이 원칙들을 쉽게 익히고 업무에 적용할 수 있을 것이다.

이 책은 3개의 part로 구성되어 있다. Part 1에서 마케팅 성과 평가와 데이터 기반 마케팅에 대해 개략적으로 살펴본 후, part 2와 3에서 마케팅 성과를 극적으로 향상시키기 위한 평가 관리 및 데이터 기반 마케팅에 대해 구체적으로 알아보고자 한다. 마케팅 평가 지표에 의한 마케팅 성과 측정 기법과 데이터 기반 마케팅에 대한 체계적이고 실용적인 접근법을 제시하고 있기에, 각 part는 순서와 상관없이 읽어도 무방하다.

먼저 part 1은 마케팅 평가와 데이터 기반 마케팅을 소개하는 3개의 chapter로 구성되어 있다. Chapter 1은 대다수의 기업들은 왜 마케팅 평가와 데이터 기반 마케팅을 소홀히 다루고 있는지 그 이유를 찾아본다. Chapter 2에서는 "그럼 무엇부터 시작해야 할까?"라는 질문으로 시작해 성과 평가와 데이터 기반 마케팅을 가로막는 5가지 장애물을 극복하는 전략에 대해 설명한다. Chapter 3에서는 마케팅 유형과 캠페인 성격에 따라 올바른 평가 지표를 선택하는 방법을 알아본다.

Part 2에서는 15가지 평가 지표를 중심으로 구체적이고도 실질적인 세부 정보를 제공한다. 특히 인터넷이 모든 유형의 마케팅 캠페인에 미치는 영향력을 감안하여 15가지 중 5개 인터넷 마케팅 평가 지표는 chapter 7에서 집중적으로 다룬다. Part 2 역시 순서와 상관없이 원하는 부분부터 읽으면 되지만, 재무 관련 개념들에 어려움을 느끼는 독자라면 마케팅투자수익률ROMI, Return On Marketing Investment과 고객생애가치CLTV, Customer Lifetime Value와 씨름하기 전에 마케터를 위한 기본 재무 지식을 설명하는 chapter 5를 먼저 읽을 것을 추천한다.

Part 3에서는 성과 평가를 한 차원 더 발전시키는 데이터 기반 마케팅을 집중적으로 다룬다. 즉, 성과 평가를 가능케 하는 데이터 기반 마케팅 원칙들과 한 차원 더 높은 평가 관리를 하기 위한 전략들을 제시한다. Part 3에 포함된 4개의 chapter는 시장 상황에 재빠르게 대응하는 마케팅을 의미하는 애자일 마케팅agile marketing, 이벤트 기반 마케팅event-driven marketing과 분석 마케팅, 데이터 기반 마케팅을 위한 인프라, 마케팅 캠페인 관리 및 창조적 X 인자Creative X-factor에 대해 설명한다.

사실 평가 없는 마케팅은 낭비일 뿐이다! 피터 드러커Peter Drucker도 "측정할 수 없으면 관리할 수 없고, 관리할 수 없으면 개선할 수 없다"고 말했다. 이 책을 통해 15가지 필수 평가 지표를 중심으로 한 마케팅 평가 기법과 데이터 기반 마케팅 접근법을 습득함으로써 마케팅 성과를 이전보다 몇 배 더 창출할 수 있는 마케터가 되기를 진심으로 바란다.

켈로그 경영대학원 교수
마크 제프리

목 차

머리말

Part 1. 평가 없는 마케팅은 낭비다

Chapter 1. 아직도 주먹구구식 접근법에만 의존하는가? 017

직감으로 판단하는 주먹구구식 접근법 021
반드시 알아야 할 마케팅 평가 지표 15 024
데이터 기반 마케팅 사례 028
선도자와 낙오자의 차이 039
저성장기에 더욱 유용한 마케팅 투자 044
성과 평가를 가능케 하는 데이터 기반 마케팅 전략 046

Chapter 2. 무엇부터 시작해야 할까? 053

장애물 1. 시작하는 것 자체가 어렵다 057
장애물 2. 인과관계를 파악하기 어렵다 064
장애물 3. 필요한 데이터가 없다 067
장애물 4. 자원과 도구가 부족하다 073
장애물 5. 사람과 조직 문화가 문제다 079
올바른 평가 문화 정착을 위한 로드맵 086

Chapter 3. 마케팅 평가 지표의 활용 091

마케팅 활동 유형별로 적합한 평가 지표를 선택하라 093
다양한 평가 지표를 활용하는 마케팅 균형성과표 102
마스터카드의 성과표 106
최종 고객 데이터가 없는 B2B 기업도 가능하다 110

Part 2. 성과를 극적으로 개선시키는 평가 지표 15

Chapter 4. 반드시 알아야 할 필수 평가 지표 5가지   119

평가 지표 #1. 브랜드 인지도 Brand Awareness   120
평가 지표 #2. 시험 사용 Test-Drive   137
평가 지표 #3. 고객이탈률 Churn   143
평가 지표 #4. 고객만족도 CSAT   148
평가 지표 #5. 오퍼수락률 Take Rate   154

Chapter 5. 반드시 알아야 할 재무 평가 지표 4가지   161

평가 지표 #6. 이익 Profit   163
평가 지표 #7. 순현재가치 NPV   165
평가 지표 #8. 내부수익률 IRR   173
평가 지표 #9. 회수기간 Payback Period   176
마케팅투자수익률 ROMI 분석   177
스폰서십의 마케팅투자수익률 분석   183
신제품 출시의 마케팅투자수익률 분석   187
신뢰도를 높여주는 민감도 분석   195

Chapter 6. 고객 미래 가치를 측정하는 핵심 평가 지표 203

평가 지표 #10. 고객생애가치CLTV 204
고객생애가치에 초점을 맞춘 가치 기반 마케팅 208
장단기 고객 수익성의 균형 찾기 220
고객생애주기 관리 227

Chapter 7. 인터넷 마케팅에 유용한 신규 평가 지표 5가지 233

평가 지표 #11. 클릭당 비용CPC 235
평가 지표 #12. 거래전환율TCR 237
평가 지표 #13. 광고수익률ROAS 242
평가 지표 #14. 사이트 이탈률Bounce Rate 249
인터넷 검색 마케팅의 판도를 바꾸는 귀인모델 253
배너 광고의 성과 분석 257
소셜미디어의 하이퍼타겟팅 배너 광고 260
평가 지표 #15. 입소문WOM 263

Part 3. 평가의 수준을 높이는 데이터 기반 마케팅

Chapter 8. 재빠른 방향 전환을 위한 애자일 마케팅　275

　　　실패하려면 빨리 실패하는 게 좋다　277
　　　마이크로소프트의 시큐리티 가이던스 캠페인　278
　　　어렵게만 여기지 말고 일단 시작하라　286

Chapter 9. 데이터 기반 마케팅의 3가지 필수 분석 기법　291

　　　분석 마케팅 기법 #1. 경향 모델　293
　　　분석 마케팅 기법 #2. 장바구니 분석　298
　　　분석 마케팅 기법 #3. 의사결정트리　299
　　　모든 것은 타이밍이 좌우한다　309
　　　분석 마케팅 양식　313

Chapter 10. 마케터 관점으로 바라본 인프라 구축 319

정말 필요한 데이터는 무엇인가? 321
단층 주택과 엠파이어스테이트 빌딩 324
데이터의 복잡성 329
아는 길도 헤맬 수 있다! 335
하라스 엔터테인먼트 사례 339

Chapter 11. 경쟁 우위를 창출하는 마케팅 캠페인 관리 최적화 351

마케팅 캠페인 관리의 중요성 352
마케팅 캠페인 관리 최적화에 필요한 4가지 역량 357
마케팅 투자 포트폴리오 분석 363
마케팅 캠페인 관리를 저해하는 4가지 장애물 366
마케팅 캠페인 관리를 최적화하는 3단계 접근법 369
복잡성을 관리하는 방법 374
창조적 X인자와 데이터 기반 마케팅 376

덧붙이는 말 382
주석 384
색인 392

Data-Driven Marketing

Part 1

평가 없는
마케팅은 낭비다

Chapter 1

아직도 주먹구구식
접근법에만 의존하는가?

아직도 80퍼센트의 기업들은
제대로 평가도 하지 않고, 데이터도 활용하지 않으며,
직감에 의존한 주먹구구식 마케팅을 하고 있다.

한 포춘 100대 기업의 마케팅 부문 임원이 이렇게 말한 적이 있었다. "매주 전쟁터 같은 임원회의에 참석해야 하는데, 칼 하나만 달랑 쥐고 총격전에 나가는 꼴이에요. 이제 신물이 나요." 회의 때마다 자신의 마케팅 활동들에 대해 가치를 묻는 매서운 질문들이 쏟아지는데, 막상 답할 만한 구체적인 자료가 없어 매번 좌절감만 느끼고 있었다. 우리가 살아가는 이 힘겨운 시대에 마케팅의 성과 측정과 데이터 기반 마케팅의 중요성은 점점 더 커지고 있다. 마케터들은 과거 어느 때보다 마케팅 비용에 대한 타당성과 이를 통해 창출한 비즈니스 가치를 증명할 줄 알아야 한다. 그리고 올바른 평가를 통해 마케팅 성과를 혁신적으로 개선시켜야 한다.

그런데 이런 고충을 들을 때마다 의문이 하나 떠오른다. 왜 아직도 많은 조직들이 마케팅 평가와 데이터 기반 마케팅을 어려워할까? 물론 이유는 많다. 어떻게 해야 할지 방법을 모르기도 하지만, 브랜드 인지도와 이미지를 제고하는 마케팅 활동들은 그 성과가 애매하고 단기간에 직접적인 매출 상승으로 이어지지 않기 때문이다. 더구나 기하급수적으로 증가하는 정보량은 문제를 더욱 복잡하게 만든다. 시장조사기관인 IDC International Data Corporation의 조사에 따르면 데이터 양이 매년 60%씩 늘고 있다고 한다. 이는 저장된 정보량이 약 20개월마다 두 배씩 증가한다는 뜻이다. 모두를 압도할 만큼 방대한 양의 데이터 속에서 마케터들은 한정된 시간과 자원을 통해 자신들의 업무 성과를 측정하려 고군분투한다.

하지만 이와 달리 마케팅 평가 지표와 데이터 기반 마케팅에 통달한 마케터들도 있다. 이들은 예외 없이 남들보다 빨리 승진하며 고위직에 먼저 오른다. 앞으로 이 책을 통해 살펴보겠지만, 마케팅 평가 척도를 수립하고 데이터 기반 마케팅을 기업 문화로 정착시킨 회사들은 시장에서 경쟁 우위를 차지하고, 그 결과 경쟁사들보다 훨씬 더 우수한 재무 성과를 창출한다.

몇 년 전 나는 베스트바이Best Buy의 CMO인 배리 저지Barry Judge에게 베스트바이의 주요 경쟁사가 어디인지 물었다. 그는 월마트라고 대답했다. 월마트는 세계 최대의 유통 회사이기에 놀랄 일은 아니었다. 월마트는 놀라울 정도로 효과적인 공급 관리 시스템과 규모의 경제, 최저가 가격 시스템으로 전 세계 유통업계에 지각 변동을 일으킨 바 있었다. 하지만 내가 예상했던 베스트바이의 경쟁사는 전자제품 체인점인 서킷시티Circuit City였기에 그의 생각이 다른 이유를 물었다.

"서킷시티는 아직도 상황 파악을 못 하니까요." 그가 말했다.

서킷시티의 마케팅 전략은 계속해서 매출을 창출하는 것이었다. 이런 전략으로 고객들을 매장으로 유인했고 판매를 촉진했다. 하지만 월마트의 출현으로 유통업계 이익률이 전반적으로 낮아지자 서킷시티의 매출은 곧 손해로 이어지기 시작했다. 판매는 계속되지만 손익 구조상 적자만 낳는 구조가 된 것이었다. 저지는 '죽음의 악순환death spiral'이란 말로 서킷시티의 상황을 묘사했다.

물론 이제 서킷시티의 이야기도 역사의 뒤켠으로 사라졌다. 2009년 1월 서킷시티가 파산했기 때문이다. 서킷시티 외에도 이와 유사한 일들이 지난 20년간 유통업계에서 벌어졌다. 시카고 마샬필드Marshall Field's와 필라델피아 워너메이커Wanamaker도 수익률이 저조한 다른 업체들처럼 모두 합병의 수순을 밟았다. 이 업체들의 매장에는 이제 메이시Macy's 백화점의 깃발이 꽂혀 있다.

하지만 베스트바이는 다르다. 물론 베스트바이도 서킷시티처럼 수요 창출 마케팅, 즉 고객을 매장으로 유인하는 마케팅 활동에 상당한 예산을 투자한다. 그러나 베스트바이는 다른 경쟁사들보다 더 많은 예산을 브랜드 구축과 인지도 제고, 고객 관계 관리, 데이터 기반 마케팅을 지원하는 인프라 개발에 집중 투자한다. 또한 마케팅 활동을 최적화하기 위해 적응 학습adaptive learning이라는 피드백 루프에 각각의 마케팅 성과를 측정, 평가하여 관리한다.

베스트바이 마케터들은 매장 별로 고객의 구매 행동과 인구 통계적 특징을 분석한다. 예를 들어 어떤 지역에는 '질스Jills'라는 이름의 고객군이 존재하는데, 이들은 직장에 다니면서 가족을 챙기는 '사커맘soccer mom'을 말한다. 이 주부들은 새 가전제품을 구입할 때 가족을 대표하여 의사 결정한다. 이런 데이터를 바탕으로 베스트바이는 질스 고객군의 비중이 특히 높은 지역 매장에는 이들의 특성에 맞춘 마케팅 활동을 진행해 왔다. 예를 들면, 아이들과 함께 전자제품을 사용하는 주부의 모습이 담긴 대형 광고물을 매장 안에 설치한다든지, 관련 광고물이나 카탈로그를 직접 집으로 발송한다든지, 사커맘들이 주목할 만한 제품들로 매장을 구성하는 식이었다. 물론 이런 마케팅 활동들을 실시하기 전과 후로 대비하여 매장의 매출 변화 등 마케팅 활동에 대한 평가를 진행했다.

베스트바이의 사례를 보면 기업의 성패를 좌우하는 마케팅 평가의 중요성을 확인할 수 있다. 대부분의 기업들은 마케팅을 수박 겉핥기식으로만 알지 제대로 '이해'하지 못한다. 결과적으로 평가에 기초하여 마케팅을 올바로 이해하는 기업들만이 경쟁 우위를 점하게 되고, 그렇지 못한 회사는 고전 끝에 점차 시장점유율market share과 수익성을 잃다 경쟁사에 잠식되거나 업계에서 퇴출된다.

직감으로 판단하는 주먹구구식 접근법

나는 마케팅 성과 관리와 마케팅투자수익률 관리 사례를 조사하기 위해 켈로그 경영대학원의 동료들과 함께 252개 포춘 1,000대 기업들을 분석했다. 이들 기업이 한 해 지출하는 마케팅 예산을 전부 합치면 총 530억 달러(약 60조 원)에 달했다. 이렇듯 광범위한 조사를 통해 마케팅 선도자와 낙오자의 차이를 확인할 수 있었다. 특히 조사를 통해 도출된 몇몇 통계 자료는 그 차이를 극명하게 보여주었다.

- 조사한 기업들 중 53퍼센트는 새로운 마케팅 활동을 실행하기 전에 마케팅투자수익률이나 순현재가치NPV, Net Present Value, 고객생애가치, 기타 마케팅 평가 지표들을 활용해 성과를 예측해보지 않았다.

- 57퍼센트는 다른 경영 사례들을 참고하여 마케팅 활동에 필요한 예산을 산출하지 않았다.
- 61퍼센트는 마케팅 활동의 타당성을 확인하고 평가함으로써 우선순위를 정하는 체계적인 프로세스가 정립되어 있지 않았다.
- 69퍼센트는 마케팅 활동에 대한 파일럿 테스트 결과를 대조군과 비교하지 않았다.
- 73퍼센트는 예산 투입을 결정하기 전에 주요 경영 목표를 기준으로 마케팅 활동을 평가할 수 있는 성과표를 활용하지 않았다.

조사 결과는 충격적이었다. 대다수의 마케팅 조직들은 마케팅 업무를 관리하는 전문 프로세스를 갖추고 있지 않을 뿐더러, 그날그날의 마케팅 활동들을 평가하는 평가 지표도 사용하지 않았다. 신규 마케팅 활동에 대한 예산 투입을 결정하기 전에 관련된 경영 사례를 참고하고 그 투자수익률을 측정하지 않는다면 어떻게 성공 여부를 가늠할 수 있겠는가? 마케터들이 데이터를 활용하는 면모를 살펴보면 이런 주먹구구식 접근법은 더욱 분명하게 부각되었다.

- 조사한 기업들 중 57퍼센트는 진행한 마케팅 활동의 성과를 추적하고 분석하는데 중앙집중식 데이터베이스를 활용하지 않았다.
- 70퍼센트는 마케팅 활동에 대한 고객 반응을 추적할 수 있는 전사 데이터웨어하우스인 EDW Enterprise Data Warehouse (기업 내 정보 공유를 목적으로 모든 정보를 체계적으로 분류, 저장하는 통합 저장소)를 보유하고 있지 않았다.

- 71퍼센트는 경영 목적에 맞는 마케팅 활동을 선별하는 데 방향성을 제시할 수 있는 분석 도구들이 없었다.
- 80퍼센트는 고객에게 발생한 사건을 중심으로 한 이벤트 기반 마케팅을 자동적으로 실행할 수 있도록 통합 데이터 소스를 활용하지 않았다.
- 82퍼센트는 마케팅 자원 관리 시스템인 MRM(Marketing Resource Management)과 같은 소프트웨어를 활용하여 마케팅 활동의 성과와 마케팅 자산 변화를 추적, 검토하는 활동을 전혀 하지 않았다.

조사 결과에 따르면 대부분의 기업들이 포춘 1,000대 기업에 속하는 회사들임에도 마케팅 활동을 관리하고 최적화하는 데 데이터를 전혀 활용하지 않는다는 것을 알 수 있다. 연간 530억 달러나 되는 예산을 마케팅에 쏟아붓고 있으면서 말이다. 하지만 20퍼센트가 채 안 되는 마케팅 선도자들은 일상 업무에 마케팅 평가 지표들을 적절히 활용하고 있었으며, 데이터 기반 마케팅도 실행하고 있었다.

그렇다면 왜 대부분의 기업들은 주먹구구식 접근법에 의존하며 마케팅 평가 관리나 데이터 기반 마케팅을 추진하지 않을까? 위의 통계 결과를 보면 기업들이 마케팅 성과 측정과 데이터 기반 마케팅을 어려워하는 징후와 그 원인을 알 수 있다. 물론 기업 내부의 프로세스 때문에 마케팅 성과를 측정하는 문화가 조성되지 못하거나, 데이터 기반 마케팅을 할 수 있는 인프라를 보유하지 못한 경우도 있다. 하지만 내 경험상 이런 고차원적 이유 뒤에는 마케터들 대부분이 숫자와 데이터 자체에 기가 눌려 있고, 실제 성과를 창출할 수 있는 최선의 마케팅 활동들을 선별하기 위해 무엇부터 시작해야 할지 모른다는 이유가 더 크다고 확신한다. 일례로 55퍼센트의 마케팅 관리자들은 팀원들이 순현재가치와 고객생애가치와 같은 평가 지표 자체를 아예 모른다고 응답했다.

물론 당신이나 당신의 회사가 주먹구구식 접근법에 의존해 있다고 실망할 필요는 없다. 아직 대부분의 회사들이 그러고 있다. 하지만 이 책을 통해 마케팅 선도자들의 비법을 알게 된다면 뛰어난 마케터가 되는 길이 그리 멀지 않을 것이다. 마케팅 성과 평가와 데이터 기반 마케팅을 추진할 수 있는 방법과 수단을 다양한 사례들과 함께 배움으로써 말이다.

반드시 알아야 할 마케팅 평가 지표 15

내가 마이크로소프트Microsoft에서 임원들을 대상으로 교육을 진행할 때, 마이크로소프트의 마케팅 임원 몇 명이 자신들에게 가장 필요한 것은 마케팅투자수익률을 계산해 주는 '환상적인 앱app'이라고 말했다. 나에겐 그 말이 무척 재미있게 느껴졌다. 마이크로소프트는 이미 엑셀이라는 환상적인 앱을 갖고 있었기 때문이다. 사실 엑셀 스프레드시트만큼 강력한 프로그램도 드물다.

앞으로 나는 마케팅 성과를 측정하고 데이터 기반 마케팅을 실행하는데 필요한 다양한 평가 지표들과 표준 모델을 설명할 계획인데, 엑셀은 이런 목적에 부합하는 위대한 프로그램이다. 물론 마케팅 활동과 매출의 상관관계를 보여주려면 좀 더 복잡한 분석 기법들이 필요할 수 있다. 예를 들어 소비재 기업들은 마케팅 비용과 매출의 연관성을 분석하는 데 회귀분석을 자주 활용한다. 하지만 이런 분석 기법들에는 심각한 문제가 숨어 있다. 분석하는데 필요한 다량의 데이터가 축적되어 있지 않다는 점이다.

그런 점에서 나는 몇 가지 주요 평가 지표가 포함된 균형성과표BSC와 간단하게 실행할 수 있는 분석 기법들을 중점적으로 다루려 한다. 물론 회귀분석도 분명 활용도가 있는 기법이기에 chapter 9에서 다뤄볼 계획이다. 구체적으로 메러디스 출판사Meredith Publishing가 고객들이 구입할 책을 예측하기 위해 이용한 회귀분석 방법을 설명할 것이다. 또한 어스링크사Earth Link가 고객 유지 마케팅을 위해 활용한 의사결정트리Decision Tree 같은 데이터마이닝data-mining 기법과 회귀분석의 차이를 비교할 것이다.

이 책에서는 엑셀로도 충분히 분석 가능한 마케팅 평가 지표들을 중심으로 설명하고자 한다. 물론 데이터 기반 마케팅을 업무에 꾸준히 활용하려면 자동화된 프로세스가 필요하다. 특히 당신이 대규모 고객을 상대하고 있다면 데이터베이스와 좀 더 정교한 분석 도구를 포함한 마케팅 인프라가 필요할 수 있다. 그렇다 하더라도 마케팅 활동을 평가하고 데이터 기반 마케팅을 실행하는 기본 원리는 같다.

그런 점에서 나는 활용 가치가 높은 평가 지표에 집중하려 한다. 내 관점에서 마케팅에 가장 필수적인 평가 지표는 다음의 15가지다.

혹시 이런 평가 지표들을 잘 모른다고 걱정할 필요는 없다. Chapter 3에서 7까지 관련 내용들을 자세히 다루기 때문이다.

그중 1번부터 10번까지의 평가 지표는 내가 전통적 마케팅 평가 지표라고 부르는 것들이다. 1번에서 5번까지는 chapter 3과 4에서 논의할 비재무 지표들이다. 이 지표들을 활용하여 브랜딩 효과, 고객 충성도, 마케팅 활동 비교, 마케팅 캠페인 성과 등을 확인할 수 있다. 그리고 6번부터 9번까지는 모든 마케터들이 알아야 할 재무 지표들이다. 여기서 주목할 점은 투자 수익률 지표인 ROI~Return On Investment~가 포함되지 않았다는 것이다. 그 이유는 chapter 5에서 설명하도록 하겠다. 특히 10번 평가 지표인 고객생애가치는 기업 입장에서 고객의 가치를 측정하는 필수 평가 지표이기에, chapter 6에서 의사결정 방법론을 기초로 집중적으로 설명하도록 하겠다.

1. 브랜드 인지도 Brand Awareness
2. 시험 사용 Test-Drive
3. 고객이탈률 Churn
4. 고객만족도 CSAT, Customer Satisfaction
5. 오퍼수락률 Take Rate
6. 이익 Profit
7. 순현재가치 NPV, Net Present Value
8. 내부수익률 IRR, Internal Rate of Return
9. 회수기간 Payback Period
10. 고객생애가치 CLTV, Customer Lifetime Value
11. 클릭당 비용 CPC, Cost Per Click
12. 거래전환율 TCR, Transaction Conversion Rate
13. 광고수익률 ROAS, Return On Ad. dollars Spent
14. 사이트 이탈률 Bounce Rate
15. 입소문(소셜미디어 도달률) WOM, Word Of Mouth

약 100년 전에 존 워너메이커 John Wanamaker가 이런 유명한 말을 했다. "내가 마케팅에 쓴 돈의 절반은 쓸데없이 낭비됐습니다. 문제는 그 절반이 어떤 비용인지 모른다는 점입니다." 사실 평가 없는 마케팅은 낭비일 뿐이다. 다른 얘기지만 이 말을 약간 수정해 최근에는 CMO 한 명이 이렇게 말했다. "내가 마케팅에 쓴 돈의 절반은 쓸데없이 낭비됐습니다. 하지만 저는 그게 어떤 비용인지 알고 있습니다. TV 광고비죠." 그가 이렇게 말한 이유는 최근 인터넷과 스마트폰 등 신규 매체들을 활용한 마케팅 활동이 부상하고 있는 것과도 무관하지 않다.

그런 점에서 나는 15가지 필수 평가 지표 중 마지막 5가지는 뉴미디어 마케팅 평가 지표들을 선정했다. 나는 이들을 '뉴에이지 마케팅 평가 지표 new age marketing metrics'라고 부른다. 11번에서 13번까지의 평가 지표는 인터넷 검색엔진의 마케팅 성과를 측정하는 데 활용할 수 있다. 14번 평가 지표인 사이트 이탈률 Bounce Rate은 해당 웹사이트가 얼마나 효과적인지 알 수 있는 핵심 평가 지표이다. 마지막 15번 평가 지표를 통해 소셜미디어 마케팅이라는 새로운 영역의 성과를 가늠하기 위해 입소문 효과를 다양한 사례들과 함께 자세히 논할 것이다. 마지막 5가지 평가 지표들을 다루는 chapter 7은 마케팅 성과를 극적으로 제고시킨 인터넷 마케팅의 모범 사례들에 대해 심도 깊게 설명하는 부분이므로 언제든 필요할 때 넘어가서 읽으면 된다.

그런데 성과를 극대화하기 위해 마케팅 평가 지표들을 제대로 활용하려면 데이터 기반 마케팅이 반드시 필요하다. 그런 점에서 본격적으로 마케팅 평가 지표에 대해 알아보기에 앞서, part 3에서 다룰 데이터 기반 마케팅을 실제로 어떻게 활용하는지 몇 가지 사례들을 살펴보기로 하자.

데이터 기반 마케팅 사례

만약 당신이 소규모 고객 기반의 중소기업에서 일한다면 무엇부터 시작해야 할까? 정답은 '표적 고객 리스트부터 구입한다'이다. 표적 고객 리스트가 있어야 이를 토대로 마케팅을 펼칠 수 있기 때문이다. 그럼 표적 고객 리스트를 확보했다면 이제 어떻게 해야 할까? 이는 내가 경험한 사례로 설명해보도록 하겠다.

몇 년 전 우리 집으로 우편 광고물 하나가 배달됐다. 광고물 앞면에는 근사한 골프장 사진과 함께 이런 문구가 적혀 있었다. "마크 씨를 특별히 모십니다." 광고가 특별히 나를 위해 제작됐다는 점에서 내 시선을 붙잡았다.

와우, 내 자신이 특별한 사람처럼 느껴졌다. 물론 우리는 모두 그 내막을 알고 있다. 사람들은 보통 우편물을 다음의 방식으로 분류하고 보관한다. 영수증과 고지서, 친지들이 보낸 편지, 기타 광고성 우편물들로 말이다. 대개 광고성 우편물은 쳐다보지도 않고 휴지통에 집어넣는다. 이런 이유로 전통적인 다이렉트 메일은 인쇄비와 우편 발송비 등 비용은 상당히 들지만, 그 효과는 작다는 인식이 강했다. 하지만 내가 받은 우편 광고는 좀 달랐다.

먼저 그들은 어떤 방법으로든 내가 골프를 좋아한다는 사실을 알아냈을 것이다. 아마도 내 쇼핑 내역을 통해 파악했으리라 추측된다. 그런 다음 광고물을 내가 직접 받아볼 수 있도록 발송했다. 결국 그 다이렉트 메일은 특정 고객을 대상으로 맞춤 제작됐기 때문에 광고성 우편물로 분류되지도, 바로 휴지통으로 던져지지도 않았다. 이런 경우 고객은 우편물 뒷면을 볼 확률도 높아진다. 그런데 뒷면 또한 매우 흥미로웠다. www.

companyname.com/Mark.Jeffery라는, 나만을 위한 URL이 적혀 있었기 때문이다. 일단 URL을 통해 웹사이트에 접속한 사람들은 추적 가능하기 때문에 고객에게 전화를 걸어 후속 마케팅을 시도할 수 있다는 사실에 주목해야 한다. 설사 고객이 웹사이트에 자세한 개인정보를 등록하지 않는다고 해도 의미가 있다.

:: 포르쉐 신모델 출시 캠페인

〈표 1.1〉은 포르쉐Porsche Cars가 터보 카브리오레Turbo Cabriolet 신모델을 출시하면서 실시했던 마케팅 사례이다. 신모델 출시 소식이 각종 매체를 통해 발표될 즈음, 기존 터보 카브리오레 차주들은 우편으로 스탬프가 찍힌 자

【표 1.1】 다이렉트 메일 마케팅과 함께 진행된 포르쉐 터보 카브리오레 출시 캠페인

출처 : 포르쉐 북미 마케팅

동차 번호판을 가공되지 않은 금속판 상태로 받았다. 우편물에는 고객별로 제품 사이트에 로그인할 수 있는 정보와 함께 이런 문구가 사이트 방문을 유도하고 있었다. "아직 완성되지 않은 포르쉐 911 터보 카브리오레가 당신의 색상 선택을 기다리고 있습니다." 고객들은 웹사이트를 방문해 자신이 선호하는 자동차 색상을 직접 고름으로써 자기 취향에 맞는 터보 카브리오레 포스터를 받아볼 수 있었다.

포르쉐는 처음부터 끝까지 고객의 반응을 추적할 목적으로 출시 캠페인에 웹사이트 마케팅을 결합했다. 고객에게 발송된 우편물에는 스탬프가 찍혀진 가공 전 금속 번호판이 동봉돼 고객의 사이트 방문을 유도했고, 사이트를 방문한 고객은 자신이 선호하는 차량 색상을 고르고 이에 맞게 제작된 포스터를 받아볼 수 있도록 기획되었다. 그 결과 총 2,700명의 고객이 사이트에 로그인했고, 평균 15분 동안 웹사이트에 머물면서 총 5,679장의 포스터를 주문했다. 흥미롭게도 이 캠페인은 상당한 입소문도 불러일으켜 '친구에게 초대장 발송하기'에 참여한 고객도 거의 5백 명에 달했다. 터보 카브리오레 기존 구매자 중 38퍼센트가 다이렉트 메일을 받았는데, 이들의 캠페인 응답률은 무려 30퍼센트나 되었다.

포르쉐 캠페인의 높은 응답률과 사이트 이용 시간은 13만 달러에 달하는 높은 가격대와 표적 고객들 대부분이 경영인, 법조인, 의사 등 시간이 없는 전문직 종사자라는 특성을 감안했을 때 더욱 놀라운 결과이다. 하지만 이 사례가 특히 돋보였던 이유는 처음부터 마케팅 성과를 측정할 목적으로 다이렉트 메일 마케팅을 기획했고, 고객 응답률을 웹 마케팅과 결합하여 측정함으로써 어떤 고객을 어떻게 공략할지 결정할 수 있었다는 점이다.

이런 고객 맞춤형 마케팅과 데이터 기반 마케팅은 기업 규모와 상관없이 상당한 성과를 창출할 수 있다. 물론 규모나 활용할 수 있는 자원 면에서 분명한 이점을 가지고 있는 대기업이 유리하긴 하지만 말이다.

그런데 이런 고객 맞춤형 마케팅이나 데이터 기반 마케팅은 B2C 사업에 국한된 것으로 오해하는 경우가 있다. 물론 그렇지 않다. 그런 점에서 포춘 500대 기업 중 B2B 사업을 하는 한 대기업을 살펴보자.

:: 듀폰 타이벡 광고

듀폰 타이벡DuPont Tyvek은 미국에서 널리 알려진 브랜드로, 원재료 자체의 우수함과 듀폰의 혁신적인 마케팅 활동[1] 덕분에 성공했다. 타이벡은 액체는 통과하지 못하지만 기체는 잘 통과하는 독특한 성질을 가지고 있으며, 내구성도 뛰어나다. 오늘날 타이벡은 포장 재료와 기능성 보호의류, 봉투, 침구류, 그림 재료, 건축 자재 등으로 사용된다.

특히 타이벡의 방수성과 투습성은 건축 자재로서의 활용도를 높여준다. 건물 외벽에 타이벡을 치면 빗물 같은 물기를 차단하여 건물을 보호할 수 있기 때문이다. 이렇게 하면 응결작용에 의한 곰팡이 생성이 완화되고, 막대한 손실로 이어질 수 있는 물 피해로부터 건물을 보호할 수 있다.

〈표 1.2〉는 듀폰 타이벡의 인쇄 광고물 중 하나다. 데이터 기반 마케팅은 주요 마케팅 활동들의 성과를 측정하는 것으로부터 시작된다. 〈표 1.2〉의 듀폰 인쇄 광고는 상당한 고민 끝에 탄생한 것으로, 타이벡이라는 브랜드 인지도를 높이면서 타이벡 덕분에 집을 안전하게 보호할 수 있다는 감성적 메시지를 소비자 머릿속에 각인시키는 것을 목표로 했다.

【표 1.2】 듀폰 타이벡 인쇄 광고물

출처 : 듀폰 마케팅[1]

　미국의 자동차 경주대회인 나스카NASCAR는 마케팅 관점에서 매우 흥미로운 스포츠다. 포뮬러1Formula 1을 비롯한 자동차 경주는 세계에서 가장 인기 있는 생중계 스포츠 중 하나이다. 나스카 역시 미국 스포츠 중에서 출전 선수가 가장 많고, TV 시청률도 3번째로 높다. 약 8천만 명이 정기적으로 나스카 경주 대회를 시청한다. 나스카의 시청자들을 분석해 보면 미국 전체 인구의 소득, 연령별 구성과 비슷하다는 점에서 나스카가 범국민 스포츠라는 것을 알 수 있다. 이 나스카 경주 대회에 듀폰은 출전 카레이서 중 제프 고든Jeff Gordon을 후원했다. 그는 나스카 경주 대회에서 4번이나 우승했고 ESPN 스포츠 방송사가 실시한 투표에서 세계에서 8번째로 지명도가 높은 스포츠 선수로 선정되기도 했다.

　듀폰은 타이벡 홈 랩Tyvek Home Wrap 제품을 홍보하는 캠페인의 일환으로 캔자스 경기에서 제프 고든의 24번 자동차 후미를 타이벡 광고로 꾸몄

【표 1.3】 타이벡 홈 랩 판촉 포스터

출처 : 듀폰 마케팅

고, 소비자 인지도를 높이기 위해 경기 기간 중 캔자스 지역 전체를 타이벡 TV 광고물로 도배했다. 특히 타이벡 홈 랩 캠페인이 그 누구보다 공들인 대상은 세 부류의 B2B 고객인 소매업자와 건축업자, 건축 전문가들이었다.

〈표 1.3〉은 이들에게 발송된 타이벡 홈 랩 제품의 판촉 포스터 인쇄물이다. 이 프로모션은 최고의 주말 경주 로얄석 티켓과 제프 고든을 만날 수 있는 기회를 부상으로 내걸었다. 그 결과 이 상은 제품을 가장 많이 판매한 24개 소매업자와 제품을 가장 많이 구입한 24개 건축업자, 그리고 가장 많은 수의 소매업자와 계약한 건축 전문가들에게 돌아갔다.

캠페인 결과는 놀라웠다. 총 438개 소매업자들이 행사에 참여했는데 이 중 202개는 신규 소매점 고객들이었다. 프로모션 기간 중 타이벡 제품 매출이 186퍼센트나 증가했다. 하지만 데이터 기반 마케팅 관점에서 가장 중요한 성과는 듀폰이 이 모든 마케팅 성과를 측정하고 기록할 수 있었다는 점이다. 캠페인 전후의 매출을 측정한 결과, 듀폰의 나스카 캠페인이 거둔 마케팅투자수익률은 상당히 높았다. 물론 마케팅 성과 측정의 한계 중 하나는 해당 마케팅 활동이 브랜드 이미지와 인지도 측면에서 어떤 영향을 미쳤는지 정확히 파악하기 어렵다는 점이다. 하지만 타이벡 홈 랩 캠페인은 브랜드에도 지대한 영향력을 끼쳤다는 증거들이 있다. 〈표 1.4〉는 당시 모든 신규 건축 공사장에 붙어 있었던 타이벡 로고이다. 그리고 다음의 이야기는 www.NASCAR.com 블로그에 포스팅된 내용이다.

"나에게 가장 소중한 나스카 추억은 최고의 레이서인 제프 고든과 내 아들 로건에 관한 일화다. 로건이 세 살이었을 때 우리는 한창 개발이 진행되고 있는 공사 지역을 자주 지나다녔다. 그럴 때마다 로건은 그중 어떤 건물을 가리키며 제프 고든의 집이라고 말했다. 처음 한두 달 동안은 그게 무슨 말인지 몰랐지만, 공사 현장을 계속 지나치면서 마침내 로건이 제프 고든의 집이라고 말한 이유를 알게 됐다. 세 살 배기 아들은 공사 중인 집들에 붙어 있던 듀폰의 로고를 보고 타이벡 홈 랩 로고가 붙어있던 제프 고든의 레이싱카를 기억해 낸 것이다. 듀폰 브랜드로서는 영광스런 일이었다."

브랜딩과 인지도 관련 마케팅 평가 지표와 그 성과 측정 방법은 chapter 3과 4에서 좀 더 자세히 다룰 것이다. 여기서 기억해야 할 것은 타이벡 홈 랩 캠페인이 처음부터 마케팅 성과 측정을 목적으로 계획되었고, 듀폰 마케팅팀은 그 결과를 측정했으며, 마케팅 투자 활동에 대한 타당성을 증명할 수 있었다는 점이다.

【표 1.4】 타이벡 제품을 사용하는 공사장에 붙어 있던 홈 랩 브랜드 로고

출처 : 듀폰 마케팅[1]

:: 시어스 다이렉트 메일 마케팅

다음 사례로 시어스Sears의 다이렉트 메일 마케팅을 살펴보자. 시어스는 미국의 유서 깊은 유통업체이지만, 경영난을 겪으면서 2004년에 에드워드 램퍼트Edward Lampert에게 매각됐다. 에드워드 램퍼트는 파산한 K마트를 헐값에 사들인 인물이기도 하다.

시어스는 20세기 초반 미국 최초로 상품 카탈로그를 만든 회사 중 하나로, 서부 개척지 이주민들도 동부 사람들이 사용하는 상품을 구입할 수 있게 만든 우편 주문 판매 회사였다. 당시 서부 지역 상점에서 상품을 주문하면 그 주문이 전보로 동부에 전송되어, 몇 주 후에 증기 기관차로 상품이 배달됐다.

연매출이 300억 달러가 넘는 등 21세기 들어서도 승승장구하던 시어스

는 전자제품 전문점들이 소비자들을 유인하면서 재정적 난관에 부딪쳤다.[2] 나도 어렸을 적 시어스에서 보낸 '전화번호부' 형태의 카탈로그를 받고 흥분해서 크리스마스 선물 명단을 고르던 추억이 있다. 하지만 추억으로만 성공할 수는 없는 법이다. 경쟁에서 밀린 시어스로선 쇠퇴의 길을 갈 수밖에 없었다. 그렇지만 그 과정에서 시어스가 추진한 다이렉트 메일 전략의 전환은 음미해볼 만 하다.

즉, 시어스는 전과는 달리 다이렉트 메일을 표적 고객 맞춤형으로 새롭게 제작했다. 그 이전까지 시어스는 매년 2억 5천만 부가 넘는 카탈로그를 1,400~1,800만 고객에게 다이렉트 메일 형태로 18번에 걸쳐 우편 발송했다. 이런 다이렉트 메일 마케팅 덕분에 시어스는 연간 9억 달러의 매출을 추가적으로 창출할 수 있었다. 다만 기존의 방식은 시어스 제품에 대한 최근 구매 여부, 구매 빈도, 구매량을 기준으로 상위 40퍼센트 고객만을 대상으로 실시했다. 지역에 따라 카탈로그 내용에 차이가 있었지만 제한적인 수준이었다. 예를 들어 날씨 차이가 큰 남부 플로리다 고객과 중서부 시카고 고객은 내용이 다른 카탈로그를 받았지만, 중서부 지역 고객들은 모두 동일한 카탈로그를 받았다. 이는 남부 지역도 마찬가지였다.

시어스가 카탈로그를 통해 매출을 상당히 높인 것은 확실했지만, 수익성은 기대만큼 창출하지 못했다. 카탈로그 1부 인쇄 및 우편 발송비가 1달러 내외라고 보면, 연간 마케팅 비용으로 총 약 2억 5천만 달러가 쓰인다. 시어스의 다이렉트 메일 캠페인으로 회사의 매출은 9억 달러 증가했다. 이 경우 마케팅 활동으로 집행된 비용은 매출의 27퍼센트 정도 차지한다. 여기까지만 보면 괜찮은 결과인 듯하지만, 우리는 이미 유통업계의 이익률이 치열한 경쟁으로 인해 매우 낮다는 사실을 알고 있다. 실제로 카탈로그 마케팅의 이익률은 10퍼센트 내외였다. 이는 무엇을 의미할까? 시어스는 카탈로그 캠페인으로 매출은 크게 높일 수 있었지만, 연간 1억 달러가 넘는 손실을 본 것이다.

시어스의 마케팅 임원들은 비로소 일상적으로 행해 왔던 마케팅이 오히려 사업을 위태롭게 하고 있다는 사실을 깨달았다. 그 결과 시장 세분화를 바탕으로 표적 고객만을 대상으로 하는 다이렉트 메일 마케팅이 필요하다는 결론을 내렸다. 사실 시장 세분화는 전혀 새로운 개념이 아니었다. 단지 과거에는 초보적 수준의 컴퓨터 기술과 제한된 데이터로 인해 정교한 시장 세분화를 실행하기 어려웠기 때문에 고객을 고소득층, 중산층, 저소득층의 세 그룹으로 나눌 수밖에 없었다.[3]

하지만 오늘날에는 데이터웨어하우징 기술을 통해 데이터로부터 유용한 정보를 추출하는 데이터마이닝이 가능해지면서 훨씬 정교한 세분화를 할 수 있다. 즉, 시어스는 데이터웨어하우징 기술과 다른 분석 기법들을 활용하여 일련의 인구 통계적 변수들과 고객의 속성, 구매 특징들을 바탕으로 전체 고객들을 25개 세부 세그먼트로 세분화했다. 그런 다음 각 세그먼트의 특성에 맞춘 상품으로 구성한, 차별화된 카탈로그를 만들었다. 또한 다이렉트 메일 대상을 상위 40퍼센트 고객으로만 제한하는 기존 방식을 버리고, 상대적으로 가치가 낮은 고객들에게도 판매를 유인할 기회를 적극적으로 모색했다.

결과는 어땠을까? 표적 고객에 맞게 개선된 다이렉트 메일 캠페인을 통해 매출이 기존의 9억 달러에서 2억 1,500만 달러나 추가되며 11억 달러가 넘었다. 하지만 이 사례에서 가장 강조되어야 할 부분은 시어스가 개선한 경영 성과를 세부 평가 지표들을 통해 정량화할 수 있었다는 것이다.

다이렉트 메일을 받은 고객들은 시어스 백화점을 평균 1퍼센트 더 방문했고, 백화점에 간 고객들은 5퍼센트 더 지출했으며, 매출이익률 역시 2퍼센트 상승했다. 고객에게 '적합한' 상품을 카탈로그에 실은 것만으로도 매출 상승이 가능했던 것이다.

이렇듯 다이렉트 메일을 받은 사람들이 매장을 더 많이 방문해 더 많은 상품을 구입했다는 것도 중요하지만, 이보다 더 좋은 성과는 수익성이 눈에 띄게 증가했다는 점이다. 이는 내가 종종 "와우, 나한테 딱 필요한 거네!"라고 부르는 맞춤형 마케팅 덕분이었다. 고객이 원하는 상품을 고객이 필요로 할 때 보여주기만 하면, 할인 등의 추가 요인 없이도 구매를 유도할 수 있기 때문에 수익성이 훨씬 높아질 수 있다.

시어스 사례에서 이익$_{Profit}$ 개선율은 몇 퍼센트에 불과했지만, 사업 규모가 클 경우에 그 영향은 가공할 만하다. 2퍼센트만 이익률이 증가해도 금전적 효과는 엄청나게 크기 때문이다. 시어스가 최종 분석한 결과에 따르면 표적 고객 맞춤형 카탈로그 캠페인은 그 자체로 4천만 달러가 넘는 순현재가치를 창출했다고 한다.

:: 성과 향상은 가능하다

지금까지 우리는 데이터 기반 마케팅을 활용하여 성과를 개선시킨 사례들을 살펴보았다. Part 3에서는 훨씬 더 많은 사례를 접하게 될 것이다. 여기서 우리는 데이터 기반 마케팅의 가장 단순한 형태는 '평가'하는 일이며, 이를 통해 마케팅 투자의 타당성을 입증한다는 것임을 명심해야 한다. 성과를 측정하는 것만으로도 효과가 있는 활동과 없는 활동을 분명하게 구분할 수 있다. 또한, 효과가 높은 활동들에 마케팅 예산을 집중시킴으로써 성과를 향상시킬 수 있다. 물론 이보다 한 차원 높은 데이터 기반 마케팅은 회사의 규모와 상관없이 성과를 극적으로 향상시키기 위해 좀 더 복잡한 분석 기법들을 활용할 수 있지만 말이다.

경영 전략의 대가로 인정받는 마이클 포터Michael Porter의 이론 중에는 5가지 경쟁 요인 분석이 있다.[4] 이에 따르면 주어진 시장과 경쟁 관계 속에서 경쟁자가 쉽게 따라할 수 없는 활동들을 유기적으로 결합하면 지속적인 경쟁 우위를 차지할 수 있다. 마케팅도 마찬가지다. 마케팅에서 가장 차원이 높은 전략적 우위는 성과 평가와 데이터 기반 마케팅처럼 쉽게 복제할 수 없는 활동들을 결합함으로써 확보할 수 있다.

선도자와 낙오자의 차이

나는 마케팅 성과 측정과 데이터 기반 마케팅을 좀 더 잘 이해하기 위해 '마케팅 ROI : 신화와 현실'이란 명칭의 조사에 착수했다. 물론 조사의 목적은 마케팅 성과와 투자수익률을 높이는데 필요한 프로세스를 파악하는데 있었다.

우리는 먼저 베스트바이, 마이크로소프트, 콘티넨털항공Continental Airlines, HP, 델Dell, 로우즈Lowe's 등 일류기업들의 고위 마케팅 임원들을 인터뷰했다. 이 인터뷰를 통해 무엇에 초점을 맞추고 어떤 질문들을 해야 할지 파악한 후, 이를 토대로 설문 조사를 기획했다.

우편으로 발송된 총 2천 부의 설문지 중 254부가 회수됐다. 설문 응답자의 92퍼센트는 CEO이거나 CMO, 혹은 이들에게 직접 보고하는 임원급으로 밝혀졌다. 조사 참여 기업들의 연평균 매출 규모는 50억 달러였으며, 연평균 마케팅 예산은 2억 2천 2백만 달러였다. 결국 우리는 이 조사를 통해 총 530억 달러에 해당하는 마케팅 활동들을 분석할 수 있었다. 설문에 참여한 회사들 대부분은 대기업이었지만, 조사 결과는 대기업뿐만 아니라 중소기업에도 적용될 수 있었다.

조사한 결과에 따르면, 앞서 말했듯이 대부분의 마케터들이 성과를 평가하지 않고 데이터와 분석 기법을 활용하지 않는다는 사실을 알게 되었다. 그런데 마케팅 조직의 예산 투자 방식을 살펴본 결과, 또 다른 정보를 얻을 수 있었다. CMO들에게 마케팅 예산을 어떻게 집행하는지 물으면 가장 쉽게 들을 수 있는 대답이 TV, 인쇄매체, 인터넷, 다이렉트 메일, 텔레마케팅 등 매체별로 할당된 예산 비중이었다. 하지만 이런 예산 할당 방식은 마케팅 조직이 실제로 무엇을 하는지 알 수 없으며, 마케팅 성과를 평가하기도 어렵다.

이에 우리는 다른 방식으로 접근했다. 각 마케팅 활동을 매체별이 아니라 의도했던 목표에 따라 분류했다. 구체적으로 마케팅 예산 집행 내역을 수요 창출 마케팅, 브랜딩과 인지도 제고, 고객 관계 관리, 시장 형성, 인프라 및 역량 강화의 5가지로 구분했다. 각 영역은 다음과 같이 정의할 수 있다.

1. 수요 창출 마케팅

쿠폰, 판촉 이벤트 등 상대적으로 단기간에 걸쳐 매출을 견인하기 위한 마케팅 활동을 말한다.

2. 브랜딩과 인지도 제고

브랜드 인지도를 높이는 마케팅 활동들을 말한다. 스포츠나 행사에 대한 후원, 매출 견인보다는 브랜드 인지도 제고를 위해 기획된 광고(TV, 신문 잡지, 온라인, 이메일 등) 등이 이에 해당된다.

3. 고객 관계 관리

고객 충성도와 참여도를 높이기 위해 고객들과 개인적 유대감을 형성하는 데 집중된 마케팅 활동들이다. 구매자들에게 보내는 감사 메일이나 컨시어지 쇼핑 서비스 concierge shopping service 같은 로열티 프로그램들이 해당된다.

4. 시장 형성

자신의 제품과 서비스의 표적 시장 수용도를 높이기 위해 기획된 마케팅 활동들로 주로 독립적인 제 3자 추천을 활용한다. B2B 회사들의 증권사 애널리스트 관리, 제품에 대한 긍정적 인식 확산을 위한 소셜미디어 블로깅 blogging 등이 포함된다.

5. 인프라 및 역량 강화

마케팅 조직의 역량 향상을 위해 기술이나 교육에 투자하는 것을 말한다. 데이터 기반 마케팅을 지원하는 EDW, 분석 도구, MRM 소프트웨어 등이 해당된다.

그런 후 우리는 응답자들에게 각 유형별로 집행된 마케팅 예산의 비중

[표 1.5] 마케팅 투자 포트폴리오별 예산 투입 비율

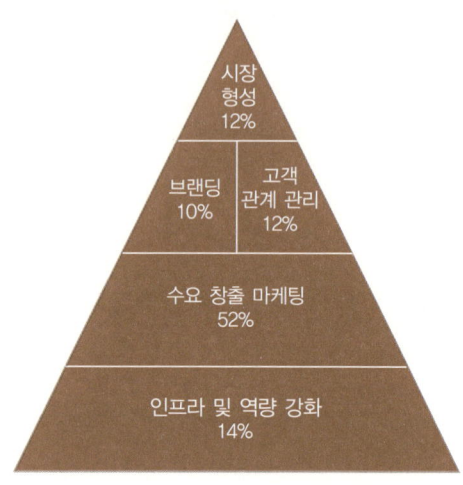

을 물었다. 〈표 1.5〉는 응답자 254명의 설문 결과를 기초로 구성한 마케팅 투자 포트폴리오별 예산 투입 비율이다. 그중 수요 창출 마케팅은 단기간 매출 상승을 목적으로 행해진 활동들로 연간 530억 달러의 마케팅 전체 예산 중 약 52퍼센트를 차지했다. 브랜딩과 인지도 제고는 10퍼센트, 시장 형성과 고객 관계 관리는 각각 12퍼센트, 인프라 및 역량 강화는 14퍼센트였다.

한 가지 눈에 띄는 것은 전체 마케팅 예산의 약 50퍼센트가 수요 창출 마케팅 활동에 쓰였다는 점이다. 할인 판매나 쿠폰, 판촉 이벤트 등의 수요 창출 마케팅은 매출 증대를 위해 기획되고, 그 성과가 반영된 매출 결과는 캠페인이 끝나면 바로 확인된다. 즉, 쿠폰의 현금화, 광고를 본 고객들이 구매를 하기 위해 실행한 매장 방문 등으로 집계할 수 있다. 이론적으로 마케팅에 들어간 비용과 마케팅 활동 결과로 증가된 매출 규모를 알면,

재무적 평가 지표를 통해 마케팅 성과를 정량화할 수 있다. 즉, 재무적 평가 지표로 마케팅 활동의 약 50퍼센트 정도는 정량적으로 분석할 수 있음을 의미한다.

서두에서 우리는 마케팅을 올바로 '이해'하는 기업들과 그렇지 않은 기업들에 대해 논의했다. 그런데 〈표 1.6〉에서 보듯이 마케팅 성과를 기준으로 상위 25퍼센트와 하위 25퍼센트 기업들의 마케팅 투자 포트폴리오를 비교해 보니, 두 기업군간의 차이가 극명하게 나타났다.

먼저 전체 마케팅 예산을 살펴보면, 하위 기업들은 전체 평균 대비 4.4퍼센트가 낮은 반면, 상위 기업들은 20퍼센트나 더 높았다. 그리고 하위 기업들은 단기적인 수요 창출 마케팅에 상위 기업보다 10퍼센트나 더 많은 비중을 두었다. 이에 비해 상위 기업들은 브랜딩과 고객 관계 관리, 마케팅 인프라 강화에 훨씬 더 많은 비중을 두고 있었다.[5]

【표 1.6】 마케팅 선도자와 낙오자간의 마케팅 투자 포트폴리오 차이

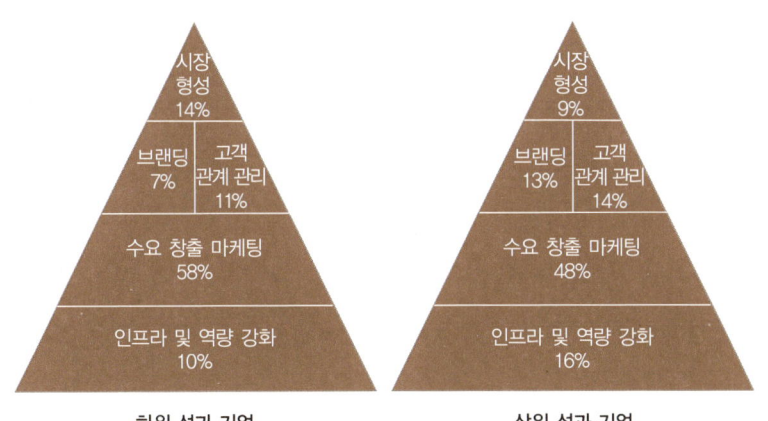

결국 이런 예산 비중을 고려해 볼 때, 선도자들은 수요 창출 마케팅에 더 적은 돈을 쓰는 대신, 브랜딩과 고객 관계 관리, 데이터 기반 마케팅을 지원하는 인프라에 더 많은 자금을 투자함을 알 수 있다. 조사 결과에 대한 더 자세한 내용은 chapter 11에서 다루겠지만, 여기서 잠깐 정리하자면 선도 기업들은 마케팅 관리를 최적화하는 프로세스를 제대로 갖추고 있었다. 선도 기업들의 주요 마케팅 프로세스에는 마케팅 활동을 측정하는 평가 지표, 마케팅 성과 관리 시스템, 데이터 기반 마케팅이 포함된다. 이렇듯 프로세스와 마케팅 비용 집행에서 차이가 나니 선도 기업들이 낙오 기업들보다 매출과 재무 성과에서 훨씬 높은 성장률을 보이는 것은 당연하다.

저성장기에 더욱 유용한 마케팅 투자

경제 상황이 암울할 때 경영진은 보통 과감한 비용 삭감을 단행한다. 이때 마케팅은 그 효과를 검증할 수 없다는 이유로 맨 먼저 예산 감축 후보에 오른다. 하지만 전략적인 고민이 뒷받침되지 않은 마케팅 예산 감축은 장기적으로 기업에 엄청난 영향을 미친다. 선도 기업들은 경기 침체기에 오히려 마케팅에 대대적으로 투자함으로써 성공했다는 점에서 더욱 그러하다.

불황기에 마케팅 예산을 늘리는 것이 기업 입장에서 더 나은 전략이라는 사실은 맥그로우-힐 리서치McGraw-Hill Research 조사에서도 입증됐다. 맥그로우-힐 리서치는 1980년부터 1985년까지 5년간 16개 업종 600개 기업들을 분석했다.⁶ 그 결과 경기 침체기 동안 광고비를 증편한 기업들은 광고비를 삭감하거나 아예 집행하지 않은 기업들보다 평균적으로 256퍼센트 더 높은 매출 성장률을 보였다!

역설적이지만 시장 선도 기업들은 경기가 악화됐을 때 오히려 더 공격적인 마케팅을 감행한다. 1990년부터 2년간 지속된 경기 침체를 분석한 팬톤 리서치서비스Penton Research Services와 쿠퍼스앤라이브랜드Coopers & Lybrand의 연구 결과나 국제경영과학Business Science International의 분석 자료 등에 따르면, 상위 성과 기업들은 경기 침체 기간에도 강력한 마케팅 프로그램에 집중했다. 이를 통해 한층 더 확고한 고객 기반을 마련하고 공격적인 마케팅을 포기한 경쟁자들의 시장점유율을 차지함으로써, 경기가 회복됐을 때 더욱 성장할 수 있는 발판을 마련했다.⁷ 이런 사실은 다음에서 보듯이 언제 어디서나 유효하다.

- 2001년 IT 업계에 몰아닥친 한파에도 불구하고 인텔Intel은 양산 시설을 신설하는 데 20억 달러를 투자했으며, 경쟁사인 AMD의 시장점유율을 빼앗기 위해 듀얼 코어 신기술을 공격적으로 마케팅했다.
- 2008년 건축업계에 불어 닥친 불경기가 3년째 계속되고 있음에도, 존슨컨트롤스Johnson Controls는 '창의적인 생각을 환영합니다Ingenuity Welcome'라는 새로운 광고 캠페인을 시작했다. 신문 잡지 및 온라인 매체에 상당히 많은 예산을 투자한 이 캠페인은 고객을 위해 에너지 효율이 높은 건축 환경을 조성하려는 존슨컨트롤스의 노력을 증명하는 좋은 기회가 됐다.
- 2000년대 초반 승승장구했던 B2B 미디어기업 핸리우드Hanley Wood는

금융 위기 이후 경기 침체가 지속되자 어려움에 봉착했다. CEO인 프랭크 안톤Frank Anton은 경기 침체의 영향을 혹독하게 받고 있음에도 디지털, 이벤트, 잡지 마케팅에 공격적으로 투자하겠다고 밝혔다.[8]
- 1970년대 불황기에 레브론Revlon과 필립모리스Philip Morris가 시장점유율을 늘리기 위해 더 많은 광고비를 썼듯이, P&G와 펩시코PepsiCo, 버라이즌Verizon, 뉴스코프 미디어NewsCorp Media 모두 글로벌 금융 위기가 정점에 달한 2009년 광고비를 오히려 증액했다.

물론 경영 성과를 개선하기 위해 마케팅을 확대하는 것은 경기 침체기에만 국한된 전략은 아니다. 마케팅 평가 지표에 따라 올바른 방식으로 마케팅에 투자하고 데이터 기반 마케팅 원칙들을 준수한다면 호황과 불황에 상관없이 원하는 성과는 나오기 마련이다.

성과 평가를 가능케 하는 데이터 기반 마케팅 전략

이제 우리는 지속가능한 경쟁 우위는 쉽게 따라할 수 없는 활동들의 유기적 결합으로 얻을 수 있으며, 마케팅 접근법에 따라 선도자와 낙오자로 구분할 수 있음을 알게 되었다. 그렇다면 마케팅 선도자들은 쉽게 따라할 수 없는 역량을 이미 갖춘 상태이므로 역전하기가 불가능하다고 생각하기 쉽다. 물론 역전이 그리 쉬운 건 아니지만 불가능한 것만은 아니다. 선도자들이 마케팅 성과를 창출한 방식을 이해하고 이를 적용한다면 당신 조직도 경쟁 우위를 누릴 수 있기 때문이다.

그러기 위해선 무엇보다도 먼저 올바른 접근법이 필요하다. 즉, 마케팅 성과 평가와 데이터 기반 마케팅을 효과적으로 실행할 수 있도록 단계별 추진 전략을 수립해야 한다. 〈표 1.7〉에서 보듯이 전략적 목표 선정에서 평가 지표를 선정하여 성과를 관리하는 일에 이르기까지 체계적인 프로세스를 구축해야 한다.

개략적이나마 주요 단계에 대해 살펴보도록 하자. 먼저 1단계는 전략 목표 수립이다. 어느 일이나 마찬가지겠지만, 성패를 좌우하는 가장 중요한 요소는 '당신 자신을 아는' 것이다. 데이터웨어하우징 프로젝트를 통해 성과를 내지 못한 기업들을 조사한 결과를 보면, 그 주된 이유가 경영진이 해당 데이터베이스를 어떻게 활용할지 명확한 계획이 없었기 때문임을 알

【표 1.7】 성과 평가와 데이터 기반 마케팅 전략 프레임워크

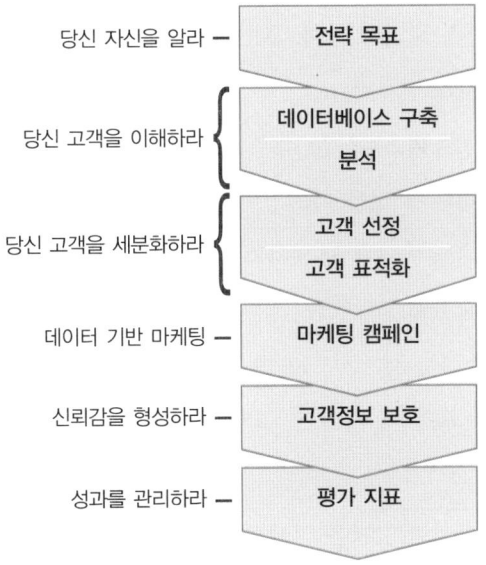

출처 : 러셀 와이너, "고객관계관리 프레임워크", 캘리포니아 매니지먼트 리뷰, 2001

수 있다. 막대한 비용과 시간을 들여서 조직 내부에 산재해 있던 데이터를 한데 모으긴 했지만, 그것을 어떻게 활용할지 몰랐던 것이다.

이런 '데이터 딜레마'에서 벗어나려면 데이터베이스 구축에 들어가기에 앞서 구체적인 목표를 명료하게 정해야 한다. 구체적으로 나는 다양한 기업 사례들을 통해 각 조직이 성과 평가를 가능케 하는 데이터 기반 마케팅에 대한 비전과 전략을 어떻게 규정했고, 어떻게 실행에 옮겼는지를 설명할 것이다.

두 번째 단계는 고객 데이터를 수집해 데이터베이스를 구축하는 단계이다. 현장 마케터들과 함께 일을 하다보면, 다음 단계로 넘어가기 전에 모든 데이터를 완전히 갖춰야 한다고 오해하는 사람들을 종종 본다. 단언컨대 그렇지 않다. 80:20이라는 파레토의 법칙을 활용하여 어떤 데이터가 중요한지부터 파악해야 한다. 즉 80퍼센트의 가치를 창출할 수 있는 20퍼센트의 데이터가 무엇인지 질문해 보라. 그런 다음 그 20퍼센트의 데이터를 어떻게 얻을 수 있을지 고민하라.

대기업의 경우 이런 데이터들은 작은 데이터베이스인 데이터마트data mart 형태로 여러 군데 흩어져 있을 가능성이 크다. 물론 중소기업은 심도있게 분석할 만큼 대량의 데이터를 보유하지 못했을 것이다. 하지만 잠재적으로 최고의 가치를 제공해 줄 데이터를 가지고 있지는 않은지, 데이터를 수집하거나 구매할 수 있는지 다시 한 번 확인해 보라. 그런 점에서 chapter 2에서 캐나다왕립은행Royal Bank of Canada 사례를 통해 그 방법을 자세히 다룰 것이다.

세 번째 단계는 당신의 고객을 이해하기 위한 분석 단계이다. 고객 데이터 규모가 수천 명 수준이라면 엑셀을 활용할 것을 추천한다. 하지만 수백만 명 이상의 고객 데이터를 보유한 경우에는 좀 더 강력한 분석 도구가 필요할 수 있다.

이렇듯 분석이 끝나면 이를 토대로 4~6단계까지 진행할 수 있다. 분석 자료를 토대로 정교한 고객 세분화 작업을 수행함으로써, 표적 고객을 선정하고 데이터 기반 마케팅을 추진할 수 있다. 앞에서 설명한 시어스도 비슷한 방식을 따랐다. 데이터를 수집하고 분석해 고객 특성에 대한 통찰력을 얻었다. 이를 기반으로 표적 고객을 정한 후, 이들을 대상으로 다이렉트 메일 형태의 데이터 기반 마케팅을 실행했다.

7단계는 점점 중요해지고 있는 고객정보 보호 문제를 다룬다. 당신은 개인정보야말로 제일 먼저 고려해야 할 문제라고 주장할지 모른다. 법적으로도 개인정보 보호 문제는 중요한 사안이다. 사실 개인정보를 수집할 때는 해당 데이터가 보호되고 본인의 허가 없이는 제 3자와 공유되지 않는다는 분명한 계약 관계가 성사된다. 이 계약은 고객과의 신뢰를 쌓는 데 절대적이다. 그러므로 이런 내용은 기업의 개인정보 보호 정책에 공식적으로 표시되어야 하고, 데이터를 수집하는 기업 홈페이지나 마케팅 활동 중에도 쉽게 확인할 수 있어야 한다.

마지막 단계는 마케팅 평가 지표를 통해 성과를 관리하는 단계이다. 사실 이 프레임워크는 평가 지표와 성과 관리로 완성되며, 이는 이 책의 핵심 주제이기도 하다. 나는 마케팅 성과를 측정할 수 있다면 마케팅 활동을 효율적으로 통제할 수 있으며, 마케팅 성과를 극적으로 개선시킬 수 있다고 믿는다.

· · ·

    Chapter 2에서 나는 '그럼 어디서부터 시작해야 할까?'란 질문에 대한 해답을 제시할 것이다. 성과 평가를 가능케 하는 데이터 기반 마케팅을 수행하는 과정에서 겪게 되는 5가지 주요 장애물을 어떻게 해야 극복할 수 있는지 알아볼 것이다. 그런 후 chapter 3에서 10가지 전통적 마케팅 평가 지표를 중심으로 마케팅 성과 측정 프레임워크를 알아보고자 한다. 이 작업을 마치고 part 2로 넘어가면 15가지 마케팅 필수 평가 지표에 대한 한층 더 구체적 내용을 바탕으로 지식의 범위를 확장할 수 있다.

    바코드 스캐너는 1974년에 처음으로 소매업계에 도입되었다. 이 기술적 혁신으로 고객의 구매 정보를 판매 시점에 추적할 수 있게 되었고, 마케팅 활동을 정량화하는 '마케팅 사이언스$_{\text{marketing science}}$' 개념이 탄생하게 되었다.

    하지만 인터넷과 스마트폰이 발달한 오늘날에는 마케팅 활동에 대한 데이터 수집 방식이 한층 더 정교해졌다. 그로 인해 정성적인 방식에 의존했던 마케팅이 저물고, 데이터에 기반한 정량적인 접근법이 떠오르고 있다. 마케팅 게임의 법칙이 근본적으로 바뀌고 있는 것이다. 나는 켈로그 MBA 학생들에게 요즘이야말로 마케팅 업무를 신나게 벌일 수 있는 최적의 시기라고 말한다. 데이터에 기반한 마케팅을 실행하는 마케터들에게는 엄청난 기회이기 때문이다.

Chapter Insights

- 데이터 기반 마케팅을 실행하는 기업과 그렇지 않은 기업의 성과 차이는 극명하다.
- 15가지 필수 평가 지표를 활용하면 모든 마케팅 활동 성과를 정량적으로 측정할 수 있다.
- 연구 조사에 따르면 마케팅 활동의 결과를 '점수로 관리하는' 기업은 그렇지 않은 기업들보다 재무 성과와 마케팅 성과에서 훨씬 앞선다.
- 상위 성과 기업들은 수요 창출 마케팅에는 상대적으로 적은 비중을 두는 대신, 브랜딩과 고객 관계 관리, 데이터 기반 마케팅을 위한 인프라 투자에 더 많이 투자한다.
- 마케팅에서 지속 가능한 경쟁 우위는 쉽게 복제할 수 없는 활동들을 유기적으로 결합함으로써 확보할 수 있다.
- 데이터 기반 마케팅 시작 단계에서는 100퍼센트 완벽한 데이터가 없어도 가능하다.

Chapter 2

무엇부터
시작해야 할까?

마케팅 성과 평가와 데이터 기반 마케팅을 가로막는
5가지 장애물을 극복해야 한다.

나는 실무 경험이 풍부한 전형적인 마케터는 아니다. 이론물리학 박사였던 나는 켈로그 MBA를 다니며 마케팅에 인연을 맺었다. 이론물리학을 전공했던 터라 정량적인 마케팅 평가와 데이터 기반 마케팅에 관심을 가졌다. 와일리 인터넷 백과사전Wiley Internet Encyclopedia[1]의 투자수익률 분석 연구나, 포춘 1,000대 기업 중 179개사의 IT 투자 관리 사례[2] 연구도 수행했다. 그런 인연이 이어져 켈로그 경영대학원에서 마케팅 평가와 데이터 기반 마케팅을 주제로 포춘 100대 기업 최고경영자들을 대상으로 강의를 하게 되었다. 켈로그는 그동안 내가 쌓은 경험을 높게 평가했던 것이다.

이렇게 시작한 강의를 통해 마케팅 분야의 최고경영자들을 만났다. 최고의 마케팅 전문가들이기에 활발한 참여를 기대했지만, 대부분의 수강생들이 마케팅 평가와 데이터 기반 마케팅에 대해 어려워한다는 사실을 깨닫게 되었다. 대부분의 마케터들은 자신이 담당하는 업무는 상당히 잘 다루지만 성과 평가나 데이터 기반 마케팅에 대해선 정확히 설명하지 못했다. 또한 그들 회사에는 이를 추진하는 데 걸림돌이 되는 장애물이 존재한다는 사실도 알게 되었다.

이렇듯 마케팅 성과 측정과 데이터 기반 마케팅을 수행하는 것이 힘든 이유는 무엇일까? 나는 이 질문을 회의석상이나 강의실에서 만나는 마케팅 임원들과 실무 담당 마케터들에게 끊임없이 던졌다. 그 결과 들을 수 있었던 답변들을 5가지 유형으로 구분해 보면 다음과 같다.

장애물 1. 시작 자체가 어려움
- 어떻게 할지 방법을 아예 모른다.
- 올바른 평가 지표가 없다.
- 데이터는 많지만 유용한 데이터가 없다.
- 어디서부터 시작해야 할지 모른다.

장애물 2. 인과관계 파악의 어려움
- 마케팅 성과 측정 변수가 너무 많다. 특히 여러 캠페인들이 동시에 진행되면 인과관계를 정확히 밝히기가 어렵다.
- 마케팅 캠페인을 실행한 후 고객이 실제 행동을 취할 때까지 시간차가 존재한다.
- 브랜드 인지도 제고 캠페인의 경우 매출 상승에 직접적인 영향이 없음에도 CFO_{Chief Financial Officer, 최고재무책임자}는 캠페인에 대한 마케팅투자수익률을 묻는다.

장애물 3. 데이터가 부족함
- B2B 사업의 경우 간접 판매 방식이라 최종 고객 데이터를 확보하기가

어렵다.
- 개인정보 보호 문제로 고객 데이터를 수집할 수 없다.

장애물 4. 자원과 도구가 없음
- 시간이 없고 비용도 너무 많이 든다.
- 데이터 기반 마케팅을 지원하는 도구나 시스템이 없다.
- 마케터로서 IT 직원들과의 의사소통이 어렵다.
- IT 전문가들이 우리가 원하는 IT 시스템을 개발하지 못한다.

장애물 5. 사람과 조직 문화 문제
- 괜히 성과를 측정해서 마케팅 결과를 책임지고 싶지 않다.
- 인센티브 체계가 마케팅 성과가 아닌 활동 자체로 평가한다.
- 조직 문화가 성과 측정과는 거리가 멀다.
- 직원들이 데이터 기반 마케팅을 실행할 수 있는 역량을 가지고 있지 않다.
- 회사가 데이터 기반 마케팅 같은 새로운 개념에 거부감을 갖는다.
- 마케팅은 창조적인 일이다. 창조적 업무에 평가 지표와 프로세스를 강조하면 창의력과 혁신성이 사라진다.

이 5가지 장애물들을 제거하지 않는다면 마케팅 평가와 데이터 기반 마케팅은 요원하다. 그런 점에서 위에 열거한 5가지 장애물을 어떻게 극복해야 할지 얘기해보도록 하겠다.

장애물 1. 시작하는 것 자체가 어렵다

첫 번째 장애물은 시작 자체의 어려움이다. '시작이 반이다'라는 속담이 있듯이, 시작하는 것 자체가 최대 난제인 경우가 많다. 데이터 기반 마케팅 역시 마찬가지다. 그런 점에서 어떻게 하면 올바르게 시작할 수 있을지 사례들을 통해 알아보고자 한다.

:: 눈에 띄는 성과를 보여주는 게 중요하다

캐나다왕립은행은 데이터 기반 마케팅을 수행하기 위해 제일 먼저 내부 현황부터 파악했다. 이 프로젝트를 진두지휘한 캐시 버로우스Cathy Burrows는 이렇게 말했다. "현재 업무 현황부터 살펴본 후, '이 일을 어떻게 하면 더 저렴하게, 더 빨리, 더 현명하게 할 수 있을까?' 고민해야 합니다." 그 일환으로 캐나다왕립은행은 캐나다형 개인퇴직계좌인 IRAIndividual Retirement Account 비과세 자유퇴직연금부터 살펴봤다.

매년 IRA 모집 기간이 되면 캐나다왕립은행 영업사원들은 마케팅 부서로부터 고객 명단을 배정받았다. 그리고 알파벳순으로 정리된 고객 명단을 가지고 전화 영업을 시작했다. 영업사원 한 명이 고객 열 명에게 전화를 걸면, 제안을 받아들이는 사람은 평균 한두 명 정도에 불과했다.

이에 마케팅팀은 IRA 계좌에 5천 달러 이상 불입할 가능성이 높은 고객들을 파악한 후, 이들의 점수를 매겨 순위를 책정하는 모델을 개발했다. Chapter 9에서 자세하게 살펴보겠지만, 캐나다왕립은행은 백만 명 이상의 고객을 분석해 자기부담금을 불입할 가능성이 높은 상위 25만 명을 가려냈다.

이 작업에 사용된 전체 데이터 양을 보면 그리 크지 않다. 하지만 고객 한 명의 문제를 해결할 수 있다면 동일한 원칙을 적용하여 만 명의 고객 문제도 해결할 수 있다. 물론 PC 한 대로 대량의 고객 데이터를 처리하기 힘들기는 하지만 말이다. 캐나다왕립은행은 필요한 데이터를 수집하기 위해 6개월 동안 약 10만 달러를 지출했다.

이렇게 분석된 데이터를 토대로 캐나다왕립은행은 각각의 영업사원에게 상위에 랭크된 고객 25명의 명단을 제공했다. 이윽고 놀라운 일이 벌어졌다. 신규 명단을 가지고 전화를 걸자, 평균 10명 중 8명의 고객이 IRA 계좌 개설 제안을 받아들인 것이다!

이렇듯 확연한 성과를 보였음에도 일선 영업에서 신규 명단의 가치를 체감하기까지는 오랜 시간이 걸렸다. 첫 해에는 영업사원의 25퍼센트만이 프로젝트에 참여했다. 3년차가 되어서야 75퍼센트 이상이 합류했다. 이 사례에서도 알 수 있듯이 조직에서의 새로운 실험은 경영진이 무조건 밀어붙인다고 성공하는 것은 아니다. 버로우스는 이렇게 말했다. "저는 영업에서 '그 리스트 죽이는데요'라며 앞다퉈 프로젝트에 참여하길 원했어요. 비록 IRA 상품에 국한된 작은 시도였지만 그게 시작이었죠. 프로젝트가 성공을 거두자 우리는 이를 하나의 경영 성공 사례로 만들 수 있었고, 그보다 훨씬 더 규모가 큰 마케팅 활동에 대해 경영진의 후원으로 4백만 달러의 예산을 확보할 수 있었습니다."

여기서 주목할 점은, 데이터 기반 마케팅을 처음 시작하는 단계에는 완벽한 데이터나 수백만 달러의 인프라가 반드시 필요한 것은 아니라는 사실이다. 대신 성과를 확실하게 보여줄 수 있는 올바른 데이터를 수집하는 데 집중해야 한다. 80퍼센트의 성과를 창출할 20퍼센트의 데이터가 무엇인지 자문한 다음 거기서 출발하라. 이를 통해 재빨리 눈에 띄는 성과를 보여줌으로써 다음 단계를 위해 필요한 예산과 경영진의 지원을 확보해야 한다.

:: 작은 규모로 시작하는 게 현명하다

이제 미국 소매 체인점 월그린Walgreens을 살펴보도록 하자. 월그린은 연매출 규모가 590억 달러에 달하는 생활용품 및 약품 유통업체로 미국 전역에 6,850개의 매장을 갖고 있다. 〈표 2.1〉은 월그린 매장 3곳을 표시했다. 도표에 표시된 점들은 거주지별 고객들을 말하며, 점 모양은 해당 고객들이 3곳의 월그린 매장 중 어디에서 쇼핑을 하는지 표시한다. 즉 '네모'는 매장1, '다이아몬드'는 매장2, '별'은 매장3에서 쇼핑하는 고객들을 뜻한다.
월그린은 일반적으로 신문에 끼우는 전단지 광고 마케팅에 주력해 왔

【표 2.1】 월그린 이용 고객 표시 지도

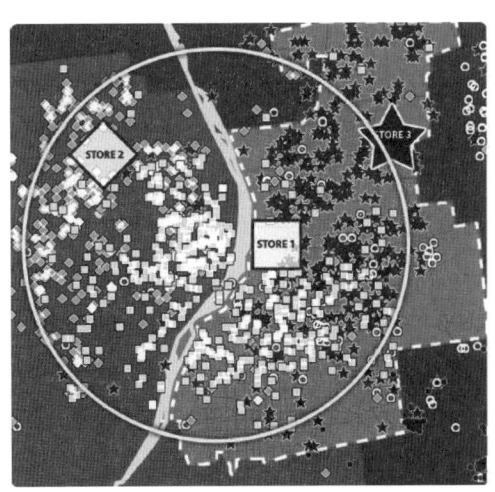

출처 : 월그린 마케팅팀

Chapter 2 무엇부터 시작해야 할까? 59

다. 광고비는 도표에서 점선으로 표현된 우편번호 단위로 지급된다. 이 도표를 처음 그려 본 마케팅 매니저 마이크 펠드너Mike Feldner는 흥미로운 사실 하나를 발견했다. 도표에 그려진 원의 직경이 약 3km란 사실이었다. 다른 지역 도표들까지 살펴본 후 그는 거리가 3km 이상 떨어지면 점의 모양이 바뀐다는 사실을 확인했다. 결국 대부분의 소비자들은 3km 이상 떨어진 매장에서는 쇼핑을 하지 않는다는 결론을 얻은 것이다.

당시 월그린은 모든 지역들을 똑같이 취급해 미국 전역에 대한 전단지 광고비를 우편번호별로 동일하게 책정했다. 하지만 데이터에 따르면, 3km 반경 안에 월그린 매장이 없으면 고객들은 쇼핑을 하지 않는다. 이에 월그린은 3km 안에 매장이 없는 지역에 대해서는 광고를 중단했다. 그 결과 매출은 큰 변동이 없었음에도 5백만 달러가 넘는 마케팅 비용을 절감하였다. 데이터를 수집하고 지도를 만드는 데 든 비용이 20만 달러라는 걸 감안하면 더욱 놀라운 성과라 할 수 있다.

데이터 분석도 개인 PC로 작업했다. 월그린에는 이미 매장 입지 관리용 도식화 소프트웨어인 ESRI가 있었다. 펠드너가 이룬 혁신은 월그린의 신문 광고비에 반영됐다. 펠드너는 이렇게 말했다. "우리는 엑셀로 우편번호별 광고비를 할당하는 단순한 작업부터 시작했습니다. 엑셀에 광고비를 입력하고 매장과 고객의 거주지가 표시된 지도를 만드는 것도 어려운 일은 아니었습니다. 모두 PC 한 대로 처리할 수 있었거든요."

하지만 처음부터 순탄하게 진행되었던 건 아니다. 의외의 복병은 분석 결과를 토대로 업무 프로세스에 적용하는 과정에서 발생했다. 펠드너는 이렇게 말했다. "이 일에 착수하며 우리는 짧은 시간 내 많은 변화를 만들어내는 데에만 집중했습니다. 그러다 보니 프로젝트 내용을 조직 내부에 적극적으로 알리지 못했죠." 지역별 매장운영팀들은 광고비 집행 변화를 달가워하지 않았고, 월그린의 광고 활동은 여전히 기존 방식으로 돌아갔다.

"그때 비로소 작은 규모로 시작해 점진적으로 확대했어야 했다는 생각이 들었습니다." 펠드너가 말했다. "그러던 중 우리 작업에 기꺼이 동참해 줄 매장운영팀 임원과 지역 매니저를 만나게 되었습니다. 데이터가 표시된 지도를 보여주고 설명을 시작하자, 그분들도 납득하더라고요. 기껏해야 2만 달러를 벌기 위해 8km나 떨어진 지역에 8만 달러를 들여 전단 광고를 뿌리는 건 말이 안 된다는 사실을요."

이와 같은 작은 성과들에 힘입어 그들은 미국 전역의 지역 매니저들과 개별적으로 마케팅 비용을 검토하는 자리를 만들 수 있었다. 매장운영팀들도 마케팅 예산을 절감하고 높은 이익을 낼 수 있는 방법에 대한 구체적인 설명을 듣자 재빨리 생각을 바꿨다. 펠드너는 말했다. "처음에 겪었던 실패와 이후 작은 규모로 전환해 거둔 성공을 통해 큰 교훈을 얻었습니다."

:: 창의적인 마케팅 활동 아이디어도 필요하다

콘티넨털 항공은 2010년 유나이티드 항공United Airlines과 합병해 유나이티드 콘티넨털 홀딩스United Continental Holdings가 되며 세계 최고의 항공사 중 하나로 자리매김하고 있지만, 1990년대에는 누구나 수긍하는 업계 최악의 항공사였다. 이 사실은 데이터가 말해 준다. 항공사를 평가하는 모든 항목에서 최하위를 기록했기 때문이다. 물론 최악의 순간은 데이비드 레터 맨David Letterman이 나이트쇼 Top 10 명단에 콘티넨털 항공을 넣었을 때였다. 1995년 미국 프로야구 선수들이 파업을 단행했을 때, 데이비드 레터맨은 〈야구선수들의 요구 조건 10가지〉중 10위로 '어떤 팀도 콘티넨털 항공은 이용하지 않는다'라는 항목을 넣은 것이다. 그날 밤 5백만 명 이상의 미국인들이 이 방송을 시청했다.

그랬던 콘티넨털 항공이 21세기 들어 변모하기 시작했다. 당시 CEO를 역임한 고든 베튠Gordon Bethune이 콘티넨털 항공을 꼴찌에서 일등으로 끌어올렸다.[3] 그는 맨 먼저 콘티넨털을 깨끗하고 안전하며 믿을 수 있는 항공사로 만드는 데 집중하기 위해 인센티브 정책을 바꿨다. 예를 들어 비행기가 한 달 동안 계속 정시 운항을 한 경우 직원들에게 100달러씩 장려금이 지급됐다. 그 결과는 엄청났다. 불과 한 달 만에 콘티넨털 항공은 정시 운항 항목에서 최고 점수를 받았기 때문이다. 가시적인 성과가 보이자 베튠은 다음 단계의 '꼴찌에서 일등' 전략에 돌입했다. 고객의 마음속에 가장 먼저 생각나는 항공사가 된다는 목표였다. 데이터 기반 마케팅 담당 임원이었던 켈리 쿡Kelly Cook은 다음과 같이 말했다.

"콘티넨털이 맨 처음 단행한 일은 고객과의 소통이었어요. FGIFocus Group Interview, 표적집단면접법는 우리가 가진 아이디어를 상대적으로 저렴한 비용으로 재빨리 평가할 수 있는 조사 방법이었죠. 변화가 절실한 회사로서 콘티넨털이 무엇을 해야 하고 우선순위를 어디에 둬야 할지에 대한 값진 조언을 얻을 수 있었습니다. 우리는 예산도 부족했고, 데이터들은 45개의 개별 데이터베이스들에 흩어져 있었죠. 그래서 두 가지 데이터에만 집중했어요. 그 둘을 결합하는 것만으로도 굉장히 값진 결과를 얻을 수 있었습니다."

콘티넨털의 마케터들은 직감적으로 아이디어 하나를 떠올렸다. 우수고객들 중에서 여행 가방 분실, 일정 지연, 취소 등 불쾌한 경험을 한 사람들에게 사과 편지를 보내면 효과가 있을 것 같았다. 그래서 '고객별 이익률'과 '서비스 사고'라는 두 가지 데이터를 찾아 분석했다.

이를 토대로 서비스 사고를 당한 우수고객들에게 불쾌한 경험을 한 지 12시간 안에 편지를 보내는 캠페인을 기획했다. 물론 실행하기에 앞서 이들을 대상으로 한 FGI도 준비했다. 편지에는 "귀하는 콘티넨털 항공의 매우 귀중한 고객이십니다. 이번에 겪으신 불편함에 대해 진심으로 사과드립니다."라는 간단한 메시지가 담겨 있었다. 실험의 일환으로 편지를 받은 고객들 중 절반에게는 편도 마일리지 혜택을, 나머지 고객들에게는 VIP 라운지를 이용할 수 있는 프레지던트 클럽 무료 이용권을 보냈다.

편지 효과를 측정한 FGI 결과는 예측한 대로였다. 편지를 받지 않은 고객들로 구성된 대조군에서는 참석자 한 명이 비행 취소나 수하물 분실 등 자신이 겪은 불행을 털어 놓기 시작하면, 또 다른 참석자가 연이어 자신이 겪은 한층 더 불쾌한 사례를 토해냈다. 그리고 얼마 후 참석자들 전체가 콘티넨털 항공사에 대해 적개심을 불태웠다. 하지만 편지를 받은 고객들로 구성된 실험군 결과는 완전히 달랐다. "여행 후 집에 와 보니 편지가 와 있지 뭐예요.", "전에도 비슷한 일을 겪어봤지만 정식으로 사과한 항공사는 콘티넨털이 처음이었어요."와 같은 반응이 나왔다. FGI 결과만 보면 편지를 보내는 것만으로도 고객의 인식을 상당히 긍정적으로 바꿀 수 있음을 알 수 있었다.

흥미로운 사실은, VIP 라운지 무료 이용권을 받은 고객 중 상당수가 이후 자발적으로 프레지던트 클럽에 가입했다는 점이었다. 프레지던트 클럽은 콘티넨털 항공의 고수익 상품 중 하나였기 때문에 편지 마케팅은 긍정적인 투자수익률 신호도 준 셈이었다. 이후 콘티넨털은 45개의 개별 데이터베이스를 중앙시스템으로 통합했다. 이를 통해 고객별 이익률이나 고객 생애가치를 지속적으로 측정할 수 있게 됐다. 이런 인프라를 기반으로 분석한 결과, 편지를 받은 고객들이 매출을 8퍼센트나 향상시켰다는 사실을 알게 되었다.

이 사례에서도 보듯이 콘티넨털 항공은 '편지'라는 작은 마케팅 활동으로 시작해 FGI 조사로 그 성과를 측정했다는 점이다. 초기에 얻은 성과는 추가 마케팅 활동을 이끄는 모멘텀이 되었으며, 경영진의 지원을 확보하는 장치가 되었다. 콘티넨털 항공의 고객관리부문 임원인 마이크 고먼Mike Gorman은 이렇게 말했다. "데이터베이스를 구축하는 것은 만만치 않은 일입니다. 하지만 일단 확보하면 고객과 회사에 엄청난 가치를 창출할 기회들을 만들 수 있습니다."

장애물 2. 인과관계를 파악하기 어렵다

두 번째 장애물은 바로 인과관계 문제이다. "우리가 무엇을 측정하든 그 잠재적 원인은 다양하기 때문에 원인을 하나로 규정하기는 어렵습니다. 여러 마케팅 활동들이 동시에 진행되기 때문에 어떤 것이 효과적인지 명확하게 구별할 수 없습니다."

그럼 이는 어떻게 극복해야 할까? 그 해법은 단순하다. 마케팅 활동을 진행할 때 체계적이고 통제된 접근 방법을 취하면 된다. 즉, 여러 변수들을 가능한 하나씩 독립적으로 분리시킨 후 성과가 있는 것과 없는 것을 확인하면 된다. 조사 결과에 따르면 마케터들 대부분이 이런 접근법에 대해 알고 있었다. 하지만 그들 중 70퍼센트는 파일럿 테스트를 통해 신규 캠페인 결과를 대조군과 비교하지 않는 것으로 나타났다. 왜 그럴까?

이는 대부분 마케팅 조직의 보상 체계가 마케팅 결과가 아닌 활동 자체를 기준으로 정해져 있기 때문이다. 조직 문화에서 기인한 이 문제를 해결하는 방법은 장애물 5에서 설명하도록 하겠다. 지금은 제대로 설계된 마케팅 캠페인이 갖는 효과를 사례를 통해 소개하고자 한다.

:: 인과관계를 파악할 수 있도록 마케팅 조사를 설계한다

하라스 엔터테인먼트Harrah's Entertainment는 세계 최대의 카지노 회사다. 하라스는 마케팅 성과를 정량적으로 측정하기 위해 조사를 세밀하게 설계한다. 예를 들어 미시시피주 잭슨에서 슬롯머신을 자주 하는 고객들을 대조군과 실험군으로 나눠 조사한 것을 살펴보자. 대조군 고객들에게는 전형적인 프로모션 오퍼를, 실험군 고객들에게는 '챌린저'라는 프로모션 오퍼를 제공했다. 즉, 대조군 고객들은 125달러에 상응하는 호텔 무료 숙박권과 스테이크가 나오는 저녁 식사권 두 장, 30달러치의 무료 카지노 칩이 포함된 전형적인 프로모션 상품을 받았다. 예상대로 대조군 고객들의 게임 참여도는 기존과 차이가 별로 없었다.

실험군 고객들이 받은 챌린저 오퍼에는 호텔 숙박권과 무료 스테이크 식사권 2장은 빠지고 대신 60달러치의 카지노 칩만 들어 있었다. 그 결과 챌린저 오퍼를 받은 사람들의 게임 참여도는 대조군보다 눈에 띄게 높게 나타났다. 미국의 다른 지역에서 추가로 실행한 조사에서도 같은 결과가 나왔다. 이를 토대로 하라스는 마케팅 예산은 50퍼센트 이상 절감하면서도 성과는 오히려 개선시킬 수 있었다.

물론 이런 형태의 마케팅은 수요 창출 마케팅에 해당한다. 고객에게 제공하는 프로모션 오퍼는 비교적 단기간에 적용된다. 그래서 수요 창출 마케팅은 캠페인을 진행한 후 그 결과를 얻기까지 걸리는 시간이 짧고 테스트 오퍼를 받는 고객의 수를 제한할 수 있기 때문에, 마케팅 활동과 그 성과 사이의 인과관계를 파악하기가 쉽다.

문제는 마케팅 활동 중 상당수가 재무적인 성과를 창출하는 데 상당한 시간이 걸린다는 점이다. 브랜드 마케팅의 경우 더욱 그러하다. 내 연구에 참여했던 임원 한 명은 브랜드 이미지를 높이기 위한 목적으로 진행한 마케팅 활동에 대해 CFO가 재무적 투자수익률을 보고 싶어 한다며 풀이 죽어 있었다. 재무 평가 지표들은 수요 창출 마케팅 성과를 측정하는 데에는 굉장히 효과적이지만, 브랜드 이미지 제고 마케팅은 해당되지 않는다. 고객 반응이 즉시 나타나지 않기 때문이다. 그런데도 해당 CFO는 의미 없는 재무적 투자수익률을 요구했던 것이다.[4]

만약 CFO가 모든 마케팅 활동 평가 지표로 투자수익률만을 생각한다면 CFO에게 이의 부당함을 설명하는 게 좋다. 고객이 구매를 결정하는 데 브랜드 이미지나 인지도가 얼마나 중요한지, 이런 고객의 구매 의사를 측정하기 위해서는 다른 종류의 평가 지표들도 필요하다는 사실을 말이다.

사실 어떤 마케팅 활동이든지 인과관계를 분석할 수 있다. 그 결과가 재무적 수치로 보여지지 않더라도 말이다. 문제는 분석 방법을 모른다는 데 있다. 마케팅 활동에 대한 인과관계를 파악하고 결과를 명료하게 확인하려면 변수들을 분리하여 조사함으로써 각각의 영향력을 파악할 수 있어야 한다. 물론 각각의 마케팅 활동별로 가장 적절한 평가 지표를 사용해야 한다. 이에 대해선 뒤에 자세하게 알아보도록 하겠다.

장애물 3. 필요한 데이터가 없다

일반적으로 마케터들은 데이터 부족보다는 데이터 과잉으로 힘들어한다. 특히 B2B 사업을 하는 기업들은 최종 고객에게 직접 상품을 판매하지 않기에 데이터를 얻는 데 어려움을 겪는다. 이런 장애를 겪고 있다면 다음의 3가지 방법을 고려해보기 바란다.

:: 파트너 데이터를 공유한다

390억 달러 규모의 네트워크 인프라 장비 회사인 시스코 시스템Cisco Systems의 CEO 존 챔버스John Chambers는 매일 아침마다 시스코의 이-세일즈e-Sales 포털에 접속한다. 이 웹 어플리케이션을 통해 전날 발생한 전 세계 판매 데이터를 세부 항목별로 자세히 파악할 수 있다. 필요에 따라 데이터를 지역별, 구매 회사별, 제품별, 혹은 영업 매니저별로 구분하여 확인할 수도 있다. 시스코가 제품의 95퍼센트 이상을 VAR Value-Added Resellers, 부가가치재판매업체들을 통해 간접 판매한다는 점을 생각한다면 이는 교묘한 마술처럼 보인다.

그렇다면 시스코는 어떻게 이런 시스템을 구축할 수 있었을까? VAR들과 계약을 할 때, 고객 판매 데이터를 공유 받는 조건을 걸었기 때문이다. B2B 회사들이 채널 파트너들에게 고객 데이터를 요청하면 대개 "안 됩니다."라는 대답을 듣는다. 파트너 입장에서 보면 고객 데이터야말로 자신의 핵심 자산이자 경쟁 우위의 원천이기 때문에 자연스레 거절하는 것이다. 그런 점에서 볼 때 시스코가 채널 파트너의 데이터를 공유 받는 권한을 계약 조건에 넣었다는 사실은 상당히 이례적으로 보인다.

그럼 시스코처럼 데이터 공유를 계약 조건에 삽입하려면 어떻게 해야 할까? 나와 함께 일했던 B2B 기업들은 파트너와의 계약 조건을 도중에 바꾸기 어렵다고 말한다. 하지만 나는 모든 일을 협상으로 바꿀 수 있다고 생각한다. 내가 작업에 참여했던 회사 중 한 곳은 대리점 네트워크를 갖고 있었으며, 이들 대리점의 15퍼센트는 직접 소유하고 있었다. 이 경우 가장 쉬운 해결법은 먼저 자사 소유의 대리점들과 함께 데이터 기반 마케팅의 효과를 입증한 후, 다른 대리점들도 데이터를 공유하도록 동기 부여하는 것이다.

B2B 기업들은 다음과 같은 질문에 답할 수 있어야 한다. "채널 파트너가 자신의 데이터를 공유할 만한 이유가 있는가?" 그 유인책 중 하나는, B2B 기업들이 종종 채널 파트너들과 공동 마케팅 활동을 위해 상당히 많은 마케팅 예산을 지출한다는 점이다. 공유 데이터를 분석하면 이런 공동 마케팅 성과를 근본적으로 개선하는 방향을 알아낼 수 있다. 일례로 마이크로소프트는 자신들이 개발한 공동 마케팅을 파트너들이 기꺼이 받아들일 뿐만 아니라, 마케팅 성과를 높이기 위해 자신들의 고객 데이터도 흔쾌히 공유한다는 사실을 발견했다.

B2B 기업들은 고객의 이름과 주소까지 알아야 할 필요가 없다. 이런 고

객 정보들은 공유 데이터 파일에서 삭제해도 무방하다. 진짜 필요한 정보는 고객이 어떤 제품과 서비스를 구매하는지에 대한 것이다. 채널 파트너들은 거래하는 B2B 기업이 고객 정보를 손에 넣으면 직접 판매 방식으로 전환해 자신과의 계약을 파기할 거라는 우려를 한다. 따라서 고객 데이터의 일부를 '위장'함으로써 파트너들의 불안감도 상쇄시킬 수 있다.

:: 최종 고객 정보를 직접 수집한다

산토리Suntory는 일본의 최대 주류업체 중 하나로, 산토리 몰츠Suntory Malts 맥주가 대표 제품이다. 일본의 3대 맥주 브랜드는 아사히Asahi, 기린Kirin, 삿포로Sapporo로, 산토리 몰츠는 대중적 인기나 매출, 브랜드 인지도 면에서 최고 제품이라고 할 수 없다. 이런 산토리가 1990년대 후반 당시로는 혁신적이었던 인터넷 마케팅 캠페인을 단행했다. 맥주 애호가용 웹사이트를 만든 것이다.

산토리 제품들은 주류 총판이나 슈퍼마켓, 술집, 식당, 자판기 등을 통해 모두 간접 판매된다. 산토리가 웹사이트를 만든 목적은 고객들이 맥주병에 붙은 코드를 통해 자신이 마신 맥주 개수를 웹사이트에 등록하면 포인트를 받게 하는 것이었다. 고객들은 포인트를 가지고 우스꽝스러운 모자나 자신의 이름이 새겨진 병뚜껑, 너무 불편해서 앉기도 힘든 의자 등 이색 상품들을 구입할 수 있었다.

이 얼마나 훌륭한 마케팅인가! 산토리 캠페인 웹사이트 방문 고객수가 최대 30만 명에 달했는데, 이들은 모두 맥주 애호가들이었다. 물론 산토리는 웹사이트를 통해 수집한 고객 정보를 기반으로 다른 제품들에 대한 마케팅도 실행할 수 있었다.

이런 마케팅 프로그램은 맥주뿐만 아니라 다른 음료에도 적용 가능하다. 코카콜라Coca-Cola도 산토리와 유사한 마케팅을 '마이 코카콜라 리워드www.mycokerewards.com'란 웹사이트를 통해 진행했다. 물론 코카콜라를 애용하는 고객들을 위한 충성도 캠페인의 일환이었다. 고객은 자신이 마신 코카콜라 양에 따라 포인트를 획득하고, 포인트로 T셔츠나 DVD, 코카콜라의 파트너 회사들이 벌이는 마케팅 프로모션 할인 혜택을 구입할 수 있다. '마이 코카콜라 리워드' 프로그램 덕분에 코카콜라는 자사 제품 애호가들 정보를 직접 얻을 수 있었고, 이메일로 직접 마케팅할 수 있었다. 또한 웹사이트에 유료 광고도 실음으로써 그 자체로도 수익을 창출했다.

애호가들을 대상으로 한 마케팅 프로그램은 음료 회사와 같은 B2C 기업에게만 국한된 개념은 아니다. 대표적인 B2B 사례로 마이크로소프트를 들 수 있다. 마이크로소프트는 자신의 거의 모든 제품을 PC OEM 파트너나 채널 파트너들을 통해 판매하기에, 대기업을 제외하고는 누가 구입하는지 알 수 없다. 특히 중소기업의 경우 성장 잠재력이 큰 최종 고객군임에도 이들에 대한 구매 정보가 없었다.

이에 마이크로소프트는 중소기업 포털사이트를 만들어 중소기업들이 사용하고 있는 제품 라이선스 번호를 입력하도록 유도했다. 마이크로소프트는 연간 소프트웨어 라이선스를 통해 기업으로부터 수익을 얻는 모델이기에, 이를 통해 기업들이 라이선스를 최적으로 활용하고 있는지 점검할 수 있었다. 물론 중소기업들에게는 라이선스를 직접 관리하고 비용을 절감할 수 있는 서비스를 제공함으로써 부가가치를 제공했다. 마이크로소프트는 이렇게 구축한 고객 데이터베이스를 통해 확보한 제품 구매 정보를 마케팅에 활용할 수 있게 되었다. 결국 이런 고객 데이터에 기초한 맞춤형 마케팅 결과로 마케팅 성과를 다섯 배나 향상시키는 데 성공했다.

지금까지 소개한 사례들을 보면 공통적으로 최종 고객과 재판매업체들이 자신의 데이터를 기꺼이 공유하게 만드는 B2B 기업만의 명확한 가치 제안value proposition이 존재함을 알 수 있다. 산토리와 코카콜라 웹사이트는 제품 할인과 서비스를 가치로 제안했다. 또 마이크로소프트는 라이선스 관리를 개선하여 고객 비용을 절감해주는 가치를 제공했다. "당신은 고객이나 파트너들이 자신의 데이터를 기꺼이 공유하도록 가치를 제공하고 있는가?"

:: 시장 조사를 적극적으로 활용한다

세 번째 접근법은 정교한 고객 세분화와 표적 마케팅을 실시하기 위해 FGI와 설문 조사를 활용하는 방법이다. 심도 깊은 시장 조사를 수행함으로써 최종 고객의 특성과 생활 습관, 구매 행동 등을 파악할 수 있다. 이를 통해 세부 고객군에 특화된 데이터 기반 마케팅을 제안하거나, 마케팅 성과를 측정할 수 있다. 물론 시장 조사는 대규모 고객 데이터를 분석하는 것에 비해 그 성과가 상대적으로 떨어지긴 하지만, B2B 기업들처럼 고객 데이터를 직접 구하기 어려운 경우에는 좋은 대안이 될 수 있다.

보통 전문 업체를 통해 FGI 조사를 실시할 경우 2만 달러 이상이 필요하지만, 간단한 무료 점심과 참석 사례금 정도의 비용으로 할 수도 있다. 또는 온라인 FGI도 고려해 볼 필요가 있다. 오프라인에서 10명과 진행하는 FGI 비용으로 온라인에서는 100명 이상의 고객 데이터를 수집할 수 있다. 내 경험상 생활용품 관련 조사나 광고 성과를 측정할 때는 온라인 조사가 매우 효과적이다. 하지만 제품 사용자들을 필요한 수만큼 모으는 일은 온라인에서도 쉽지 않다. 조사 대상이 인터넷 사용률이 높은 사람들로 편중될 수 있고, 당신의 제품이나 서비스가 적합하지 않을 수도 있다. 그런 점에서 최초의 FGI는 소규모 오프라인 조사로 시작하고, 2차부터는 온라인 조사를 진행하는 방법을 고려해 볼 필요가 있다.

:: 고객 데이터 수집의 법적/윤리적 문제

고객 데이터가 부족하다면 지금까지 언급한 3가지 방법으로 고객 데이터를 수집할 수 있다. 그런데 문제는 고객 데이터 수집이 법적이나 윤리적인 문제를 발생시킬 수 있다는 점이다. 사실 고객 데이터 수집은 민감한 문제이기에 법적, 윤리적 기준을 깐깐하게 따져야 한다. 한 대기업의 마케터는 혹시 발생할 수 있는 과징금 때문에 사내 법무팀으로부터 고객 데이터를 완전히 삭제하라는 지시를 받았다. 이런 일이 발생하는 이유는 대부분의 기업이 제대로 된 개인정보 정책을 갖고 있지 않고, 마케팅 부서가 고객 데이터를 어떻게 활용하는지 법무팀에서 정확히 이해하고 있지 않기 때문이다. 그러므로 마케터들은 조직 안팎으로 개인정보 정책을 명확히 알리고, 데이터를 활용하는 용도도 정확히 고지해야 한다.

경우에 따라 고객 데이터를 직접 수집하는 행위를 아예 금지하는 법도 있다. 예를 들어 미국에서는 병원기록보호법인 HIPAA Health Insurance Portability and Accountability Act에 의해 제약회사들이 환자 처방 정보에 접근하는 것을 아예 금지한다. 하지만 이런 상황에서도 고객 가치를 높일 수 있는 기회는 존재한다. 고객들에게 제품 정보를 제공하고, 그에 따른 고객 반응과 유용한 정보를 얻는 커뮤니티 지원 서비스를 활용하는 것도 좋은 방법이다. 그러므로 어떤 상황에 처했더라도 고객 데이터를 귀중히 여기고, 데이터 보안을 강화하며, 고객 가치를 더하는 일에 집중해야 한다. 그것만이 고객의 신뢰를 구축하고 고객의 마음을 사로잡는 상생의 전략이다.

장애물 4. 자원과 도구가 부족하다

대부분의 마케터들이 겪는 고충은 마케팅 평가와 데이터 기반 마케팅을 수행하는데 필요한 자원과 유용한 도구가 부족하다는 데 있다. 하지만 이는 모든 것을 완벽하게 갖추어야만 한다는 오해 때문에 빚어지는 문제다. 사실 조금만 성의를 보이면 실행할 방안을 마련할 수 있다. 마케팅 캠페인들을 실행하기에 앞서 성과 측정을 할 수 있도록 미리 설계한다면 좀 더 쉽게 접근할 수 있다.

내 경험상 마케팅 캠페인 계획 단계에서 몇 시간만 투자하면 올바른 평가 지표와 데이터 수집 방법을 정할 수 있다. 대형 캠페인이라 하더라도 최대 하루나 이틀이면 된다. 측정 방법을 미리 정하면 캠페인이 완료됐을 때 1퍼센트의 노력이 99퍼센트의 가치를 창출한다는 격언을 실감하게 된다. 당신이 진행한 마케팅 활동의 성과를 정량화할 수 있기 때문이다. 이런 마케팅 성과 측정은 미래 마케팅 투자를 위한 사례가 된다는 점과 데이터 기반 마케팅 활동에 기반이 되는 인프라에 투자할 근거가 된다는 점에서 위대하다.

:: 처음부터 대대적인 인프라가 필요하지 않다

실행 도구 측면에서 엑셀과 노트북 컴퓨터는 데이터 기반 마케팅을 출발하는 시점에 필요한 전부라고 할 수 있다. 대량의 고객 데이터를 처리할 수 없긴 하지만, 간단한 분석은 가능하다.[5] 특히 엑셀은 브랜딩과 고객만족도 조사 데이터를 분석하는데 굉장히 효과적이다. 인터넷 평가 지표에 따른 성과 측정이나 마케팅투자수익률을 분석하는 데도 효과가 크다. 마케팅 캠페인별 성과표도 엑셀로 충분히 효과적으로 작성할 수 있다. 따라서 이 책에서 설명하는 대부분의 평가 지표들을 현업에 이용하는 데 엑셀 하나면 충분하다. 이 책에서 다루는 부분 중 엑셀만으로 부족한 것은 다이렉트 마케팅 데이터베이스와 가치 기반 마케팅value-based marketing, 대규모 고객 기반의 분석 마케팅뿐이다.

하지만 데이터 수준이 대규모라면 좀 더 강력한 기반 인프라가 필요할 수 있다. 수천 명 수준의 고객을 분석한다면, 노트북과 엑셀로 충분히 작업할 수 있지만, 동일 이슈라도 고객 5천만 명을 대상으로 한다면 아주 강력한 인프라가 필요하다. 고성능 데이터웨어하우스 설계 전문가인 리처드 윈터Richard Winter는 이렇게 말했다. "데이터가 요구하는 수준은 단층 주택과 엠파이어스테이트 빌딩을 짓는 것만큼 차이가 있습니다."

또한 분석 목적에 따라서도 인프라 구축에 차이가 생길 수 있다. 일회성 분석이 목적이라면 상대적으로 비용이 낮은 시스템을 구축해 데이터를 직접 분석하면 된다. 하지만 고객에게 발생한 사건 중심의 이벤트 기반 마케팅을 목적으로 한다면, 현재 고객들의 구매 정보와 그들의 미래 가치를 실시간으로 계산해야 하므로 인프라 구축 비용은 늘어날 수밖에 없다.

이렇듯 데이터의 규모는 고객 규모와 고객과의 거래량, 수집 목적 등에 의해 정해진다. 이에 따라 마케팅 인프라의 구축 조건이 결정된다. 그렇다고 처음부터 인프라를 대대적으로 구축하려고 생각하지 말기 바란다. 크게 생각하되, 작게 출발해 투자타당성을 입증한 뒤 범위를 확대해가는 게 정석이다.

:: IT 인프라 구축

만약 노트북 수준을 넘어 체계적인 IT 인프라가 필요하다면 어떻게 접근해야 할까? 그에 대한 해답을 찾기 위해 데이터 기반 마케팅을 위한 대기업 인프라 구축 모델을 살펴보도록 하자.

대규모 고객을 상대하는 대기업은 〈표 2.2〉에서 보는 것처럼 그에 상응하는 IT 인프라가 필요하다. 도표 오른쪽 박스는 회사가 고객과 만나는 다양한 접점에서 고객 데이터를 수집하는 고객 관계 관리 시스템인 CRM_{Customer Relationship Management}을 나타낸다. 이 CRM 시스템을 통해 매장, 콜센터, 웹사이트, 반품처 등의 고객 접점에서 고객 데이터를 수집한다. 예를 들어 고객이 자동차 오일을 교환하기 위해 서비스센터에 차를 정차했다. 자동차 번호로 고객을 식별한 CRM 시스템은 고객이 차에서 내리자마자 서비스 직원이 이렇게 응대하게끔 만들어준다. "안녕하세요. 마크 씨, 오일을 교체하신 후 6,500km 정도 달리셨네요."

고객이 서비스센터를 방문하면 〈표 2.2〉의 아래 박스처럼 그 정보가 EDW 시스템에 저장된다. 대기업에서 EDW는 모든 고객 데이터를 저장하는 빅데이터 저장고 역할을 한다. 물론 이상적으로는 회사 운영 및 재무와 관련된 데이터도 EDW에 저장되어야 한다. 〈표 2.2〉의 왼쪽 박스는 EDW의 데이터를 기반으로 보고서를 작성하는 데 필요한 도구들을 보여 준다. 이런 보고서에는 주간으로 업데이트되는 지역별 매출 현황이나 회원권을 취소한 고객 명단 등이 포함된다.

마지막으로 〈표 2.2〉에서 가장 중요한 부분은 위쪽 박스로, EDW의 가장 상위에 있는 데이터 기반 마케팅이다. 이는 고객 세분화와 표적화, 고객 관계 분석 도구들이 위치하고 있다. 앞서 설명한 자동차 서비스센터 직원의 대화가 고객 맞춤형 마케팅 상호 작용의 예이다. 이는 자동차가 들어오자마자 번호판을 식별해 EDW 시스템에서 관련 데이터를 찾고, 고객 정보를 끌어내 어떤 조치를 취해야 할지 파악한 후, 컴퓨터 화면에 해당 조치가 띄워지는 일련의 프로그램에 의해 가능하다.

표적고객 맞춤형 마케팅을 위해서는 데이터마이닝 기법을 활용한 분

【표 2.2】 데이터 기반 마케팅을 위한 대기업 인프라 구축 모델

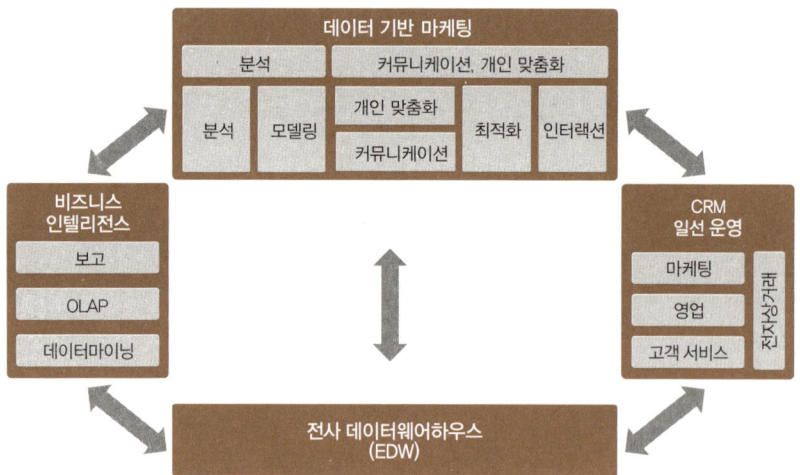

석과 모델링이 필요하다. 여기에는 9장에서 소개할 경향 모델링propensity modeling, 장바구니 분석market basket analysis, 의사결정트리와 같은 필수 분석 기법이 중요하다. 일례로 chapter 9에서 살펴보겠지만, 〈베터 홈스 앤 가든Better Homes and Gardens〉 등 다양한 여성 잡지를 출간하는 메러디스 출판사가 독자들이 다음번에 어떤 잡지를 구입할 지 예측하기 위해 정교한 분석 모델을 활용한다.

이런 인프라 구축은 어디에서부터 시작해야 할까? 인프라 구축에서도 똑같은 조언이 적용된다. 작게 시작해 성과를 입증한 후, 규모를 확대해야 한다. 일단 작은 규모로 시작하라. 기존에 하고 있던 업무를 데이터 기반 마케팅을 통해 얼마나 더 좋고, 더 빠르고, 더 저렴하게, 더 현명하게 바꿀 수 있는지 입증하라. 그런 다음 단계별로 점진적으로 인프라를 확대해 나가야 한다.

여기서 명심해야 할 점이 있다. 〈표 2.2〉와 같은 마케팅 인프라 개발은 IT 부문 주도하에 진행돼야 한다고 생각한다면, 이는 데이터 기반 마케팅을 망치는 지름길이 된다. 반드시 마케팅 인프라 개발은 IT 담당자들이 아닌 마케터가 주도해야 한다.

:: 마케팅과 IT의 관계

포춘 500대 기업의 최고경영진 한 명이 최근 매우 격분한 어조로 이렇게 외쳤다. "이 모든 게 무슨 필요가 있습니까?" 그는 데이터 기반 마케팅을 위한 인프라 구축에 들어간 많은 비용은 물론이고, 완성된 시스템에 대해 제대로 설명하지 못하는 IT 담당자들 때문에 답답해하고 있었다. "IT

전문가라는 사람들이 담당 업무도 제대로 설명하지 못해요."

나는 회사에서 마케팅과 IT 부문 사이에 존재하는 긴장을 종종 본다. 나는 마케팅과 IT의 관계가 환자가 의사를 대하는 것과 같아야 한다고 생각한다. 당신이 테니스를 치다 발을 다쳤다면, 병원에 가서 "MRI를 찍고 바이코딘Vicodin 진통제를 한 통 주세요."라고 말하지는 않을 것이다. 대신 의사에게 증상을 설명하고, 의사의 처방을 기다릴 것이다. IT 담당자를 대하는 태도도 이와 비슷해야 한다. 당신은 IT 전문가들에게 필요한 이유와 목표, 데이터를 통해 무엇을 하고 싶은지 등을 명확하게 설명해야 한다. 그러면 IT 전문가들은 당신의 요구 조건에 맞는 시스템을 정해진 기간과 예산 범위에서 제공한다. 물론 구축한 시스템의 투자수익률은 마케팅 부문이 책임져야 한다.

자식이 중병에 걸리면 우리는 자연스레 그 병에 대한 '전문가'가 된다. 데이터 기반 마케팅용 인프라를 구축하는 작업도 다를 게 없다. IT 시스템 관련 정보를 가능한 모두 알아보고, 전문가 의견을 구하며, 발생 가능한 위험을 예측하고 방지할 수 있는 최선의 방법을 스스로 숙지해야 한다.

마케터로서 당신은 데이터 기반 마케팅 활동을 지원하는 기술에 대해 숙련된 고객이 되어야 한다. 당신의 프로젝트를 구동하는 바퀴가 떨어지지 않도록, IT 시스템이 그 가치를 제대로 전달할 수 있도록 올바른 질문을 하는 방법을 배워라. 데이터 기반 마케팅 관련 기술은 IT 담당자들에게만 전담시키기에는 너무 중대한 문제이기 때문이다.

장애물 5. 사람과 조직 문화가 문제다

나는 이런 말을 자주 듣는다. "저는 일개 팀장에 불과합니다. 조직을 변화시킬 만한 힘이 없습니다." 많은 사람들이 타인에게 미치는 자신의 잠재적 영향력을 과소평가한다. 작은 변화들이 모여 큰 변화를 만든다.

당신 개인도 하나의 문화이며, 변화는 당신으로부터 일어난다는 점을 깨달아야 한다. 긍정적 영향력을 발휘하여 당신 주위의 사람들부터 변화시켜라. 물론 조직에 데이터 기반 마케팅 문화를 조성하는 일은 한 사람의 힘만으로는 부족하다. 더구나 당신의 직급이 낮다면 이런 일 자체에 주눅이 들지도 모른다. 그렇더라도 다른 사람들에게 확신을 심어주고, 초기에 빠른 성과를 보여줌으로써 변화를 추동해나가야 한다.

켈리 쿡이 콘티넨털 항공에 있을 때 처음으로 한 일은 자신에게 필요한 데이터들이 조직 어디에 있는지를 파악하는 것이었다. 그런 다음 그녀는 직무는 다르지만 자신과 사고방식이 비슷한 사람들 4~5명과 관계를 맺어, 성과를 조기에 창출하기 위한 비공식 조직을 결성했다. 이를 통해 영향력이 큰 핵심 인사들을 설득함으로써 원하는 방향으로 변화시켜 나갔다.

:: 변화의 발목을 잡는 주체는 사람이다

만약 당신이 중소기업에서 사장의 전폭적인 신임을 받고 업무 성과도 좋다면 조직을 변화시키는 일은 쉬울 수 있다. 하지만 대기업에서 새롭게 데이터 기반 마케팅 문화를 정착시키는 것은 만만한 일이 아니다. 〈표 2.2〉에 설명된 인프라를 구축하는 작업은 예산만도 수백만 달러가 투입되어야 하고, 여러 사람들의 승인도 받아야 한다.

기업 문화는 다음과 같이 세 가지로 나눌 수 있다. 합리적이거나, 관료주의적이거나, 정치적이다. 내 수업을 듣는 젊은 MBA 학생들은 기업은 합리적이라고 믿지만, 현실에선 그러지 않을 가능성이 높다. 경험 많은 관리자라면 기업은 확실히 합리적이지 않다는 점을 잘 알고 있다. 그러므로 대부분의 기업 문화는 관료주의적이거나 정치적이다. 관료주의적 조직은 확고한 조직 구조를 가지고 있고, 경영진과의 소통도 엄격하게 정해진 프로세스를 통해 이루어진다. 이는 상명하복의 군대 문화와 비슷하다. 반면 정치적 조직은 조직의 중심에 예산권과 다수의 부하 직원을 거느린 개인이 존재한다.

조직에서 정치적 관계를 조망하려면 어느 정도 경험이 필요하긴 하지만, 무엇보다도 먼저 파워맨들을 파악해야 한다. 업무 역량이 뛰어나면서 힘도 있고, 동시에 데이터에 기초한 의사 결정을 원하는 고위 임원을 찾아라. 대기업에서 성공하려면 권력을 가진 고위 임원들의 지원과 협조 하에 진행하는 게 현명하다. 물론 경영진의 후원 외에도 팀장급 간부들이나 중견 직원들의 협조도 중요하다.

모든 변화들이 그렇듯이 위기감은 변화를 추동하는 강력한 동기가 될 수 있다.[6] 다음과 같은 위기 상황들은 마케팅 조직에 변화를 일으키는 계기가 된다.

- "마케팅 예산이 36퍼센트나 삭감됐어요. 앞으로는 비용에 대한 근거를 제시해야 해요."
- "시장 점유율이 급격히 떨어지고 있어요."

- "가격 할인 마케팅이 전체 이익률을 갉아먹고 있어요."
- "고객은 계속 빠져 나가고 있고, 어떤 고객군이 수익성이 높은지도 몰라요."
- "경쟁사가 우리보다 마케팅에서 계속 앞서고 있어요."

2009년에 시작된 금융위기와 불황은 미국 전역에 대규모 해고와 예산 삭감을 초래했다. 그런데 이런 위기는 역설적으로 현재 시점이 조직에 데이터 기반 마케팅 문화를 조성할 수 있는 최적의 기회로 작용한다.

그렇다면 어떻게 변화를 시작해야 할까? 거창하게 나설 필요 없이 당신부터 시작하면 된다. 또 다시 강조하지만, 작은 규모로 시작해 빠른 성과를 보여라. 사람들은 모두 승자를 좋아한다. 주위 사람들이 당신을 주목할 것이다. 조직에 변화를 만들고 다른 사람들에게 영향력을 행사할 수 있는 모멘텀이 생긴다. 조직 내에서 당신의 덕망과 지위도 올라간다. 그러다 보면 서서히 변화의 기운이 조직에 스며든다. 그러므로 데이터 기반 마케팅 원칙들을 따르면 어떤 좋은 성과가 생기는지 적극적으로 알려야 한다. 그것이 변화의 시작이다.

:: 변화에 대한 인센티브를 부여한다

조직 내 변화의 기운을 불어넣고 싶다면 먼저 마케팅 활동에 대한 객관적인 성과 평가부터 시작해야 한다. 최근에 나는 늘어나는 허리 살 때문에 고민이 많았다. 이를 해결하려면 활동량은 늘리고 칼로리를 적게 섭취하면 되지만, 섭취하는 음식의 칼로리를 측정하기가 힘들었다.

그러던 중 간편하게 칼로리를 계산할 수 있는 '살 빼기' 무료 앱을 발견했다. 매일 섭취한 음식과 활동한 운동량을 입력하면 데이터가 나왔다. 그 결과 나의 다이어트 활동에 데이터에 기반한 투명성이 생겼다. 밤마다 먹었던 초코칩 쿠키의 열량이 600칼로리가 넘는다는 사실을 알게 되어 다른 대안을 찾던 중, 캐러멜 호두 아이스크림 반 컵이 160칼로리 밖에 되지 않는다는 사실을 알게 됐다. 이 얼마나 좋은 일인가?

어떤 것이든 관리하고 싶다면 측정이 선행되어야 한다. 내 경우 섭취 칼로리양과 운동으로 소모되는 칼로리양을 측정함으로써 체중 관리에 성공했다. 또한 궁극적으로 식습관도 완전히 바꿀 수 있었다. 측정 결과를 공개하면 문화 자체를 바꿀 수 있다.

미 해군의 전투 조종사들은 경쟁심이 높은 것으로 유명하다. 항공모함 상황실에는 조종사 개인의 수행 능력을 다각적으로 평가한 점수판이 있다. 이 공개된 점수판으로 조종사들은 자신의 점수를 동료들과 비교한다. 이를 통해 임무를 효과적으로 수행하는 데 요구되는 조건을 명확히 알 수 있으며, 경쟁심도 유발시킬 수 있다.

켈로그 경영대학원 역시 측정 결과의 공개를 적극적으로 활용했다. 켈로그 경영대학원이 최고의 마케팅 MBA이자 미국 최고 대학원 중 하나로 인정받게 된 이유 중 하나는 30여 년 전 학장이었던 도널드 제이콥스Donald Jacobs가 각 수업에 대한 학생들의 강의 평가 결과를 공개했기 때문이었다. 처음에는 이 결정에 대해 교수들이 엄청나게 반발했다. 하지만 몇 달이 지나자 모든 수업의 평가 점수가 눈에 띄게 향상됐다. 교수들은 동료 교수들보다 나쁜 평가를 받고 싶지 않았고, 그 결과 강의 수준이 전반적으로 개선된 것이다.

마케팅에서도 마찬가지다. 마케팅 평가 지표에 따른 성과 측정 결과를 조직 내부에 '공개'하면 변화를 추동하는 인센티브 역할을 한다. 물론 마케팅 결과와 상관없이 활동 여부로만 평가하는 방식이 아니라, 마케팅의 가치를 정확히 가늠할 수 있는 평가 지표에 집중해야만 긍정적인 변화를 유도할 수 있다.

정확한 마케팅 성과 평가를 수행했다면 이를 기반으로 인센티브를 부여함으로써 변화의 바람을 일으켜야 한다. 즉, 훌륭한 성과를 보인 사람들에게 성공에 걸맞는 인센티브를 주는 것이다. 이를 통해 성공적인 마케팅 활동에 대한 소문이 퍼지게 함으로써 조직 전체에 긍정적인 변화의 바람을 불러일으킬 수 있다. 물론 그런 변화의 바람 속에도 저항하는 사람들은 있지만 말이다.

1990년대 중반 하라스 엔터테인먼트는 하라스 카지노장 여러 군데를 방문하는 고객들에게 제공하는 인센티브 전략을 근본적으로 바꿨다. 이 새로운 전략을 수행하기 위해서는 카지노장마다 개별적으로 보유한 고객 데이터를 서로 공유해야 했다. 그런데 총지배인들 중 일부는 자신이 관리하는 카지노의 이익률에 따라 인센티브를 받았기 때문에 새로운 정책에 반대했다. 자신의 정보를 경쟁자라고 볼 수 있는 다른 총지배인들에게 주지 않으려 했던 것이다. 결국 하라스는 실적은 좋지만 회사 정책을 따르지 않는 총지배인들을 해고해야 했다. 그제서야 임직원들은 최고경영진이 새로운 정책을 얼마나 중요하게 여기는지 체감했다.

:: 개인별 역량 차이를 극복한다

일반적으로 같은 조직원들이라도 데이터 기반 마케팅을 수행하는 역량에서 현격한 차이가 존재한다. 앞서 언급했듯이, 응답자의 64퍼센트는 복잡한 마케팅 데이터를 분석하고 이해할 수 있는 직원이 부족하다고 답했다. 55퍼센트는 마케팅 직원들이 전반적으로 ROI나 NPV, CLTV 같은 재무 지식이 부족하다고 응답했다.

개인별 역량 차이는 인터뷰 조사에서도 나타났다. 한 임원은 이렇게 말했다. "가장 큰 장애물 중 하나는 새로운 마케팅 세상을 이해할 수 있는 능력을 갖춘 직원들이 없다는 것입니다." 또 다른 임원도 이에 동감하며 말했다. "많은 장애물 중 하나는 데이터 기반 마케팅도 여전히 인간의 개입과 예측력에 의존한다는 점입니다. 어떤 일이든 인간적인 실수는 생기기 마련이니까요."

그러므로 직원들의 역량을 마케팅 평가 지표들을 능숙하게 다루고 최고 수준의 데이터 기반 마케팅을 실행할 수 있도록 끌어올려야 한다. 켈리 쿡은 이렇게 말했다. "데이터 기반 마케팅을 하려면 훌륭한 마케팅 전략과 효율적인 업무 프로세스, 기술적인 도구들이 필요합니다. 마지막 4번째 요소는 바로 직원입니다. '내가 만들면 직원들은 따라오겠지'라는 생각으로는 절대로 성공할 수 없습니다. 직원들 스스로가 탁월한 마케팅 성과를 간절히 원해야 합니다."

내 경험상 조직을 변화시키는 데 교육은 정말 중요한 요소이다. 직원들은 교육을 통해 새로운 기법과 접근 방식, 분석 도구에 적응할 수 있다. 직원 교육에 인색하게 굴어서는 안 된다. 지루한 암기식 교육 대신 에너지 넘치는 그룹 활동을 통해 교육 참가자들 자신이 데이터 기반 마케팅에 대한 강한 믿음을 갖게 만들어야 한다. 물론 교육이 끝난 다음에도 강화 훈련이 뒤따라야 한다. 때론 외부 강사를 활용하는 것도 좋다. 그들은 객관적 신뢰감을 바탕으로 데이터 기반 마케팅이 조직에 가져올 수 있는 긍정적 영향력을 전달하고 당신의 철학을 강화해 줄 수 있다.

:: 경영진의 후원이 무엇보다 중요하다

그런데 문제는 일반적인 기업의 경우 변화가 아래에서부터 일어나기 어렵다는 점이다. 아무리 마케팅 평가 지표에 따른 객관적인 평가 시스템이 좋다 하더라도 진정으로 회사가 데이터 기반 마케팅 조직으로 변모하려면 경영진의 리더십이 절대적으로 중요하다. 즉, 최고경영진들이 데이터 기반 마케팅의 본보기가 되어야 한다.

최고경영진의 후원을 얻는 일은 에베레스트 산을 오르는 것처럼 힘겨워 보일지 모른다. 내부 정치 관계도 골치 아프게 한다. 그렇다고 무작정 포기할 수만은 없는 노릇이다. 당신 스스로 모범을 보여야 한다. 데이터를 제대로 활용하면 마케팅 업무를 더 적은 예산으로, 더 효율적으로, 더 빠르게, 더 현명하게 실행할 수 있음을 증명해야 한다. 그러다 보면 차츰 차츰 당신을 지지하는 사람들이 늘어갈 것이다. 이런 힘이 모여 결국엔 경영진의 지지를 끌어낼 수 있다.

올바른 평가 문화 정착을 위한 로드맵

마지막으로 "어디서부터 시작하나요?"란 질문으로 돌아가 올바른 평가 문화를 정착시키기 위한 로드맵을 살펴보자. 〈표 2.3〉에 나와 있듯이, 이 로드맵은 미래로 가는 길을 '설계'하는 단계에서 출발한다. 즉, 첫 번째 단계에서는 올바른 평가 문화를 정착하기 위한 실행 계획을 세운다. 현재 어떤 평가 지표를 사용하고 있으며, 데이터를 의사 결정에 어떻게 활용하고 있는지 자문한다. 그런 후 데이터에 기반하여 '올바른' 일을 하려면 무엇을 해야 하는지 목표를 세우고, 이를 달성하기 위한 실행 계획을 수립한다.

로드맵의 두 번째 단계는 '진단'이다. 현재 상태를 객관적으로 측정하여 목표 수준과 현실 사이의 차이는 어느 정도인지 진단한다. 또한 이런 차이

【표 2.3】 올바른 평가 문화를 정착하기 위한 로드맵

단계	1 설계	2 진단	3 기회	4 도구	5 프로세스
요소	목표 선정 자원 배치 범위 선정 카테고리 평가 지표 가설	균형 평가 위험 분석 수익 분석	재빠른 성과 긴급 상황 조정	평가지표 선정 평가 공식 평가 모델 평가 양식 대시보드	주간 월간 분기별 연간
효과	명료한 계획을 수립함으로써 조직 구성원들이 이해하고 지지함	현 수준에 대한 사실 확인과 의사 결정에 필요한 통찰력 획득	발견한 사실과 통찰력을 토대로 데이터 기반 마케팅 기회로 전환	평가 문화 정착에 필요한 정기적인 검토 시스템 구축	정기적인 검토, 의사 결정 지원 등 실무를 통해 성과 창출

분석을 통해 목표 수준에 도달하려면 어떻게 해야 할지 다양한 옵션을 도출하고, 각 옵션별로 위험과 수익을 분석한다.

이런 진단 결과를 토대로 차이를 극복함으로써 성과를 향상시킬 수 있는 기회 요인을 파악하는 세 번째 단계인 '기회'로 나아간다. 진단 단계에서 도출한 다양한 옵션 중에서 무엇을 선택해야 가장 적은 노력과 비용으로 가장 큰 영향력을 발휘하여 성공할 수 있는지 고민한다. 고민의 결과 최선의 옵션을 정하면 '재빠른 성공'이란 측면에서 조기에 성과를 낼 수 있는 가장 쉬운 방법을 선택해야 한다.

로드맵의 네 번째 단계는 이를 실행하기 위한 '도구'들이다. 평가 지표들과 성과표를 정의하고, 평가 모델과 평가 양식 등을 준비하는 등 정기적으로 마케팅 평가가 진행될 수 있도록 인프라를 구축한다.

마지막 다섯 번째 단계는 이를 문화로 정착하는 '프로세스' 단계이다. 실제로 주간, 월간, 분기별, 연간 등 정기적으로 마케팅 성과를 평가하고, 이에 근거하여 마케팅 활동을 개혁함으로써 마케팅 문화를 바꾸는 단계이다. 이 단계에서는 필요할 경우 평가 방법을 바꾸며 개선해 나가는 것도 포함된다.

나는 많은 회사들의 로드맵 구축 작업을 지원했다. 그런데 함께 일한 모든 회사들은 예외 없이 30일간의 단기 진단을 통해 문제를 확인하는 것만으로도 금방 성과를 낼 수 있었다. 이는 그동안 얼마나 주먹구구식으로 마케팅을 하고 있었는지를 반증한다. 역으로 보면 이 로드맵을 따른다면 마케팅 활동의 성과는 믿을 수 없을 정도로 개선될 수 있음을 의미한다. 만약 당신도 로드맵을 구축, 실행해 당신 회사에 올바른 마케팅 평가 문화를 정착시킨다면, 당신의 존재감은 회사에서 빛을 발할 것이다.

· · ·

지금까지 마케팅 성과 평가와 데이터 기반 마케팅을 가로막는 5가지 장애물에 대해 살펴보았다.

어떻게 시작해야 할지 모르는 것에서부터, 인과관계를 파악하기 어려운 문제, 데이터의 부족, 분석할 도구나 시스템의 부재, 성과 평가를 저해하는 사람과 조직 문화에 이르기까지 다양한 장애물들이 존재한다. 이 5가지 장애물을 제거하지 않으면 마케팅 평가도, 데이터 기반 마케팅도, 이에 기반한 마케팅 성과의 극대화도 요원하다.

그럼 어떻게 해야 할까? 옛말에도 '시작이 반이다'라고 했듯이 시작하는 게 무엇보다도 중요하다. 작게라도 시작해 눈에 띄는 성과를 보여줌으로써 마케팅 평가의 효과를 보여줘야 한다. 그렇게 일단 시작하게 되면, 인과관계 파악의 어려움이나 데이터의 부족, 도구나 시스템의 부재 등은 앞서 설명한 방안들을 토대로 차근차근 해결할 수 있다.

하지만 사람과 조직 문화의 저항은 쉽사리 해결되지 않는다. 변화의 발목을 잡는 것도 사람이다. 그러므로 어렵더라도 당신 스스로 솔선수범하여 마케팅 평가 문화를 정착시키는데 총력을 기울여야 한다. 마케팅 평가 문화를 정착시키기 위해 로드맵을 수립하고 이를 실행해 나가야 한다.

이런 노력의 결과로 마케팅 평가 문화가 정착되었다면, 실제로 마케팅 활동에 다양한 평가 지표들을 활용해 평가, 관리해야 한다. 그럼 마케팅 캠페인에 따라 어떤 평가 지표들을 선택해야 하는지 알아보기로 하자.

Chapter Insights

- 빨리 성과를 내기 위해서는 올바른 데이터를 수집하는 일부터 시작하라. 80퍼센트의 가치를 줄 수 있는 20퍼센트의 데이터가 무엇인지 확인하라.

- 인과관계가 불분명한 경우 올바른 마케팅 평가 지표를 활용하고 파일럿 테스트를 실행함으로써 극복해야 한다. 작은 실험들로도 마케팅 성과를 극적으로 향상시킬 수 있다.

- B2B 회사들은 채널 파트너들이나 최종 고객들에게 자신의 데이터를 기꺼이 공유할 만한 가치를 제안해야 한다.

- 필요한 자원이 없다고 포기하지 말자. 마케팅 성과 측정은 미래 마케팅 투자를 정당하게 만드는 일이며, 99퍼센트의 가치를 창출하기 위한 1퍼센트의 노력임을 잊지 말자.

- 마케팅 활동을 평가하기 위해서는 인프라가 필요한데, 인프라의 규모는 분석해야 할 고객 수와 분석 빈도에 의해 결정된다.

- 데이터 기반 마케팅 기술은 IT 부서에만 전담시키기에는 너무나 중요한 사안이다.

- 마케팅 조직을 변화시키기 위해서는 성과 평가에 인센티브를 결합해야 한다. 단, 마케팅 활동 자체에 대해 보상하지 말고, 그 결과에 대해 보상하라. 또한 직원들이 새로운 기법과 접근법을 활용할 수 있도록 교육시켜야 한다.

- 대기업에서 조직 전반에 데이터 기반 마케팅에 기초한 올바른 평가 문화를 조성하려면 경영진의 리더십이 가장 중요하다.

- 올바른 마케팅 평가 문화를 정착시킬 수 있는 로드맵을 적극 활용하자. 이 로드맵은 설계 및 진단, 재빠른 성공, 정기적인 실행 도구, 유연한 프로세스로 구성된다.

Chapter 3

마케팅 평가 지표의 활용

마케팅 유형과 캠페인 성격에 맞게
올바른 평가 지표들을 선택해야 한다.

마케팅 평가 강의를 하다 보면 이런 말을 하는 마케팅 임원들을 만나곤 한다. "마케팅은 창의력이 좌우합니다. 창의력은 측정할 수 있는 게 아닙니다." 하지만 체계적인 평가 활동으로 마케팅 성과를 현저하게 개선시켜 평가 문화를 정착시킨 수많은 사례들을 보면, 그런 생각은 정답이 아님을 알 수 있다. 물론 올바른 평가 지표를 기준으로 올바른 방법으로 측정할 때에만 가능하지만 말이다.

대부분의 마케터들은 마케팅 성과를 측정하기 위해 수백 가지의 평가 지표들을 검토한다. 포춘 100대 기업 중 한 곳의 마케팅 담당자는 50가지가 넘는 평가 지표로 구성된 성과표를 보여주기도 했다. 그는 매달 성과표 작성에만 많은 시간과 노력을 쏟고 있었다. 문제는 정성껏 작성한 성과표가 가치가 없다는 점이었다. 물론 그 성과표에는 엄청나게 많은 정보가 담겨 있었지만, 정작 의사 결정에 필요한 핵심 정보는 없었다. 그러므로 무작정 많은 평가 지표들을 나열하기보다는 마케팅 활동 유형별로 가장 중요한 역할을 하는 평가 지표들을 압축, 선별해 단순하게 접근할 필요가 있다.

마케팅 활동 유형별로 적합한 평가 지표를 선택하라

구매 퍼널purchase funnel이라는 소비자 행동 모델은 인지awareness, 평가 evaluation, 사용trial, 충성loyalty이라는 4가지 단계별로 적합한 마케팅 활동들을 설명한다. 즉, 고객에게 브랜드를 인지시키는 단계에서 궁극적으로 충성 고객으로 만드는 단계에 이르기까지 '깔대기(퍼널)를 따라 이동'한다. 이 개념은 소개된 지 50년이나 되었음에도 여전히 인정받고 있다.

그런데 과거와 달리 모든 것이 연결된 네트워크 시대임을 감안하면 이 모델은 수정할 필요가 있다. 그래서 〈표 3.1〉에 나와 있듯이, 깔대기 모양이 아니라 충성도가 다시 인지도로 연결되는 순환 구조로 만들었다. 이 순환 구조를 중심으로 각 단계별 활동 유형들을 살펴본 후, 어떤 평가 지표들과 연결될 수 있는지 알아보기로 하자.

【표 3.1】 소비자 행동 모델 단계별 마케팅 활동 사례

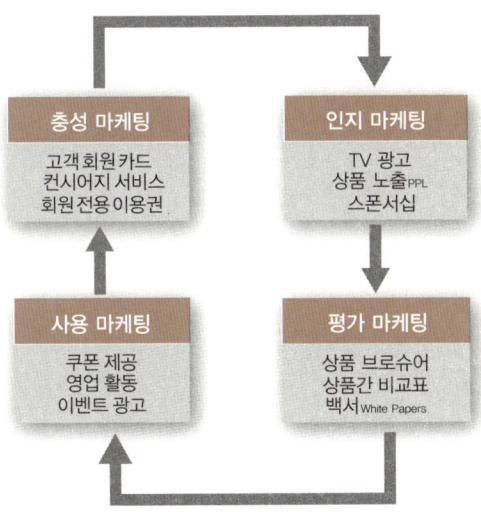

:: 1단계. 인지 마케팅

　인지 마케팅awareness marketing에는 TV 광고, 전광판 광고, 스포츠 후원, 브랜드 네이밍 경기장, 브랜드 광고 인쇄물, 인터넷 광고 등 다양한 형태의 마케팅 활동이 있다. 브랜드란 소비자가 지각하는 특정 제품이나 서비스를 말하며, 때론 디즈니나 애플Apple처럼 회사 전체를 아우르기도 한다. 브랜드를 인지하는 과정은 회사의 마케팅 활동이나 자신의 상품 경험, 친구나 동료의 추천에 의해 일어난다.

　브랜드 인지 마케팅을 통해 고객이 처음으로 눈여겨보게 만들고, 프리미엄 가격을 부가할 수 있다. 하지만 브랜드 인지가 구매 사이클 상 구매 시점에서 가장 멀리 떨어져 있어, 브랜드 인지 마케팅을 실행한 후 실제 구매가 일어나기까지 상당한 시간이 걸린다. 이는 브랜드 인지 활동의 성과를 평가하기 어렵게 만드는 요인이 된다. 그러다 보니 브랜드 마케팅을 재무 평가 지표로 측정하는 것은 유용성이 떨어진다. 일례로 광고 성과를 기준으로 브랜드 마케팅을 평가하는 경우를 살펴보자.

　조이스 줄리어스Joyce Julius는 스포츠 후원에 따른 브랜드 노출률을 측정 평가하는 업체이다. 조이스 줄리어스는 경기장에 위치한 브랜드가 실제 TV 방송에서 어떻게 보이는지를 측정하는 정교한 시스템을 갖고 있다. 이를 통해 스포츠 후원 효과가 해당 시간대의 TV 광고와 비교해서 어느 정도인지 계산할 수 있다.

　일례로 2005년 마스터스 대회에서 타이거 우즈Tiger Woods가 우승했을 때 나이키Nike 로고의 광고 성과를 1,040만 달러로 추정했다. 제프 고든이 2005년 나스카 자동차 경주에서 우승했을 때 듀폰 브랜드의 광고 성과를 990만 달러로 추정했다. 하지만 이렇게 광고 성과를 측정했다고 마케팅 성과가 있다고 판단할 수 있을까? 확답하기 어렵다. 브랜드가 노출되면 반드시 상품 구매로 연결된다는 인과관계가 부족하기 때문이다. 듀폰의 CMO인 데이비드 빌스David Bills도 나스카 자동차 경주에서 제프 고든을 후원한 마케팅 성과를 측정하면서 답답함을 토로한 적이 있다.

그렇다면 어떤 평가 지표를 사용해야 할까? 가장 현명한 방법은 고객이 당신의 제품이나 서비스를 기억 속에 떠올리는 정도를 통해 마케팅 성과를 측정하는 것이다. 즉, 최초상기도top-of-mind 등의 브랜드 인지도를 통해 성과를 평가해야 한다. 여기서 최초상기도란 고객이 어떤 상품을 구매하려 할 때 후보들 중 당신 브랜드를 가장 먼저 떠올리는 것을 의미한다. 물론 브랜드 인지도 평가 지표로는 최초상기도 외에도 보조인지도, 비보조인지도 등의 평가 지표들이 있지만, 모두 기본적으로 고객이 특정 회사나 상품을 식별할 수 있는지 측정한다. 브랜드 인지도 평가 지표에 대해선 chapter 4에서 좀 더 구체적으로 설명하도록 하겠다.

브랜드 인지도는 대기업의 경우 대규모 조사를 통해 측정한다. 대규모 설문 조사를 통해 데이터가 수집되기에 상당한 시간과 비용이 투입될 수밖에 없다. 만약 당신은 그럴 자원이나 시간이 없다면 어떻게 해야 할까? 그럴 경우 브랜드 인지도와 수요 창출 마케팅을 연결시킴으로써 그 성과를 평가할 수 있다. 예를 들어 스포츠 경기장 전광판에 웹사이트 주소나 전화번호를 게재해 마케팅 성과를 측정한다. 때론 URL과 전화번호를 살짝 바꿈으로써 얼마나 많은 사람들이 이 광고를 보고 행동을 취하는지 측정할 수 있다. 이에 대해선 chapter 8에서 구체적으로 논의하고자 한다.

:: 2단계. 평가 마케팅

평가 마케팅evaluation marketing은 고객들이 자신의 상품을 경쟁 상품들과 비교하게 함으로써 구매를 유도하는 마케팅이다. 상품 백서나 상품 브로슈어, 상품 사양을 자세하게 설명한 웹사이트, 상품의 기능과 장점이 세부적으로 설명된 광고 등이 여기에 해당된다.

델은 경쟁 우위의 SCM Supply Chain Management 시스템을 기반으로 가격 경쟁력을 보유하고 있기 때문에, 언제나 가장 눈에 띄는 자리에 가격을 명시한 후 제품 사양과 기능을 열거하는 광고에 집중한다. 이런 델의 평가 마케팅 방식은 최우선 구매 기준이 가격인 고객들에게 효과적이다. 경쟁 제품 대비 가성비를 비교할 수 있기 때문이다.

반면 애플은 다른 방식으로 접근한다. 가격보다는 멋진 디자인과 제품 혁신을 강조하기 때문이다. 애플의 아이폰 광고는 혁신 기술들을 집중적으로 보여줌으로써 사람들이 필요로 하는 모든 것들이 아이폰 안에 있을 것 같은 느낌을 준다. 노트북의 경우에도 애플은 델보다 프리미엄 정책을 고수하며 평가 마케팅에서 가격의 중요성을 낮추려는 경향이 있다. 애플 웹사이트에 가보면 자신의 노트북 사양을 정하기 전까지는 그 가격을 알 수 없다. 이렇듯 평가 마케팅은 자신의 상품이 가진 경쟁 우위 요소를 강조하므로, 어떤 정보가 고객에게 제공될지는 회사마다 다를 수 있다.

그런데 평가 마케팅 역시 인지 마케팅과 마찬가지로 성과를 측정하는 데 다음과 같은 한계가 있다.

첫째, 평가 정보를 제공한 후 실제 구매가 일어날 때까지 상품에 따라 짧게는 몇 주부터, 길게는 몇 달 이상까지 시간이 걸린다는 점이다.

둘째, 평가 마케팅에 따른 실제 구매율을 판단하기가 어렵다는 점이다. 평가 마케팅 정보를 본 후 구매한 사람들을 추적할 수 있는 경우가 아니라면, 평가 마케팅 성과를 측정하는 데 재무적인 평가 지표들은 유용하지 않다.

일반적으로 평가 마케팅 성과를 측정할 때 웹사이트 상품 정보 다운로드 횟수나 광고노출률 등의 지표를 활용한다. 하지만 이런 평가 지표들로는 성과를 정확하게 측정할 수 없다. 그러면 어떻게 그 성과를 가늠할 수 있을까? 그 답은 향후 판매와의 연관성을 판단할 수 있는 평가 지표에 있다.

신차나 중고차를 구매하러 자동차 매장에 가면 자신의 구매 기준에 맞는 몇 개의 브로슈어를 받아 자동차 모델 사양을 하나씩 비교한다. 그럼 이 멋진 브로슈어의 가치는 얼마나 될까? 그 가치를 숫자로 가늠하기는 어렵지만, 평가 마케팅 활동 성과를 보여주는 잠재 구매의향을 측정하는 평가 지표는 있다. 바로 시험 주행이다.

어떤 차를 시험 주행한 사람은 그 차를 구입할 확률이 그만큼 높아진다고 한다. 물론 구매 이유가 100퍼센트 시험 주행 때문은 아닐 테지만, 구매 확률을 높이는 것은 확실하다. 그러므로 시험 주행은 잠재 매출을 예측할 수 있는 좋은 평가 지표가 된다.

또 다른 평가 지표로는 매장 방문 고객 수를 들 수 있다. 방문하는 사람이 많아지면 시험 주행자도 늘기 때문에 결국 구매율 증가로 이어질 수 있기 때문이다. 물론 FGI나 다른 조사를 통해 신차 브로슈어 등 다양한 평가 마케팅 매체를 접한 후 상품을 구매한 고객수를 측정할 수도 있다.

결국 자동차 업계에서 평가 마케팅 활동을 하거나 성과를 측정할 때는 매장 방문 고객수와 시험 주행 고객수에 초점을 맞춰야 한다. 시험 주행, 즉 시험 사용Test-Drive 평가 지표는 자동차뿐만 아니라 다른 업종에서도 활용할 수 있다. Chapter 4에서 인텔의 메모리칩 사례에서부터, 선글라스, 의료 시스템 판매에 이르기까지 다양한 사례들을 검토하며 좀 더 구체적으로 설명하고자 한다.

:: 3단계. 사용 마케팅

사용 마케팅trial marketing은 chapter 1에서 소개했던 수요 창출 마케팅과 비슷하다. 사용을 유도하는 마케팅이기에 상대적으로 단기 매출에 집중하기 때문이다. 30일간 유효한 슈퍼마켓 쿠폰, 특정 기간 동안의 10% 가격 할인 등이 여기에 해당된다. 이런 유형의 마케팅 캠페인들은 매출액과 판매량을 증대시킨다. 그러므로 사용 마케팅을 측정하는 평가 지표로는 ROMI, 즉, 마케팅투자수익률이라는 재무 평가 지표를 통해 정량화할 수 있다.

ROMI는 이익, 순현재가치, 내부수익률IRR, Internal Rate of Return, 회수기간Payback Period 등의 평가 지표들을 통해 구할 수 있다. 이 지표들을 종합적으로 활용한다면 수요 창출 마케팅이나 신제품 출시 마케팅 성과 등을 모두 정량적으로 측정할 수 있다. 이에 대해서는 chapter 5에서 다양한 마케팅 사례들과 함께 심층적으로 검토해보기로 하겠다.

Chapter 1에서 기업들의 마케팅 투자 포트폴리오를 살펴보며, 마케팅 예산의 약 50퍼센트가 수요 창출 마케팅에 투입되고 있다고 언급했다. 이는 당신이 담당하는 마케팅 업무의 50퍼센트 이상에 재무 평가 지표인 ROMI를 사용할 수 있음을 의미한다. 물론 ROMI가 모든 마케팅 성과를 측정할 수 있는 '정답'은 아니지만, 대부분의 마케팅 성과를 재무 평가 지표로 측정할 수 있다는 게 중요하다.

ROMI 외에도 마케팅 캠페인 성과를 정량적으로 측정하는 평가 지표들이 있다. 일례로 비용, 납기 준수율, 예산 준수율 등 마케팅 운영 효율성을 측정하는 평가 지표들을 들 수 있다. 그 중에서도 운영 효율성 측면에서 가장 중요한 평가 지표는 바로 오퍼수락률Take Rate이다. 다양한 마케팅 활동을 통해 고객 100명에게 마케팅 오퍼를 제의했는데 그중 3명만이 받아들였다면 오퍼수락률은 3퍼센트가 된다. 오퍼수락률을 분석함으로써 해당 마케팅 캠페인이 전술적 측면에서 얼마나 효과적인지를 확인하고, 이를 통해 마케팅 성과를 극적으로 높이는 데 집중할 수 있다.

오퍼수락률 역시 수요 창출 마케팅을 측정하는 데 많이 사용된다. 자세한 설명은 chapter 4에서 하도록 하겠다. 사실 마케팅 활동을 통해 얻고자 하는 고객의 행동이 명확하다면, 오퍼수락률은 사용 마케팅이 아닌 다른 유형의 캠페인에도 적용할 수 있다. 예를 들어 10일간 소프트웨어 무료 다운로드 프로모션을 통해 고객에게 제품 경험 기회를 제공하는 평가 마케팅의 경우 오퍼수락률은 프로모션 노출 횟수와 다운로드 횟수로 계산할 수 있다. 이처럼 인터넷 마케팅에서도 클릭률CTR, Click-Through Rate에 거래전환율TCR, Transaction Conversion Rate을 곱함으로써 오퍼수락률을 측정할 수 있다. 인터넷 관련 평가 지표에 대해서는 chapter 7에서 좀 더 자세히 설명하겠다.

:: 4단계. 충성 마케팅

충성 마케팅loyalty marketing 활동에는 노드스트롬Nordstrom이 백화점 VIP 고객들을 위해 실시했던 컨시어지 서비스나 지피 루브Jiffy Lube가 3천 마일 이상 주행한 고객들을 대상으로 한 오일 교환권 제공과 같은 고객 마케팅 활동이 포함된다. 충성 마케팅 역시 고객의 재구매를 유도한다는 측면에서 궁극적으로는 고객의 사용을 유도하는 마케팅이다. 그러므로 충성 마케팅 또한 재무 평가 지표들을 통해 그 성과를 산정할 수 있다. 물론 그러기 위해선 구매자가 신규 구매 고객인지, 재구매 고객인지 구별할 수 있어야 한다.

그런데 충성 마케팅 활동에 초점을 맞춘 평가 지표가 있다. 그것은 바로 고객이탈률Churn이다. 고객이탈률은 반복 구매와 더불어 고객 충성도를 측정하는 핵심 평가 지표이다. 이 지표는 자신의 환경에 따라 그 영향력이 다를 수 있다. 일례로 미국 이동통신업계의 연평균 고객이탈률은 22퍼센트인 반면, 남미의 경우 무려 50퍼센트에 달했다. 이는 불과 2년 만에 고객 전부를 잃을 수도 있음을 의미했다. 결국 고객이탈률은 미국보다 남미 이동통신업계에서 더욱 중요한 평가 지표로 활용될 수밖에 없다.

충성 마케팅의 경우에도 마케팅 활동과 실제 고객 행동 사이의 기간이 길 수 있다. 특히 자동차나 컴퓨터, 세탁기처럼 제품 생애 주기가 긴 경우에는 더욱 그러하다. 그럴 경우 고객이탈률의 중요성은 더욱 커진다. 연평균 고객이탈률을 줄이는 것만으로도 연매출을 개선시킬 수 있기 때문이다. 물론 그 성과가 현실화되는 데까지는 시간이 좀 걸릴 수 있다.

일반적으로 자신의 고객이 누구인지 모르는 기업들은 고객이탈률도 모른다. 그 결과 고객이탈률 데이터를 접하게 되면 큰 충격에 빠진다. 일례로 내 연구에 참여했던 한 대기업 CEO는 고객들이 이탈하고 있다는 사실 자체를 모르고 있다가, 일부 사업부의 고객이탈률이 45퍼센트나 된다는 것을 발견했다. 당신은 그러지 않다고 자신할 수 있는가?

:: 4단계와 1단계의 연결고리, 고객만족도

지금까지 1단계에서 4단계까지 마케팅 활동 유형별로 적합한 평가 지표들을 살펴보았다. 그런데 단계별로 설명할 때 아주 중요한 평가 지표를 소개하지 않았다. 바로 고객만족도CSAT, Customer Satisfaction이다. 고객만족도는 인지도보다는 고객 충성도와 관련이 깊긴 하지만, 〈표 3.2〉에서 보듯이 인지 마케팅과 충성 마케팅 활동에 걸쳐 있는 평가 지표다.

예를 들어 한 자동차 회사가 고객만족도와 브랜드 구매 의향을 측정한 후 이 둘의 관계를 응답자별로 분류했다. 흥미롭게도 자동차에 문제가 있었던 고객은 문제가 없었던 고객보다 만족도와 재구매 의향 모두 더 높았다고 한다. 그 이유는 문제 해결 과정에서 뛰어난 고객서비스를 받은 덕분에 해당 브랜드에 대한 인식이 긍정적으로 바뀌었기 때문이다.

이처럼 고객만족도는 충성도와 브랜드 인지도를 연결하는 마케팅 평가 지표이자, 미래 매출을 가늠하는 중요한 잣대가 된다. 그럼 이렇게 중요한 고객만족도를 어떻게 측정해야 할까? 가장 좋은 방법은 고객에게 다음과 같은 간단한 질문 하나를 던지는 것이다. "이 제품이나 서비스를 친구나 동료에게 추천하시겠습니까?"

물론 순추천 고객지수Net Promoter Score처럼 고객만족도에서 파생한 평가 지표들도 있지만 고객만족도가 가장 필수적인 평가 지표임은 두말할 필요

【표 3.2】 마케팅 활동 단계별 활용 가능한 평가 지표

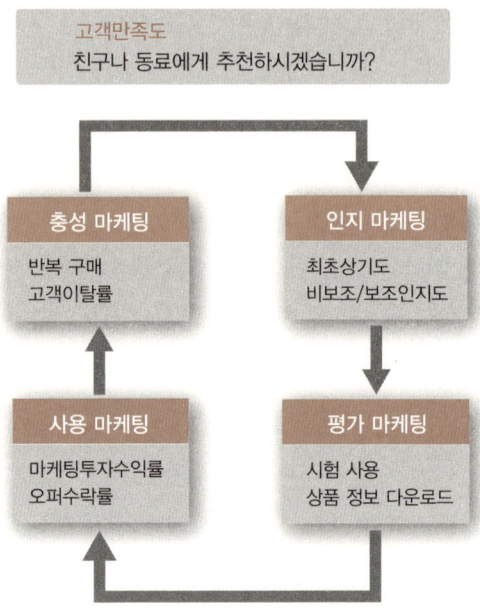

가 없다. 고객만족도에 대해선 chapter 4에서 좀 더 자세히 살펴보도록 하겠다.

다양한 평가 지표를 활용하는 마케팅 균형성과표

지금까지 우리는 몇 가지 필수 평가 지표들을 알아보았다. 그 외에도 활용할 수 있는 평가 지표들은 더 있다. 문제는 이렇게 다양한 평가 지표들을 어떻게 활용하느냐이다.

마케팅 캠페인마다 평가 지표가 달리 적용되는 게 맞다. 사실 한 가지 평가 지표로만 성과를 측정하기에는 부족할 때가 많다. 그러므로 마케팅 캠페인에 따라 선정된 평가 지표들에 따라 측정한 결과를 정리한 성과표를 만든다면, 해당 마케팅 활동의 가치를 다양하게 평가해볼 수 있다.

자동차를 운전할 때 우리는 다양한 평가 지표들을 활용한다. 대시보드에 표시된 주행 속도와 회전 속도를 보며 가속할지 말지를 결정한다. 창문으로 위험물이 없는지 확인하고, 백미러를 통해 차의 후방도 살핀다. 온도 게이지와 유압계로 엔진이 제대로 작동되고 있는지, 연료계로 차에 기름은 충분한지 파악한다.

마케터도 운전할 때처럼 필요한 평가 지표들을 균형 있게 다룰 줄 알아야 한다. 매출만 관리하는 것은 백미러만 보고 자동차를 운전하는 것과 같다. 카플란Robert Kaplan과 노튼David Norton이 재무, 고객, 내부 프로세스, 학습과 성장이라는 관점으로 성과를 다양하게 평가할 수 있는 균형성과표[1]를 제시했듯이, 마케팅에서도 비슷한 접근법을 활용할 수 있다.

균형 잡힌 시각이라는 점에서 알아두어야 할 필수 평가 지표가 하나 있다. 바로 미래를 전망할 수 있는 고객생애가치 지표이다. 이 평가 지표를 통해 고객별 미래 수익성을 정량화하고, 전통적인 마케팅 평가 지표들의 완성도를 높일 수 있다. 이에 대해선 chapter 6 전체를 할애하여 설명하고자 한다. 사실 고객생애가치는 고객의 미래가치를 수치로 환산한 것이기에 미래 지향적인 평가 지표라는 점에서 더욱 주목할 필요가 있다. 실제로 많은 기업들이 실시간 마케팅 의사 결정에 고객생애가치 지표를 광범위하게 활용하고 있다.

:: 마케팅 균형성과표의 구성

마케팅 프로그램과 캠페인에 대한 균형성과표는 마케팅 유형별로 다르긴 하지만, 성과표에서 다루는 평가 지표들은 〈표 3.3〉에서 보듯이 크게 3가지 카테고리로 나눌 수 있다. 첫 번째 카테고리는 전략적 평가 지표들이다. 전략적 평가 지표들은 미래 지향적인 것들로 브랜드 인지도, 고객만족도, 시험 사용과 같은 지표들이 있다. 여기에는 고객의 미래가치를 평가하는 고객생애가치도 포함된다.

두 번째 카테고리는 전술적 평가 지표들이다. 전술적 평가 지표들은 과거 회고적인 것들로 수요 창출 마케팅과 일부 캠페인에 적용되는 재무적인 평가 지표들이 여기에 해당된다. 마지막으로 세 번째 카테고리는 운영

【표 3.3】 마케팅 균형성과표의 3가지 카테고리

평가 지표들이다. 이들은 해당 마케팅 캠페인이 얼마나 효율적으로 운영되고 있는지를 평가하는 내부 분석 지표들이다.

앞서 언급했듯이 특정 마케팅 활동에 대한 성과표를 어떤 평가 지표들로 구성하느냐는 마케팅 캠페인의 종류와 성격에 달려 있다. 그러므로 마케터들은 효과적인 성과표를 개발하기 위해 캠페인의 목적을 이해하고 각 마케팅 활동의 성격을 정확하게 파악해야 한다. 예를 들어 인지도 제고와 매출 증대를 추구하는 마케팅 캠페인이라면 브랜드 인지도와 고객생애가치, 재무 지표인 ROMI, 운영 효율성을 나타내는 오퍼수락률 등을 고려해야 한다.

〈표 3.4〉는 개별 캠페인과 마케팅 활동별 성과표가 어떻게 CMO의 균형성과표로 통합되는지 전반적인 구조를 보여준다. 일반적인 성과 평가

【표 3.4】 마케팅 조직 전체의 성과표

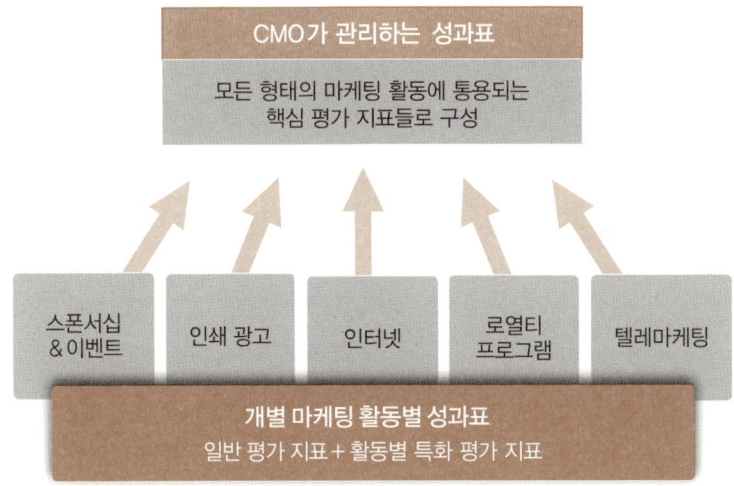

지표들을 경영진 수준에 맞게 조정한다는 개념이다. 개별 캠페인용 성과표는 일반 평가 지표와 캠페인 특화 평가 지표들을 결합하여 만든다.

마스터카드의 성과표

마스터카드MasterCard는 글로벌 신용카드 사업에서 경쟁사인 비자카드Visa로부터 강한 압박을 받고 있었다. 이 위기를 극복하고자 마스터카드는 월드컵 경기를 총괄하는 국제축구연맹FIFA을 후원하기로 결정했다.² 당시 마스터카드 인터내셔널의 글로벌 프로모션 부문 상무였던 맥케비니McKeveny에 따르면, 이 결정 뒤에는 '미국 중심의 마스터카드가 진정한 글로벌 신용카드사로 변모한다'는 비전이 있었다고 한다. 마스터카드 인터내셔널은 월드컵 후원을 결정하며 다음과 같은 세부 목표를 정했다.

1. 브랜드 인지도 제고

   90분 월드컵 경기 TV 방영 중 7.5분 브랜드 노출을 통해 브랜드 인지도를 높이려고 했다. 이 경우 광고비는 시청자 천 명당 약 0.4달러로 추정했다.

2. 카드 사용량과 신규 회원 수 증대

   월드컵 경기의 글로벌 인기에 편승하여 마스터카드 사용량과 신규 등록 회원 수를 늘리려고 했다. 이에 따라 전 세계 모든 마스터카드 회원들은 신규 가입과 카드 등록은 물론, 특정 분야에 대한 카드 사용을 목표로 기획된 고객 맞춤형 프로모션에 참여할 기회가 주어졌다.

3. 은행 회원들에게 비즈니스 기회 제공

마에스트로Maestro나 마스터카드 여행자 수표 등 다른 상품의 교차 판매 기회를 제공하고, 현금자동지급기 사용률을 높이며, 더 많은 상점에서 마스터카드 우대 프로그램을 만들도록 유도했다.

4. 글로벌 브랜드로서의 지위 강화

마스터카드를 월드컵이라는 대표적인 글로벌 스포츠 경기와 연계시킴으로써 글로벌 브랜드이자 글로벌 지불 시스템으로 인식시키고자 했다.

흥미로운 점은 마스터카드가 사실은 채널 파트너인 은행들과 라이선스 계약을 통해 사업을 하는 B2B 기업이라는 사실이다. 따라서 월드컵 후원 프로그램의 경영 목표에는 개인 회원뿐만 아니라 파트너 은행들도 포함되었다. 월드컵 후원은 근본적으로 인지도 제고를 위한 브랜드 마케팅 프로그램이었지만, 신규 회원을 확보하고 카드 사용량을 증대함으로써 매출액을 높이는 것도 목표로 잡았다. 매출 증대는 재무 평가 지표로 측정할 수 있는 수요 창출 마케팅에 해당된다. 이와 같은 경영 목표는 이후 몇 년간 FIFA 월드컵 후원 활동을 통해 수행된 마케팅 전술들을 이끌었다. 물론 월드컵 전후 지역별 실적을 평가한 결과를 성과표로 체계적으로 정리했다.

마스터카드는 개인 회원용과 은행 회원용으로 구분된 성과표에 각기 다른 평가 지표들을 활용했다. 개인 회원용 성과표에서는 브랜드 이미지와 인지도를 중심으로 월드컵 전후 마스터카드 브랜드에 대한 인식 변화를 측정했다. 월드컵 후원 활동을 통해 마스터카드의 인지도는 과연 비자카드만큼 높아졌을까? 마스터카드의 월드컵 후원 사실에 대한 인지도도 올라갔을까? 마스터카드의 월드컵 후원 인지도가 비자의 올림픽 후원 인지도보다 높았을까? 이 모든 것들을 측정하기 위해 마스터카드는 월드컵 후원 전후 브랜드 인지도와 이미지 변화를 측정하는 방대한 지역별 조사에 착수했다.

반면 은행 회원용 성과표는 월드컵 후원이 은행들의 비즈니스 기회 창출에 얼마나 도움이 됐고, 얼마나 많은 신규 카드 가입과 매출액 증대에 기여했는지를 측정하는데 집중했다. 즉, 은행 회원용 성과표는 주로 수요 창출 평가 지표들에 주목했다. 물론 이를 위해 월드컵 전후 지역별 설문조사를 실시했으며, 신규 카드 등록률과 매출 데이터도 분석했다.

그 결과는 굉장했다. 전 세계적으로 마스터카드 브랜드 인지도가 눈에 띄게 높아졌다. 신규 카드 가입률과 사용량도 현격하게 늘어났으며, 매출과 수익률 모두 상당히 높아졌다. 은행 회원들도 월드컵 후원 캠페인에 동참했다. 450개가 넘는 은행 회원들이 월드컵 후원 마케팅 활동에 참여해, 3천 8백만 달러를 투자했다. 성과표의 일부로 회원 만족도도 측정했는데, 87퍼센트의 은행 회원들은 월드컵 후원이 그들 자체 마케팅 프로그램의 가치를 제고시켰다고 응답했다.

:: 성과표는 캠페인 기획 단계부터 고려해야 한다

마스터카드 사례는 마케팅 프로그램을 기획하고 실행하는 과정에서 성과표를 어떻게 만들고 활용해야 하는지 잘 보여주고 있다. 사실 마케팅 캠페인 기획은 다음과 같이 되어야 한다. 먼저 캠페인을 통해 얻고자 하는 전략적 비전을 정의한다. 그런 다음 전략적 비전에 따라 주요 사업 목표들인 KBO(Key Business Objectives)를 도출하면, 이 목표들로부터 자연스럽게 실행 전술이 나온다. 마지막으로 실행 전술에 따라 선정된 핵심 평가 지표들을 중심으로 성과표로 정리한다.

마케팅 캠페인 기획 초반에는 마케팅 팀원 전체가 모여 브레인스토밍(brainstorming)을 하면서 성과표를 구성할 평가 지표들을 정하고, 측정 방법들에 대해 함께 고민하는 게 좋다. 캠페인 당 최대 10개를 넘지 않아야 하며, 가능하다면 4~5개의 가장 가치 있는 평가 지표들로 구성된 성과표를 작성해야 한다. 나는 임원들과 함께 여러 번 성과표 작성 교육을 진행했는데, 참여자들은 예외 없이 캠페인의 가치를 제대로 확인할 수 있는 3~5가지 핵심 평가 지표들로 구성된 제대로 된 성과표를 만들어냈다.

이렇듯 기획 단계에서 평가 방법이 결정되면 하위 단계까지 그 영향이 미친다. 1퍼센트의 노력으로 99퍼센트의 가치를 만든다는 말이 어떤 의미인지 여실히 보여준다. 캠페인이 성공적이라면 성과표는 계속해서 마케팅 예산을 투입해도 된다는 결정을 지지한다. 만약 의도했던 결과가 나오지 않았다면 성과표는 마케팅 캠페인이 절벽을 향해 달리고 있다는 경고를 미리 해 준다.

이렇게 말하다 보면 성과표 작성이 아주 어려운 작업처럼 보인다. 하지만 당신도 몇 시간만 고민하면 캠페인 성격에 맞는 훌륭한 성과표를 만들 수 있다. 〈표 3.3〉을 참고해 가며 시작해도 좋다. 성과를 측정하고 결과를 정량적으로 관리하는 것이야말로 가장 중요한 업무임을 명심하길 바란다.

최종 고객 데이터가 없는 B2B 기업도 가능하다

B2B 기업들은 최종 소비자와 떨어져 있다. 대다수의 B2B 기업들은 최종 소비자에 대한 정보가 없어 마케팅 성과 측정이 어려울 수밖에 없다. 하지만 불가능한 것만은 아니다. 대표적인 사례가 바로 마이크로소프트이다.

마이크로소프트 제품들은 거의 모두 간접 방식으로 판매된다. 그러다 보니 마이크로소프트는 누가 실제로 자신의 제품을 구입하는지 알 수 없다. 그럼에도 마이크로소프트는 파트너들과 진행하는 공동 마케팅에 엄청난 비용을 투입한다.

일례로 PC 업체들은 자신의 제품 사양을 내세우는 평가 마케팅 광고를 하면서 마이크로소프트 제품을 언급한다. 이런 공동마케팅 광고에는 주로 '[컴퓨터 회사명]이 마이크로소프트의 [제품 브랜드]를 권합니다'라는 카피가 삽입된다. 하지만 이런 마케팅으로 마이크로소프트가 투자한 만큼 성과를 얻고 있다고 확신할 수 있을까?

이를 확인하기 위해 마이크로소프트는 동일 제품에 대해 다양한 광고물들을 제작해 그 결과를 비교하는 실험을 정기적으로 실시한다. 〈표 3.5〉는 윈도우7 출시에 맞춰 진행했던 체험 중시 광고 테스트물이다. 여기서 컨투소ConToSo는 이 실험을 위해 만들어낸 가상의 컴퓨터 회사명이다. 이런 광고 테스트물들을 최종 소비자에게 보여주고 그 효과를 측정함으로써 성과를 평가해볼 수 있다.

구체적으로 광고 테스트물간의 비교를 통해 성과를 평가한 사례를 소개하겠다. 마이크로소프트는 MCE Media Center Edition 소프트웨어에 대한 평가 중

【표 3.5】 윈도우7 출시에 맞춰 기획된 인쇄 광고 테스트물

출처 : 마이크로소프트 마케팅

시 광고와 체험 중시 광고를 비교 실험했다. MCE 소프트웨어는 사용자가 '미디어 세상의 중심'에 있도록 PC에서 모든 멀티미디어 환경을 관리할 수 있게 해주는 제품이다.

마이크로소프트는 이 제품에 대한 광고 성과를 4개의 고객 집단을 대상으로 조사했다. 각각 350명으로 구성된 고객 집단에게 서로 다른 형태의 체험 중시 광고물이 제시됐고, 참가자들은 광고를 보기 전과 후에 제시된 질문들에 답했다. 대조군에 속한 참가자들에게는 마이크로소프트와 PC

업체 공동의 기존 평가 중시 광고를 보여줬다. 나머지 3개 집단의 고객들에게는 〈표 3.5〉와 같은 체험 중시 광고물을 보여줬다.

그런데 이 세 집단이 본 광고들에는 각각 다른 브랜드가 다음과 같이 인쇄되어 있었다. (1)PC 업체 브랜드만 표시된 경우, (2)마이크로소프트 브랜드만 표시된 경우, (3)PC 업체와 마이크로소프트 브랜드가 공동으로 표시된 경우의 3가지 형태였다.

그 결과가 〈표 3.6〉에 정리되어 있다. 실제로는 숫자로 결과가 나왔지만 여기서는 +, -로 표시했다. '-'는 광고를 보고 난 후 부정적인 반응을, '+'는 긍정적인 반응을 의미하며, + 개수가 늘수록 긍정적인 반응이 더욱 커진 결과를 나타낸다. 조사 내용은 윈도우 PC 구입 의향, MCE 사용 의향 등이 포함되었다.

조사 결과는 매우 흥미로웠다. 기존의 평가 중시 광고를 보여준 대조군의 경우 제품에 대해 괜찮은 반응이 나오긴 했지만, 굉장하지는 않았다. 기능을 강조하다 보니 고객들이 내용을 파악하기 어려웠으며, MCE의 장점을 명확하게 알릴 수 없었다.

반면에 체험 중시 광고는 사용자가 모든 미디어를 PC에서 관리할 수 있다는 MCE 소프트웨어의 역할을 분명히 표현할 수 있었다. 그 결과 체험 중시 광고의 성과가 평가 중시 광고보다 훨씬 더 좋았다는 사실을 알 수 있다. 하지만 이 실험에서 주목할 부분은 브랜드 제시 부분이었다. PC 브랜드만 보여주는 게 더 좋을까? 아니면 마이크로소프트 브랜드만 보여주는 게 더 좋을까? PC 브랜드와 마이크로소프트 브랜드를 같이 보여주는 게 나을까?

결과적으로 PC 브랜드와 마이크로소프트 브랜드를 모두 노출시킨 체험

[표 3.6] 기존 평가 중시 광고와 체험 중시 광고를 비교한 MCE 광고 조사 결과

광고 유형	광고 후 변화				광고 메시지 효과		
	윈도우 PC 구매 의향	다음 PC에 MCE 사용 의향	다음 PC에 윈도우 사용 의향	윈도우 호감도	MS 브랜드 인지도	MS 로고 인지도	MS 제품 세부 정보 인지도
PC & MS 평가 중시	++	++	+++	++	+++	++	++
MS 체험 중시	+++	++++	−	+	++++	++	++
PC 체험 중시	+++	++++	++	−	+++	++	++
PC & MS 체험 중시	+++	+++++	+++	+	++++	+++	+++

출처 : 마이크로소프트 마케팅

중시 광고가 구매 의향과 MCE 사용 의향 면에서 확실히 가장 좋은 결과를 보였다. 브랜드 및 로고 인지도 등 광고 메시지 효과를 묻는 질문에서도 가장 높은 점수가 나왔다. 또한 PC 브랜드나 마이크로소프트 브랜드만 보여준 광고는 윈도우 사용 의향이나 호감도에서 결과가 좋지 않았지만, 공동으로 브랜드를 보여줬을 때에는 긍정적으로 바뀌었다.

이는 마이크로소프트 브랜드와 PC 브랜드를 함께 광고하는 게 단독으로 할 때보다 효과가 있음을 의미했다. 이런 결과를 얻게 된 마이크로소프트는 PC 업체들과의 공동 마케팅 활동에 더 많은 예산을 투입하기로 결정했다. 물론 조사 결과에 맞게 광고를 집행할 수 있도록 만전을 기했다. 이렇게 마이크로소프트가 PC 업체들과의 공동 마케팅 성과를 극대화할 수 있는 방안을 제시하자, PC 업체들 역시 적극적으로 동참했다.

마이크로소프트 사례는 마케팅 성과를 측정하고 실험을 설계하는 데 중요한 사항 몇 가지를 시사한다.

첫째, B2B 기업의 고객 설문 조사 결과는 실제 고객 데이터와 유사하게 활용될 수 있다. 둘째, 비재무적인 평가 지표로도 미래 가치를 측정할 수 있다. 이에 대해선 chapter 4에서 좀 더 깊이 설명하도록 하겠다. 여기서는 조사에서 나온 '구매 의향'이 실제 구매 의향을 반영하며, 마케팅 성과를 증명한다는 사실에만 주목하자.

・・・

이 장에서는 마케팅 유형에 따라 어떻게 마케팅 성과 지표를 선택해야 하는지 살펴보았다.

소비자 행동 모델에 따라 전체 마케팅 활동을 인지 마케팅, 평가 마케팅, 사용 마케팅, 충성 마케팅의 4가지 유형으로 분류했다. 그리고 최초상기도, 시험 사용, 마케팅투자수익률, 고객이탈률 등 각 유형별로 적합한 마케팅 평가 지표들과, 충성 마케팅과 인지 마케팅을 연결하는 고객만족도 지표, 미래를 전망할 수 있는 고객생애가치 지표에 대해서도 간략하게 살펴보았다.

이를 토대로 각 마케팅 활동에 적합한 성과표를 개발, 평가에 활용해야 한다. 즉, 마케팅 캠페인의 목적과 활동 성격 등을 고려하여 어떤 지표로 평가할 것인지 기획 단계에서부터 고려함으로써 마케팅 성과를 극대화시킬 수 있다.

이제 Part 2에서는 구체적으로 15가지 마케팅 평가 지표에 대해 알아볼 것이다. 숫자와 수식에 서툰 마케터들에겐 힘든 부분일 수 있지만, 마케팅에서 가장 중요한 업무가 바로 성과를 측정, 관리하는 일이라는 점을 명심하고 책장을 넘기길 바란다.

Chapter Insights

- 마케팅 성과 평가 지표는 마케팅 유형에 따라 선별적으로 적용해야 한다.
- 재무적인 평가 지표로 50퍼센트 이상의 마케팅 활동을 평가할 수 있다.
- 재무 평가 지표로 측정할 수 없다면 매출을 추정할 수 있는 다른 마케팅 평가 지표를 찾아야 한다.
- 모든 마케팅 캠페인은 마케팅 균형성과표로 성과를 측정할 수 있도록 기획 단계에서부터 준비해야 한다.
- 최종 고객 데이터를 직접 구하기 어려운 B2B 기업은 그 대안으로 설문 조사나 FGI를 활용하여 평가 지표를 도출할 수 있다.

Data-Driven Marketing

Part 2

성과를 극적으로 개선시키는 평가 지표 15

Chapter 4

반드시 알아야 할
필수 평가 지표 5가지

#1. 브랜드 인지도
#2. 시험 사용
#3. 고객이탈률
#4. 고객만족도
#5. 오퍼수락률

지금까지 마케팅 평가가 얼마나 중요한지, 어떻게 해야 올바른 평가를 가로막는 장애물들을 극복할 수 있는지 알아보았다. 또한 마케팅 유형에 따라 다양한 평가 지표들을 어떻게 활용해야 하는지도 검토했다. 이제 본격적으로 15가지 필수 평가 지표에 대해 살펴볼 차례다. 먼저 마케팅에서 가장 기본적인 비재무적 평가 지표 5가지에 대해 알아보도록 하자.

평가 지표 #1. 브랜드 인지도 Brand Awareness

브랜드는 마케팅에서 가장 매혹적이고 독특한 영역 중 하나다. 전적으로 고객의 인식에 관한 것이기 때문이다. 생수를 예로 들어보자. 순수한 물은 그냥 두 개의 수소와 한 개의 산소 원자로 이루어진 무색, 무미, 무취의 액체이다. 그럼에도 생수 브랜드는 아이스 마운틴 Ice Mountain, 아쿠아피나 Aquafina, 가이서 피크 Geyser Peak, 폴란드 스프링 Poland Spring, 다사니 Dasani 등 너무 많아 기억하기가 어려울 정도다.

그렇다면 다 똑같은 물인데도 25센트짜리 일반 생수 대신 2달러나 되는 유명 브랜드 생수를 사 먹는 이유는 무엇일까? 수업에서 이 질문을 했을 때 학생들의 반응은 격렬했다. "분명히 다르죠. 제가 마시는 물은 알프스산 정상의 맑은 샘물로 만들거든요."라는 게 그들의 말이었다. 이렇듯 프리미엄 생수 상품들을 보면 상품이 전달하는 느낌과 경험, 품질에 대한 인식을 통해 소비자가 더 높은 가격을 지불하고도 기꺼이 그 상품을 구입하게 만드는 브랜드의 힘이 느껴진다.

그런데 이토록 중요한 브랜드의 가치를 나타내는 브랜드 자산brand equity은 금전적 가치로 환산하기 어렵다. 흔히 브랜드 자산 평가를 주가에 기초한 회사의 전체 시장 가치에서 유형 자산 가치를 빼고 남은 무형 자산 가치를 '브랜드' 가치로 보는 방식으로 하기도 한다. 하지만 이 측정법은 문제가 있다. 계산 과정에 들어가는 변수가 너무 많아 이 모든 변수를 적용한 브랜드 자산 평가 결과는 의미 없는 숫자이기 때문이다.

또 다른 방법으로는 설문 조사를 통해 브랜드 가치를 측정하는 방식이 있다. 사람들에게 동종 상품군에서 브랜드가 없는 상품 대비 해당 브랜드 상품을 구입할 때 얼마나 더 많은 돈을 지불할 의향이 있는지 묻는다. 이렇게 구한 추가 지불 비율에 상품 매출을 곱하면 대략적인 브랜드 가치가 나온다. 하지만 이 방법으로 산출한 브랜드 가치도 대략적인 근사치일 뿐이라는 사실을 유념해야 한다.

이처럼 브랜드 가치를 제고하기 위한 마케팅 활동은 재무 평가 지표로 정확하게 측정하는 것이 사실상 불가능하다. 이런 이유로 나는 브랜드 마케팅 성과를 측정할 때 비재무적인 평가 지표를 활용하는 다른 접근법을 제시하고자 한다.

:: 소비재 브랜드 마케팅

구매 관점에서 볼 때 강력한 브랜드 인지도는 〈표 3.2〉에서 설명했듯이 구매 사이클상에서 고객이 평가 단계로 넘어갈 때 특정 제품이나 서비스를 가장 먼저 고려하게 하는 역할을 한다. 물론 시간이 지나면 브랜드에 대한 고객 인식도 변하기 때문에 브랜딩 활동은 꾸준히 계속되어야 한다. 일례로 필립스Philips Electronics의 전기 면도기 마케팅을 살펴보도록 하자. 질레트 날 면도기와 경쟁하던 필립스의 전기 면도기 마케팅 사례는 상품의 기술이나 사양과 상관없이 소비자의 인식이 얼마나 중요한지를 보여준다.

필립스는 밀착 면도에 뛰어난 전기 면도기를 제조했다. 하지만 시간이 지나면서 전기 면도기의 인기는 시들해지는 반면에 날 면도기의 성능이 더 뛰어나다는 인식이 확산되기 시작했다. 이는 날 면도기를 주력으로 하는 질레트의 뛰어난 브랜드 마케팅 때문이기도 했다.

이에 필립스는 신제품을 새롭게 출시하며, 네덜란드에서 남성용 면도기 브랜드인 필립스 니베아Philips Nivea 광고 캠페인을 시작했다. 이 광고는 감각적인 모습의 여성 로봇이 샤워 중인 남자 주인공의 면도를 돕는 콘셉트로 만들어졌는데, 한눈에 봐도 남성 고객에게 어필하려는 의도임을 알 수 있다. 이 캠페인은 〈표 4.1〉에서 보듯이 TV는 물론 MTV 프로모션, 기차역 전광판 광고, 다이렉트 메일, 제품 전용 웹사이트 등 다양한 매체를 통해 통합 마케팅 프로그램으로 진행되었다.

[표 4.1] 필립스 니베아 브랜드 광고

TV 광고

포스터 광고

출처 : 필립스 소비자 라이프스타일 부문, 입소스 ASI

영국 광고조사기관인 입소스Ipsos ASI는 이 캠페인이 진행되는 동안 브랜드와 제품 인지도를 측정하기 위해 매주 120명씩 타깃 오디언스target audience를 대상으로 설문 조사를 실시했다. 설문 조사에는 다음과 같은 질문들이 포함되었다.

"최근 광고나 스포츠 경기 후원, 기타 프로모션을 통해 다음의 전기 면도기 브랜드에 대한 정보를 보거나 듣거나 읽은 적이 있습니까?"
"특정 TV 광고나 인쇄 광고물을 보거나 듣거나 읽은 적이 있습니까?"

또한 보조인지도를 조사하기 위해 다양한 브랜드의 매체 광고를 보여준 후 "지금 보신 광고가 어떤 브랜드인지 아세요?"란 질문을 했다. 광고로 인해 브랜드 인지도가 매주 어떻게 변하는지 파악하기 위해 "귀하께서는 필립스 전기 면도기를 알고 있다고 말씀하셨는데, 다음 필립스 제품 중 어떤 것을 들어보셨나요?"란 질문도 던져 조사했다. 제품 구매 의향은 "귀하가 향후 필립스 니베아 남성용 면도기를 구매할 가능성이 어느 정도인지 다음 보기 중에 고르세요."라는 질문으로 평가했다.

〈표 4.2〉는 조사 결과 파악한 광고 전후 브랜드 인지도의 변화 추이를 보여준다. 광고 노출 전의 기초 브랜드 인지도를 측정하기 위해 10월 5일부터 12일까지 일주일간 실시된 조사에서 필립스의 브랜드 인지도는 65퍼센트였고, 주요 경쟁 브랜드인 브라운Braun 인지도는 38퍼센트였다. 광고 후의 브랜드 인지도 조사 결과를 보면 필립스의 인지도는 광고를 시작한 11월 말과 12월 중순에 정점에 도달했다. 동기간 동안 광고를 보조물로 보여주었을 때, 타깃 오디언스 중 86퍼센트가 광고 장면을 기억한다고 답했다. 물론 광고 인지도가 시장점유율을 반영한다는 주장도 있긴 하지만, 이처럼 광고 전후 인지도의 변화를 관찰하는 일은 흥미롭게 느껴진다.

〈표 4.3〉은 광고 전후 특정 제품에 국한된 인지도와 구매 의향의 변화를

【표 4.2】 필립스 니베아 브랜드 광고 캠페인에 대한 추적 조사 결과

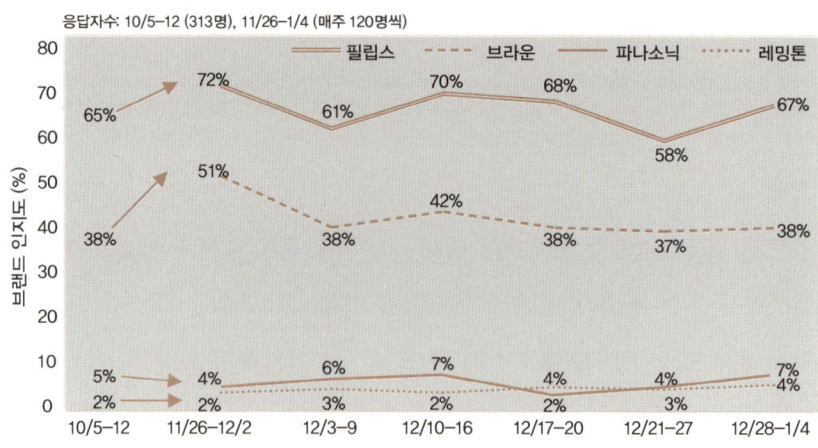

출처 : 필립스 소비자 라이프스타일 부문, 입소스 ASI

기간별로 보여주고 있다. 필립스 니베아 남성용 전기 면도기 제품 인지도는 광고 캠페인 이전에는 22퍼센트였지만 캠페인이 시작된 후 25퍼센트로 증가했으며, 구매 의향 역시 9퍼센트에서 12퍼센트로 상승했다. 이 데이터는 3개월이라는 비교적 짧은 기간 동안 진행된 신제품 출시 마케팅의 성과를 보여준다. 앞서 언급했듯이 구매 의향은 향후 제품 매출을 보여주는 선행 지표라는 점에서 눈여겨 볼 필요가 있다.

하지만 광고 전후 인지도가 어떻게 변했는지 그 '답'을 얻는 것만으로는 충분하지 않다. 성과를 평가하려면 무엇 때문에 인지도가 상승했으며, 어떤 매체가 효과적이었는지도 확인해야 한다. 광고 인지도를 정량화하는 가장 일반적인 방법은 광고를 1,000회 노출시키는 데 드는 비용인 CPM Cost Per Mille을 측정하는 것이다. 즉, TV나 신문 잡지, 다이렉트 메일, 온라인 등 매체별로 광고 노출 횟수와 소요 비용을 측정하여 계산한

【표 4.3】 광고 전후 제품 인지도와 구매 의향 변화 추이

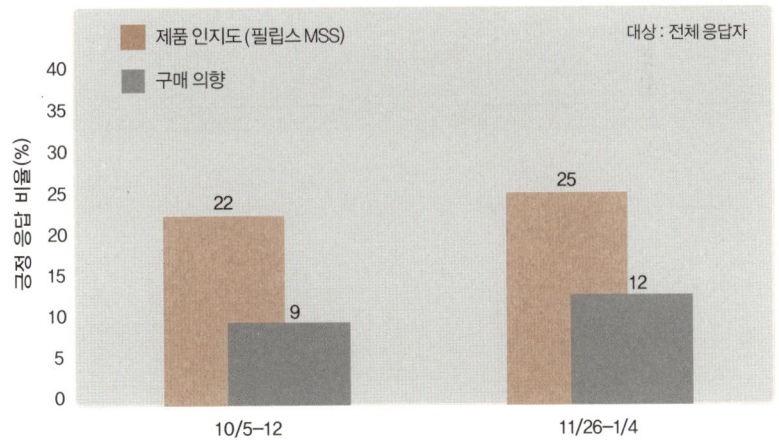

출처 : 필립스 소비자 라이프스타일 부문, 입소스 ASI

다. CPM이 낮을수록 성공적이라고 인식된다. 하지만 이런 접근법은 마케팅 성과를 제대로 측정하지 못한다는 문제가 있다. 적은 비용으로 광고를 많이 노출했다고 해서 해당 마케팅 활동이 고객의 인식에 영향을 제대로 끼쳤는지 알 수 없기 때문이다. 대부분의 광고가 실패하는 이유는 사람들이 광고를 보고도 그것이 어떤 브랜드 광고인지 잘 모르기 때문이다. 〈표 4.4〉는 필립스 니베아 광고가 어떤 브랜드 광고인지 알아본 사람들을 매체별로 분류한 자료이다. 먼저 설문 참가자들에게 비보조 방식으로 니베아 광고를 본 적이 있는지 물었다. 그 다음 실제 니베아 광고를 보여준 후 응답자들에게 "어떤 브랜드의 광고인지 기억나세요?"란 질문을 던져 보기로 나열된 브랜드 중에서 고르도록 했다.

【표 4.4】 브랜드 인지도와 광고 인식 여부에 따른 광고 성과 최적화

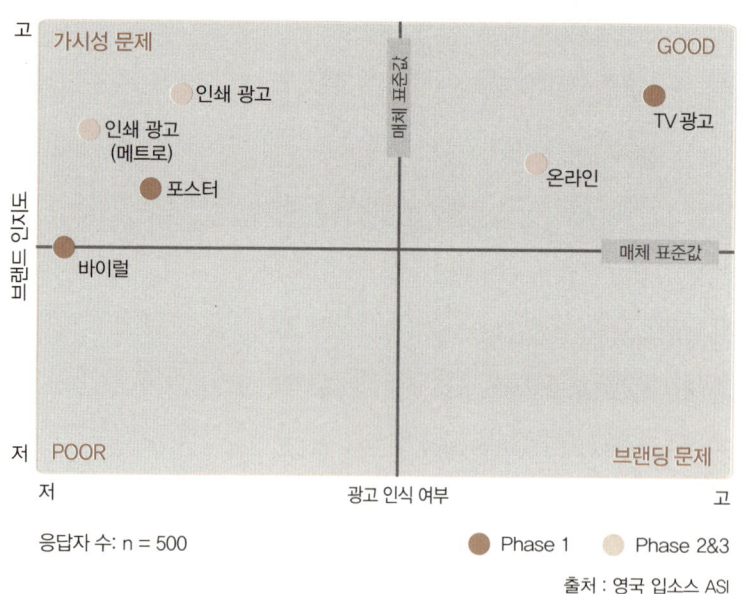

〈표 4.4〉의 오른쪽 상단이 브랜드 인지도와 광고 인식률 모두 높은 경우로 가장 이상적인 경우다. TV와 온라인 광고가 여기에 위치해 있으므로 가장 성과가 좋은 것으로 나타났다. 브랜드 인지도는 낮지만 광고 인식률이 높은 경우는 오른쪽 아래에 위치한다. 여기에 속한 경우 광고 집행은 잘 되었지만, 브랜딩에 문제가 있다고 볼 수 있다. 필립스 니베아 캠페인의 경우 여기에 속한 매체는 없었다.

하지만 브랜드 인지도는 높으면서 광고 인식률이 낮은 왼쪽 상단에는 다양한 매체가 존재했다. 여기는 광고의 가시성에 문제가 있는 경우라고 볼 수 있다. 이럴 경우 소비자들이 제대로 인식할 수 있도록 광고 크리에이티브가 효과적이었는지, 집행된 매체의 위치는 좋았는지 등을 확인해 볼 필요가 있다. 마지막으로 광고 인식률과 브랜드 인지도 모두 떨어지는 왼쪽 하단은 해당 마케팅 활동 자체가 문제임을 암시한다. 필립스의 경우 '바이럴viral' 마케팅이 여기에 해당되었다. 그렇다고 바이럴 마케팅을 폐기하라는 말은 아니다. 영국 입소스의 제이미 로버트슨Jamie Robertson도 이렇게 말했다. "특정 매체가 성과가 없었다고 반드시 그 매체를 버려야 한다는 의미는 아닙니다. 그 매체를 어떻게 활용했는지 따져보고 성과를 개선할 수 있는 방법을 찾아야 합니다."

〈표 4.5〉는 광고 매체 최적화를 위해 TV, 우편엽서, 포스터, MTV 등 광고 매체별 제품 인지도와 광고 인식에 있어서의 중요도를 중심으로 평가한 결과이다.

[표 4.5] 제품 인지도와 광고 인식 여부에 따른 광고 매체 최적화

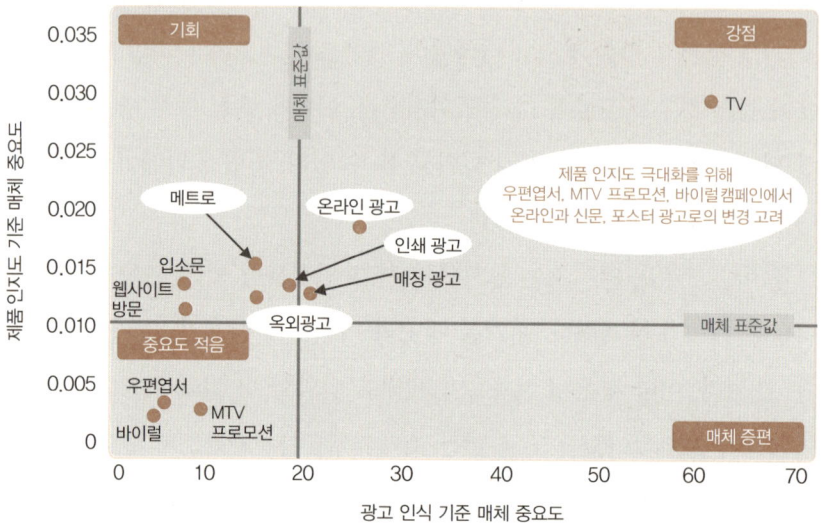

출처 : 영국 입소스 ASI

이렇게 좀 더 정교한 방법으로 분석한 결과, 우편엽서와 MTV 프로모션, 바이럴 캠페인은 왼쪽 하단에 위치해 인지도 상승에 크게 기여하지 못했음을 알 수 있다. 이에 입소스는 해당 매체에 할당된 광고 예산을 향후에는 온라인과 신문, 포스터 광고처럼 평균을 조금 상회하면서 브랜드 인지도 상승에 도움이 된 매체들에 투입할 것을 필립스에 제안했다. 필립스 소비자 라이프스타일 부문의 글로벌 커뮤니케이션 전략 담당인 사브리나 투치Sabrina Tucci는 이렇게 말했다.

"인지 마케팅 성과를 측정함으로써 브랜드 인지도와 구매 의향을 높일 수 있는 방법뿐만 아니라, 향후 신제품을 출시할 때 광고 캠페인 성과를 극대화

시킬 방안도 알 수 있습니다. 우리도 데이터를 기반으로 브랜드 인지 마케팅 결과를 분석함으로써 시장과 표적 고객에 대한 매우 값진 통찰력을 얻었습니다. 제품군별, 개별 제품별 커뮤니케이션 전략을 어떻게 개발해야 할지에 대한 소중한 교훈도 얻었죠."

이 사례에서 본받아야 할 점은 필립스가 처음부터 광고 캠페인 성과 측정과 이를 기반으로 한 마케팅 최적화를 염두에 두고 기획했다는 것이다. 이런 목표에 따라 브랜드와 제품 인지도, 그리고 광고 매체 효과를 측정하는 설문 조사가 매주 진행됐다. 그 결과 필립스는 면도기 판매가 극적으로 상승하지는 않았지만, 당초 기대한 목표를 달성할 수 있었다. 일부 경영진은 니베아 캠페인이 탁월한 투자수익률을 창출하지 못했다는 사실에 실망하기도 했다. 하지만 이 캠페인의 목표는 높은 투자수익률 달성이 아니라, 브랜드 인지도를 제고시켜 현재 전기 면도기를 사용하지 않는 남성들이 필립스 면도기를 구매할 마음을 갖도록 만드는 데 있었다. 이런 목표를 기준으로 본다면 캠페인은 상당히 성공적이었다.

이런 데이터 기반 마케팅 접근법은 향후 캠페인 진행에 있어 마케팅 예산을 어떻게 최적화할 수 있는지 깊은 통찰력을 제공했다. 물론 데이터 기반 마케팅은 캠페인의 성공뿐만 아니라 실패 여부도 알려줄 수 있다. 데이터를 기초로 "브랜드 인지도가 그 정도 증가했다면, 마케팅 투자가 타당하다고 볼 수 있는가?"와 같은 어려운 질문도 던져야 한다. 이런 질문들에 묻고 답하는 토론 과정을 거침으로써 마케팅 투자를 보다 효율적으로 실행할 수 있기 때문이다.

모든 마케팅 투자가 재무적 투자수익률을 높일 수 없다. 특히 브랜드 인지 활동은 재무적인 평가 지표로 성과를 측정하기 어렵다. 그렇다 하더라도 브랜드 인지도가 미래의 매출 증가에 기여하는 영향을 정량화할 수 있는 평가 지표들을 활용한다면 이런 딜레마를 어느 정도 극복할 수 있다.

〈표 4.4〉와 〈표 4.5〉에 그려진 브랜드 캠페인 최적화 모델을 보고 지레 겁을 먹은 독자들이 있을지도 모르겠다. 하지만 캠페인 최적화는 간단한 브랜드 설문 조사로 할 수 있다. 고객의 브랜드 인지도에 어떤 변화가 있었는지 살펴본 후, 매체별 브랜드 인지도와 제품 인지도를 확인하면 된다. 그 결과 확보한 데이터를 토대로 당신이 직접 분석해 보면 의외로 쉽게 성과를 판단할 수 있을 것이다.

:: B2B 브랜드 마케팅

B2B 제품도 브랜딩 측면에서는 소비재와 놀라울 정도로 비슷하다. B2B 회사들의 브랜딩 목적은 최종 소비자 입장에서는 그 존재를 분명히 알 수 없는 제품이나 서비스의 인지도를 높이는 것이다. 예를 들어 인텔은 '인텔 인사이드Intel inside' 브랜딩을 통해 PC 사업에 혁명을 일으켰고, 듀폰도 차량용 페인트 브랜드를 알리기 위해 나스카 경기를 활용했다.

하지만 B2B와 소비재의 가장 큰 차이는 B2B 제품은 성격이 다른 다양한 고객을 보유했다는 점이다. 즉, 채널 파트너나 제조업체들을 위한 브랜드 마케팅과 최종 소비자를 위한 브랜드 마케팅은 달라야 한다. 일례로 듀폰은 브랜드 자산을 구축하고 고객 관계를 개선하기 위해 매년 나스카 경기에 2만 명이 넘는 B2B '파트너'들을 초대한다. 하지만 이런 경우라도 브랜드 마케팅 성과를 측정하는 원칙은 같다.

나비스타Navistar, Inc.는 연매출 141억 달러의 미국 자동차 업체로 트럭과 스쿨버스, 군사용 차량을 제조한다. 특히 IC 버스IC Bus는 스쿨버스 시장에서 리더로 자리매김하고 있다. 그런데 나비스타는 2009년 경기 침체의 영향으로 매출이 크게 하락하면서 큰 타격을 받았다. 이런 어려움 속에서도 IC 버스는 적은 예산이긴 해도 브랜드 혁신과 구축에 대한 투자를 멈추지 않았다. 그러다가 지구 온난화와 환경 문제가 미국의 국가적 핵심 이슈로 떠올랐을 때, IC 버스는 '하이브리드 전기 스쿨버스'라는 차별적 포지셔닝을 부각시킬 절호의 기회를 잡았다. 이에 IC 버스는 그 첫 단계로 캘리포니아 새크라멘토 지역 라디오 방송국의 스폿 광고(라디오 프로그램 사이 또는 프로그램 진행 중에 하는 짧은 광고)로 작은 파일럿 캠페인을 시작했다. 캠페인의 가장 중요한 목표는 25-49세 주부들을 대상으로 브랜드 인지도를 높이는 것이었다. 스쿨버스의 장점을 전달하는 이 라디오 광고는 다음과 같은 메시지를 강조했다.[1]

- 미국 스쿨버스위원회는 스쿨버스 한 대로 자가용 36대를 대체할 수 있다고 말했다. 이를 연간으로 환산하면 자녀를 스쿨버스로 통학시킴으로써 총 1,730만 대의 자동차를 도로에서 사라지게 할 수 있다.
- 스쿨버스로 자녀를 통학시키면 매년 117억 리터의 연료를 아낄 수 있다.
- 스쿨버스를 이용하는 학생이 10퍼센트 늘면 연간 11억 리터의 연료를 아낄 수 있다.
- 자녀를 스쿨버스로 통학시키면 한 가정 당 연간 663달러의 연료비와 5,794km의 주행 거리를 줄일 수 있다. 이를 유치원 입학부터 고등학

교 졸업까지 아이의 전체 학창 시절로 환산하면, 한 가족 당 8,619달러의 연료와 75,322km의 주행 거리에 해당한다.
- 아이를 자가용으로 통학시킬 때 드는 하루 평균 연료비는 3.68달러지만, 스쿨버스로 통학시킬 때의 연료비는 고작 0.73달러이다.

이처럼 공익 캠페인 형식에 가까운 이 스폿 광고는 끝날 때, "이 캠페인은 IC 버스가 함께합니다."라는 멘트가 들어감으로써 자연스러운 브랜드 노출 효과를 노렸다.

광고 성과는 실로 엄청났다. 광고 효과를 측정하기 위해 광고 집행 전후로 유치원생부터 고등학생 자녀를 한 명 이상 둔 25-49세 주부들을 대상으로 전화 설문 조사를 실시했다. 조사는 다음과 같은 비보조 광고 인지도를 묻는 질문으로 시작했다. "최근 스쿨버스를 이용하면 환경에 도움이 된다는 광고를 보거나 들은 적이 있나요?" 친환경 이슈로 스쿨버스 이용을 권하는 광고에 대한 비보조인지도는 29퍼센트였다. 이는 광고 타깃 오디언스의 1/3 정도는 조사 시 광고를 다시 들려주지 않아도 그 내용을 기억한다는 것을 의미했다. 뒤이은 질문들을 통해 응답자들이 광고의 핵심 메시지까지 기억한다는 사실이 밝혀졌다.

다음으로는 보조인지도를 측정하기 위해 응답자에게 광고를 들려준 후 질문을 했다. "방금 들으신 라디오 광고를 이전에도 들어본 경험이 있나요?" 32퍼센트의 응답자들이 광고를 들어본 적 있다고 답했다. 이는 광고를 들어본 적 있다는 사람들은 IC 버스 광고를 기억하고 있음을 의미했다. 마지막으로 광고의 잠재적 영향력을 다음과 같은 질문으로 측정했다. "응답자님께서 들으신 그 광고가 향후 자녀를 스쿨버스로 통학시키는 데 영향을 줄 것 같습니까?" 이 질문은 소비재 브랜드 조사에서 '구매 의향'을 묻는 질문과 같다. 연소득 7만 5천 달러 이상 가구의 경우 13퍼센트가 '그렇다'라고 답했다.

내가 이 사례를 특히 더 좋아하는 이유는 브랜드 이미지와 인지도 제고라는 목표를 달성하기 위해 몇 군데 지역에서만 작은 규모로 캠페인을 시작했기 때문이다. 광고 성과 측정 결과 소비자의 1/3이 광고를 기억했으며, 향후 스쿨버스 '이용 의향'에 있어서도 현격한 인식 변화가 일어났다.

다음 단계로 IC 버스 마케팅팀은 '미국 녹색학교 선발대회America's Greenest School contest'라는 수필 대회를 개최하는 아이디어를 냈다. 수필 대회에서 1등을 한 학생에게는 장학금을 수여하고, 학생이 다니는 학교에는 부상으로 IC 버스 한 대를 제공한다는 생각이었다. IC 버스의 마케팅 커뮤니케이션 매니저인 디나 루처Dena Leuchter는 이렇게 말했다.

"경기 침체로 마케팅 예산이 계속 삭감되면서 저희는 어떤 비용부터 줄여야 할지 결정을 내려야 했습니다. 고객들을 대상으로 신규 브랜드 캠페인을 하기 위해서는 상당한 규모의 예산이 필요하죠. '미국 녹색학교 선발대회'는 완전히 새로운 시도였기 때문에 예산 삭감의 첫 번째 후보가 됐습니다. 하지만 저는 녹색학교 선발대회가 단순하지만 회사와 업계에 획기적인 변화를 일으키리라는 확신이 있었습니다. 우여곡절 끝에 결국 예산을 확보했습니다. 버리기 아까운 아이디어였어요. 이렇듯 어려운 상황에서 녹색학교 선발대회를 밀고 나가기로 한 이상, 할당된 예산을 완전히 다 소진하더라도 의미 있는 성과를 내야 한다고 생각했습니다."

[표 4.6] DiscoveryEducation.com에 게재된 미국 녹색학교 선발대회 광고

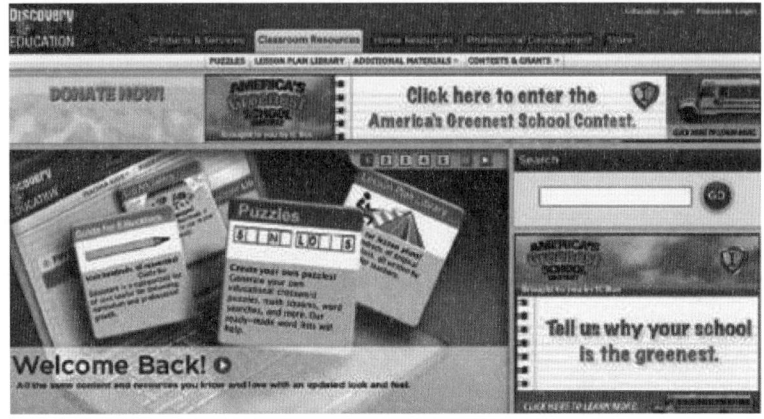

출처 : 디스커버리 에듀케이션, IC 버스 마케팅 커뮤니케이션팀

브랜드 마케팅 차원에서 시도된 이 캠페인은 35만 달러라는 상대적으로 적은 예산으로 진행됐다. 우승한 학생에게는 장학금으로 5만 달러가 수여됐고, 학생이 다니는 학교에는 20만 달러 상당의 하이브리드 스쿨버스가 부상으로 지급됐다. 캠페인 관련 활동에는 신문 기사와 이메일, 〈표 4.6〉과 같이 DiscoveryEducation.com에 게재된 광고 등이 포함됐다.

디스커버리 에듀케이션은 캠페인의 일환으로 교사 9만 4천 명에게 이메일을 발송했다. 이메일을 받은 9만 4천 명의 교사 중 13퍼센트가 이메일을 개봉했으며, 그중 16퍼센트가 온라인 광고를 클릭했다. 수필 대회는 학생들은 물론 학부모, 교사, 학교, 학교 재단 모두에게서 열광적 반응을 받았다. 또한 스쿨버스, 그중에서도 IC 버스의 하이브리드 스쿨버스를 타는 게 친환경적이라는 긍정적 인식도 불러일으켰다.

시작한 후 우승자가 발표될 때까지 약 6개월 동안 녹색학교 캠페인은

지역 방송과 USA 투데이, 온라인 사이트, 주부 블로그 사이트 등을 통해 총 3억 번 가까이 노출되었다. 하지만 가장 중요한 성과는 캠페인에 대한 고객들의 참여도였다. 수필을 쓰는 것이 간단한 일이 아님에도 불구하고, 가족 전체가 행사에 참여한 경우도 많았다. 2만 명 이상이 투표에 참여했고, 그 결과 최종 10편의 글이 우승 후보로 선정됐다. 녹색학교 선발대회 웹사이트를 방문한 사람들 수는 8만 명에 달했으며, 이 중 40퍼센트 이상이 향후 IC 버스로부터 이메일을 받는 데 동의했다. 루처도 이렇게 말했다. "저희는 기껏해야 100명 정도가 수필 쓰기에 참여하리라 예상했어요. 그런데 2천 명 가까운 학생들이 지원했죠. 엄청난 성공을 거둔 거죠."

'녹색학교 선발대회'는 창의적인 캠페인 기획과 실행이 어떻게 놀라운 마케팅 성과로 이어지는지를 보여준다. 이 캠페인 역시 성과 측정을 염두에 두고 기획되었고, 이후 고객들의 적극적 참여를 이끌어냈다. 데이터 기반 브랜딩의 성공 공식을 잘 결합해 냈기에 대성공을 거둘 수 있었다.

:: #1 평가 지표 정리

지금까지 소비재와 B2B 브랜드로 분류해 인지도 측정 방식에 대해 살펴보았다. 서로 많이 다를 것 같지만 소비재와 B2B 제품 모두 브랜드 인지도를 측정하기 위해서는 다음의 간단한 두 가지 질문을 던지면 된다.

> 1. 특정 [제품이나 서비스]를 생각했을 때, 제일 먼저 떠오르는 [회사나 제품] 이름이 무엇입니까?
> 2. 1번 답 외에 들어보신 [회사나 제품]에는 어떤 것들이 있습니까?

이 질문은 당신 브랜드에 대한 비보조인지도와 경쟁 브랜드 대비 상대적인 인지도를 알려준다. 물론 캠페인 성격에 따라 다른 질문들을 추가할 수 있다. 광고물을 보여주고 보조인지도를 측정하거나, 브랜드와 광고 메시지가 고객의 행동을 이끌어내는 데 영향력이 있었는지를 물을 수 있다.

그럼 이런 평가 활동은 어떻게 진행해야 할까? 전화 인터뷰나 대면 설문 조사는 비교적 적은 비용으로 브랜드 인지도를 측정할 수 있는 방법이다. 만약 녹색학교 선발대회처럼 마케팅 캠페인에 인터넷 프로그램이 포함된 경우에는 고객 행동을 유도하는 콜투액션call to action 성과를 측정할 수 있다. 여기서 고객 행동은 고객의 참여도와 관련이 있기에 브랜드 마케팅 성과를 측정하는 또 다른 방법이 될 수 있다.

이렇게 데이터를 수집하고 나면 필립스 니베아 남성용 면도기 사례에서 보듯이 브랜드 마케팅 활동을 최적화하고 투자 효과를 검증해볼 수 있다. 입소스는 필립스의 남성용 면도기 마케팅을 통해 20퍼센트 이상의 성과를 개선할 수 있는 노하우를 얻었다. 만약 이런 활동을 할 자원이 없다면 어떻게 해야 할까? 앞서도 말했듯이 자원이 부족하다고 지레 포기하지 마라. 필요한 마케팅 예산의 10%만이라도 확보하여 마케팅 성과를 측정해 보자. 그러면 투자한 것보다 훨씬 더 큰 가치를 창출할 수 있으리라 확신한다.

평가 지표 #1 인지도를 측정하는 필수 지표

브랜드 인지도 = 제품이나 서비스에 대한 고객 기억 여부.
(최초상기도, 비보조인지도)

평가 지표 #2. 시험 사용 Test-Drive

글로벌 금융 위기로 경기 침체가 장기화되고 있는 와중에 포르쉐 북미 법인은 공격적 마케팅 캠페인을 시작했다. "포르쉐는 자신감과 지배력을 상징하며, 포르쉐 차주들도 포르쉐의 정신을 공유합니다. 우리는 포르쉐 퍼스트 마일Porsche First Mile 캠페인을 통해 포르쉐의 잠재 고객들이 자신감을 갖고 포르쉐 시험 주행에 도전하기를 원했습니다." 포르쉐 북미법인 마케팅 상무인 데이비드 프라이어David Pryor가 말했다. "일단 포르쉐를 시험 운전해 보면 구입할 확률이 높아진다는 사실을 잘 알고 있습니다. 문제는 많은 사람들이 접근하는 것 자체를 부담스러워 한다는 사실입니다."

포르쉐 퍼스트 마일 캠페인을 시작한 후, 미국 온라인 광고는 총 2억 4,100만 명에게, 인쇄 광고는 총 1,700만 명에게 노출됐다. 〈표 4.7〉은 당시 집행했던 포르쉐의 인쇄 광고와 온라인 광고이다. 그 결과 총 2천 명의 잠재 고객이 포르쉐 시험 주행을 신청했다. "처음에는 딜러들도 확신이 없었습니다. 하지만 3, 4주가 채 지나지 않아 판매가 치솟기 시작했어요. 캠페인 없이는 불가능한 숫자였죠. 그러자 딜러들도 태도를 바꿨습니다. 시험 주행의 중요성을 체감하기 시작한 거죠."

포르쉐 퍼스트 마일 캠페인은 시험 사용 마케팅의 원칙들을 잘 설명해 주는 모범 사례이다. 캠페인 관련 모든 요소들이 측정되었기 때문이다. 그 예로 〈표 4.7〉의 인쇄 광고에 있는 문자 메시지 번호와 인터넷 URL을 눈여겨보라. 이를 통해 매주 광고를 본 후 시험 주행을 신청한 사람들의 숫자가 지역별로 측정되었다. 측정 결과를 토대로 광고 집행 기간 중에도 성과를 개선하기 위해 캠페인 세부 활동을 조정하며 최적화했다. 이런 조정

【표 4.7】 포르쉐 퍼스트 마일 캠페인 광고물

인쇄 광고

온라인 광고

출처 : 포르쉐 북미법인

과정은 나중에 설명할 애자일 마케팅의 핵심이다.

일례로 포르쉐 마케팅팀은 미국 남부에 위치한 주들이 그들의 판매 비중에 비해 캠페인 참여율이 저조하다는 사실을 알게 되자, 해당 지역의 시험 주행 참여율을 높이기 위해 해당 지역에 특화된 온라인 광고와 인쇄 광고를 새롭게 제작, 집행했다. 포르쉐 북미법인의 마케팅 커뮤니케이션 팀장인 스캇 베이커Scott Baker는 이렇게 말했다. "다른 자동차 회사들은 포르쉐

보다 5배에서 50배까지 더 많은 예산을 마케팅에 투입합니다. 하지만 저희는 비용 대비 성과가 높은 마케팅 활동들에 집중합니다."

이렇듯 자동차 업계에서 효과적인 시험 사용 지표는 다른 산업군에서도 효력을 발휘한다. PC나 서버 CPU 시장에서 80퍼센트가 넘는 점유율로 독점적인 지위에 있는 인텔도 시험 사용을 적절히 활용한다.

인텔의 영업은 PC나 서버를 제조하는 파트너들과 신규 칩 협상을 시작해 제조사들의 회로판에 장착하기까지 18개월이 걸린다. 이렇게 긴 영업 사이클은 성과를 측정하는 데 어려움을 가중시킨다.

그런데 그 과정에서 제조사는 신규 칩을 쓸지 결정하기 위해 신규 칩으로 회로판을 조립, 성능을 시험해보아야 한다. 이 시험 사용이 인텔에게는 향후 매출로 연결되는 '승리를 설계'하는 단계이다. 제조업체 입장에서 보면 인력과 비용을 투입해 신규 칩을 테스트하는 것 자체가 구매를 진지하게 고려하고 있다는 의미이기 때문이다. 그러므로 인텔로서는 좀 더 많은 제조사들이 시험해볼 수 있도록 집중하는 게 매출을 제고시키는 길이 된다. 물론 인텔은 자체 CRM 데이터를 활용해 산출한 거래전환율(시험 사용에서 실제 판매로 이어지는 비율)을 적용해 미래 매출을 예측할 수 있다.

또 다른 사례로 병원을 대상으로 고가의 대형 MRI 장비와 CT 스캐너를 판매하는 필립스 메디컬시스템스Philips Medical Systems를 살펴보자. 일반적으로 병원에서 새로운 의료 장비를 구입하려면 경영진뿐만 아니라 의사와 간호사, 지원부서 담당자 등 다양한 이해관계자들의 동의가 필요하다. 이에 필립스는 MRI와 CT 제품에 대한 시험 사용 마케팅 방식을 개발했다. 이를 통해 고가 장비를 구매하려는 병원의 의사와 관련 담당자들이 사전에 제품을 테스트할 수 있게 지원함으로써 구매 가능성을 높일 수 있었다.

:: 인터넷의 활용

인터넷은 평가 마케팅의 성과를 측정하는 새롭고 독특한 기회들을 제공한다. 예를 들어 나비스타는 자사 온라인 사이트에서 가상의 트럭 제품을 설계해 보는 사람들 숫자를 측정한다. 이는 온라인을 통한 시험 사용이라고 할 수 있다. 웹사이트를 통해 실시하는 평가 마케팅의 성과는 이런 평가 지표를 통해 정량화할 수 있다. 연매출 90억 달러 규모의 이태리 패션 회사 룩소티카Luxottica도 인터넷을 효과적으로 활용했다.

참고로 룩소티카는 글로벌 프리미엄 선글라스 시장에서 100달러에서 1,500달러까지 다양한 가격대의 선글라스 브랜드들을 내놓고 있으며, 안경 전문 소매체인점까지 운영하고 있다.

일반적으로 선글라스를 구입하려는 사람들은 매장을 방문해 거울 앞에서 다양한 제품을 착용해 본다. 이런 구매 방식에 착안하여 룩소티카는 인터넷 평가 마케팅 기법을 개발했다. 룩소티카 브랜드인 레이벤Ray-Ban 웹사이트www.rayban.com에는 〈표 4.8〉에서 보듯이 '가상 거울'을 통해 다양한 제품을 착용해 볼 수 있는 혁신적인 웹 어플리케이션이 있다. 고객들은 PC 웹캠을 통해 선글라스를 착용한 자신의 모습이 어떤지 가상 거울을 통해 확인할 수 있어 온라인에서도 매장에서와 비슷한 경험을 느낄 수 있다. 최종 후보 제품을 착용한 모습을 인쇄할 수도 있다. 물론 인쇄 숫자는 룩소티카에게 평가 지표로 활용된다.

룩소티카는 시험 사용 지표를 통해 평가 마케팅의 성과를 측정할 수 있을 뿐만 아니라, 공급망 관리와 관련된 통찰력도 얻을 수 있었다. 선글라스 사업은 판매가 여름을 중심으로 7개월에 집중된다는 맹점이 있다. 또한

【표 4.8】 온라인상에서 선글라스를 착용해 보는 레이벤의 가상 거울

출처 : 룩소티카 그룹

해마다 트렌드가 바뀌기 때문에 신상 모델도 한 시즌만 지나면 가치가 현저히 떨어진다. 게다가 선글라스 모델 하나를 만드는 데 4개월이나 소요된다. 결국 룩소티카로서는 수요 예측이 무엇보다도 중요할 수밖에 없다.

그런데 제품을 출시하기 몇 달 전 웹사이트에 신제품 디자인을 선보인 후, 모델별로 고객의 인쇄 숫자를 측정함으로써 룩소티카는 제품 수요를 예측하고 그에 따라 생산량도 조정할 수 있었다. 결국 시험 사용이라는 평가 지표는 시즌별 제품 포트폴리오를 효과적으로 구성하고, 알맞은 수량을 매장에 공급할 수 있도록 해주는 강력한 도구가 됐다.

하지만 인터넷 기반의 평가 마케팅은 특정 고객층만의 관심을 불러일으킨다는 한계가 있다. 젊은 고객들만이 온라인에서 신규 모델을 먼저 확인하는 경향이 있기 때문이다. 레이벤 어플도 이들 사이에서만 히트를 쳤다.

레이벤의 경우 3백만 명 이상의 고객들이 가상 거울 어플을 사용했지만, 40대 이상 여성들을 주 고객으로 하는 돌체앤가바나_{Dolce and Gabbana} 선글라스의 경우에는 온라인 평가 마케팅 효과를 크게 보지 못했다.

:: #2 평가 지표 정리

제품을 누가 테스트했고 구입했는지 측정할 수 있다면 거래전환율도 계산할 수 있다. 시험 사용의 전환율은 제품 구매자 숫자를 테스트에 참여한 사람의 숫자로 나누면 나온다. 즉, 100명이 제품을 테스트했는데 그 중 20명이 실제로 제품을 구매했다면 전환율은 20퍼센트가 된다. 따라서 시험 사용은 매출로 연결될 수 있지만, 이를 확인하기 위해서는 테스트 참여자와 구매자 수를 측정할 수 있어야 한다.

정리하자면, 시험 사용 지표는 구매 사이클의 평가 단계에서 필수적인 평가 지표이다. 따라서 당신의 제품과 서비스에 맞는 시험 사용 기법을 개발하고, 참여자에게 인센티브를 줄 수 있는 평가 마케팅 캠페인을 기획하라. 이 평가 지표를 통해 확인한 변화는 평가 마케팅 캠페인의 성과이자 향후 제품 판매에 대한 선행 지표가 된다.

> **평가 지표 #2** 비교 평가 마케팅을 측정하는 필수 지표
>
> **시험 사용** = 구매 전에 고객에게 제품이나 서비스를 경험하고 테스트할 기회를 제공하는 것.

평가 지표 #3. 고객이탈률 Churn

좁은 차고에 주차시키다 차문을 긁고 말았다. 아내의 잔소리와 수리비 걱정을 하며 렉서스Lexus 매장에 갔다. 나를 맞이한 렉서스 직원은 저녁 때 수리가 끝마칠 거라고 말하며 오늘 하루 탈 수 있는 렌터카를 무상으로 제공했다.

저녁 때 다시 매장을 찾은 나는 신용카드를 꺼내며 물었다. "얼마죠?"

그러자 놀라운 대답이 돌아왔다. "안 내셔도 됩니다. 긁힌 자국을 수리하는 터치업 서비스는 무상으로 제공하고 있습니다."

놀랍기도 했지만, 기분이 엄청 좋았다. 흥에 겨워 집으로 돌아온 나는 아내에게 그 날 있었던 행운을 들려줬다.

:: 충성도를 가늠할 수 있는 고객이탈률

충성 고객은 어떤 업종이든 사업의 기반이자 성장의 토대가 된다. 이렇듯 중요한 고객 충성도를 정량적으로 측정하는 필수 평가 지표가 바로 고객이탈률이다. 고객이탈률은 기존 고객 중 당신과 계속 거래를 하지 않기로 결정한 고객들의 비율을 말하며, 대개 1년에 1번씩 집계한다. 어떤 제품의 연간 고객이탈률이 20퍼센트라면, 이는 연초에 100명이었던 고객이 연말에는 80명만 남아 있다는 말이 된다.

렉서스는 놀라울 정도로 충성 고객이 많다. 렉서스 소유자 중 약 70퍼센트는 다음에도 렉서스를 선택한다. 자동차를 평균 5년 주기로 교체한다고 가정했을 때, 렉서스의 5년간 고객이탈률은 30퍼센트가 된다. 이를 연간으로 환산해 보면, 렉서스의 연간 고객이탈률은 대략 6퍼센트 밖에 되지 않는다.

렉서스가 아닌 다른 고가 자동차 고객들의 재구매율은 약 50퍼센트로, 이를 연간 고객이탈률로 환산하면 약 10퍼센트이다. 렉서스의 6퍼센트 고객이탈률과 비교하면 상당한 차이를 보인다. 물론 고객이탈률이 낮아진 만큼 렉서스의 수익도 그만큼 증가한다![2]

렉서스가 제공하는 충성 마케팅 활동에는 무료 렌터카 서비스, 무료 세차 서비스, 무료 터치업 서비스 등이 있다. 이 외에도 일부 딜러 매장에서 토요일 아침마다 제공하는 조식이나 렉서스 라이프스타일 매거진 무료 구독권, 골프 대회 초청 행사 등이 포함된다.

특히 무료 터치업 서비스는 렉서스에게도 이득이 되는 활동이다. 렉서스 충성 고객들은 대부분 신차를 구입할 때 기존 차를 돌려주는 보상 판매를 택한다. 그런데 비용도 별로 들지 않는 터치업 서비스는 자동차에 녹이 쓰는 것을 방지해 보상 판매로 회수된 중고차의 가치를 높여주기 때문이다. 이처럼 기업 입장에서는 비용이 적게 드는 '무료' 제품이나 서비스이지만, 고객에게는 상당히 큰 가치로 인식되는 활동이야말로 충성도 제고 마케팅의 좋은 본보기라 할 수 있다. 이렇듯 적은 비용으로 큰 효과를 내는 충성도 제고 마케팅을 통해 고객이탈률을 낮출 수 있다.

이런 원칙들은 대기업에만 적용되지 않는다. DCP Dental Care Partners는 1981년 에드워드 맥클러 Edward H. Meckler 박사에 의해 설립됐다. 맥클러 박사는 오하이오주 클리블랜드에서 오랫동안 치과 병원을 운영했다. 그는 환자들을 치료해 주는 일에 만족하고 있었지만, 한편으로는 치과 치료를 받지 못하는 사람들에 대한 걱정도 쌓여 갔다. 또한 치과 병원을 사업체로 운영하는 것과 환자를 치료하는 일 사이에서 어려움도 겪고 있었다.

그러던 중 맥클러 박사는 이를 해결할 해답을 찾았다. 치과 의사들은 환자 치료에만 집중할 수 있도록 병원 시설 및 의료 장비 지원, 행정 업무, 마케팅 등을 대행하는 사업 모델을 개발한 것이다. 또한 이를 통해 절감된 비용으로 값비싼 치과 치료를 받을 수 없는 환자들에게 혜택을 주려고 했다. 그 결과 DCP에 소속된 치과 병원은 162개에 달했고, 연간 총매출은 1억 달러가 넘을 정도로 대성공을 거두었다.

이 DCP에서는 '평생 무료 화이트닝' 프로그램이라는 혁신적인 충성도 제고 마케팅을 벌인다. 한 번 화이트닝 치료를 받은 환자들에게는 평생 무료로 화이트닝 서비스를 제공한다는 개념이다. 치과부문 최고 책임자인 찰스 자쏘Charles Zasso 박사는 이렇게 말했다. "무료 화이트닝 서비스는 고객 입장에서는 가치가 매우 높지만, 병원 입장에서는 비용과 시간이 상대적으로 적게 드는 활동입니다." 고객은 치아 미백을 위해 병원을 정기적으로 방문할 이유가 생겼고, 결과적으로 DCP에서 다른 치과 치료도 계속해서 받게 되었다.

이와 같은 충성도 제고 마케팅 결과로 DCP의 고객이탈률은 상당히 낮아졌다. 물론 낮아진 고객이탈률은 수익률 증가로 이어졌다. DCP 마케팅 임원인 브라이언 코바치Brian Kovach는 이렇게 말했다. "무료 화이트닝 프로그램은 기존 고객을 유지하는 것뿐만 아니라, 신규 고객을 확보하는 데에도 효과적이었습니다."

연매출 9억 5,500만 달러 규모의 인터넷 접속 서비스 기업인 어스링크도 30일/90일 고객이탈률을 정기적으로 확인하며, 이탈률을 낮추기 위한 충성도 제고 마케팅을 실행하고 있다. 어스링크의 비즈니스 인텔리전스Business

Intelligence 팀장 샘 맥폴Sam McPhaul도 이렇게 강조했다. "고객 이탈이 발생하려고 하면 저희는 최대한 빨리 그 고객과 접촉하는데 총력을 기울입니다."

:: 고객이탈률의 영향력 평가

그런데 고객이탈률이 감소하면 얼마나 성과가 창출되는지 정량적으로 파악할 수 있을까? 이를 위한 양식이 바로 〈표 4.9〉의 고객이탈률 감소의 영향력 분석 도표이다. 해당 양식에서 연간 고객이탈률을 30퍼센트, 고객 한 명당 연간 매출을 1천 달러, 그리고 총 고객 수를 10만 명으로 가정한 후, 고객이탈률을 각각 5퍼센트, 10퍼센트, 25퍼센트씩 낮춤에 따라 연간 매출이 어떻게 달라지는지 계산했다. 만약 1년이 아니라 30일, 90일간의 성과를 측정하고 싶다면 연간 고객이탈률을 12로 나누거나 4로 나누면 된다. 이 양식은 당신의 제품이나 회사에 맞게 수정할 수 있으며, 실제 경영 수치를 입력함으로써 고객이탈률의 영향력을 평가할 수 있다.

대부분의 B2C 기업들은 자체 고객 데이터를 가지고 있다. 이들은 고객 회원카드나 제휴 신용카드 등을 통해 고객이탈률을 계산한다. 또는 고객이 회원 마일리지나 회원카드로 구매할 때 적용받는 할인 혜택으로 이탈률을 계산할 수도 있다. 하지만 B2B 기업들은 고객이탈률을 계산하기가 쉽지 않다. 이 경우에는 설문 조사를 통해 확인해볼 필요가 있다. 예를 들어 6개월이나 1년 단위로 300명 정도의 응답자를 모집하여 얼마나 많은 사람들이 당신과 거래를 중단했는지 그 비율을 조사하는 것이다. 이 조사를 토대로 전체 고객의 이탈률을 추정할 수 있다.

B2B 기업들에는 고객이탈률뿐만 아니라 채널 파트너의 이탈률도 중요

[표 4.9] 고객이탈률 감소의 영향력 분석 도표

투입 변수	
고객 수(명)	100,000*
고객 1인당 연간 매출	$1,000*
연간 고객이탈률	30.0%*
5% 감소한 고객이탈률	28.5%
10% 감소한 고객이탈률	27.0%
25% 감소한 고객이탈률	22.5%
연간 고객이탈률 분석	
고객 이탈 이전의 총 매출	$100,000,000
연간 이탈한 고객 수(명)	30,000
고객 이탈로 잃은 매출	$30,000,000
고객 이탈 이후의 총 매출	$70,000,000
고객이탈률 5% 감소 시 매출 감소	$28,500,000
고객이탈률 5% 감소 시 기존 대비 매출 증가분	$1,500,000
고객이탈률 10% 감소 시 매출 감소	$27,000,000
고객이탈률 10% 감소 시 기존 대비 매출 증가분	$3,000,000
고객이탈률 25% 감소 시 매출 감소	$22,500,000
고객이탈률 25% 감소 시 기존 대비 매출 증가분	$7,500,000

* 표시가 된 숫자를 자신의 사업 상황에 맞게 수정

하다. B2B 기업에 있어 채널 파트너는 최종 고객으로 가는 중간 고객이기 때문이다. 이 경우 고객이탈률은 지난 1년 동안 당신의 제품이나 서비스를 더 이상 거래하지 않는 업체들의 비율을 말한다. 물론 골프 대회나 경영 포럼, 보상 프로그램 등과 같은 채널 파트너를 대상으로 한 충성도 제고 마케팅을 통해 파트너 이탈률을 낮출 수 있다.

:: #3 평가 지표 정리

고객이탈률은 30일, 90일, 1년 등 특정 기간 동안 당신과 거래를 중단한 고객 비율을 의미하며, 재구매로 이어지는 고객 충성도를 측정하는 필수 평가 지표이다. 고객이탈률을 낮추면 기업의 수익에 상당한 도움이 되기 때문에 충성도 제고 마케팅은 이 필수 평가 지표에 집중해야 한다.

고객이탈률은 재구매 고객 수를 직접 측정하거나 고객 설문 조사를 통해 간접 측정하는 방법으로 계산해야 한다. 그런데 대부분의 경우 당신의 생각보다 고객이탈률이 높을 가능성이 높다. 이는 충성도 제고 마케팅 캠페인을 기획하는 단계에서부터 고객이탈률을 검토해야 함을 의미한다.

> **평가 지표 #3 충성도를 측정하는 필수 지표**
> 고객이탈률 = 기존 고객 중 당신의 제품이나 서비스 구매를 중단한 고객들의 비율로 30일/90일/1년 단위로 측정.

▍평가 지표 #4. 고객만족도 CSAT

몇 년 전 나는 주최자인 재키가 라식 수술을 소개하는 한 파티에 참석한 적이 있다. 라식을 주제로 한창 이야기가 이어졌고, 당시 마이너스 11로 시력이 거의 장님 수준이었던 나는 라식 수술이 어려울 것 같다고 말했다. 그러자 재키는 손님 중 나처럼 심각한 근시였음에도 라식 수술에 성공한 사람을 소개해 줬다. 그녀는 자신이 경험한 라식의 기적적인 효과와 수술 집도의에 대한 열광적인 칭찬을 늘어놓았다. 해당 의사를 그녀에게 소개해 준 사람도 재키였다. 나는 수술을 받아야 한다는 사실이 마음에 좀 걸렸지만, 두꺼운 안경 없이는 볼 수 없는 현실에도 지쳐있던 터였다. 지금 현재 내 시력은 1.0 수준으로 새로운 인생을 살고 있다.[3] 누군가가 어떤 제품이나 서비스를 추천했을 때 그 영향력이 어느 정도인지 보여주는 훌륭한 예다.

나는 켈로그 MBA 수업 중에 참석한 마케팅 임원들에게 자신이 친구에게 추천한 경험이 있는 제품이나 서비스에는 무엇이 있는지 물었다. 제트블루Jet Blue, 블루나일Blue Nile, 렉서스, 넷플릭스Netflix, 셔터플라이Shutterfly 등의 브랜드들이 언급되었다. 특히 많은 학생들이 제트블루 항공에 열광하고 있었는데, 그들은 항공기의 가죽 의자와 개인용 TV를 좋아했다. 고품질 다이아몬드를 인터넷으로 판매하는 블루나일은 고객이 100퍼센트 만족하지 않을 경우 환불을 보장한다. 약혼 반지를 맞추기 위해 블루나일을 이용했던 학생 한 명은 고객 서비스가 감동적일 뿐만 아니라, 가격도 합리적이었다고 칭찬했다. 그는 블루나일에서 구입한 다이아몬드 가치를 개인적으로 감정 받은 결과 더 큰 신뢰감이 쌓였다고 말했다. 이후 그는 자신이 만나는 수백 명의 지인들에게 블루나일을 추천한다고 했다.

"이 브랜드를 지인에게 추천하시겠습니까?"는 고객만족도를 측정하는 필수 질문이다. 10점 척도에서 9, 10점을 선택한 고객들은 실제로 만족했음을 의미한다. 프레드 레이크헬드Fred Reichheld는 이 질문을 통해 '순추천 고객지수'라는 개념을 정립했다. 이는 10점 척도 질문에서 9, 10점을 답한 추천자 수에서 0~6점을 답한 비추천자 숫자를 뺀 수치이다.[4]

물론 학계에서는 "추천하시겠습니까?"가 "만족하십니까?"보다 더 나은 질문인지, 추천자의 수에서 비추천자의 수를 빼는 것이 타당한지에 대한 논쟁이 있다. 내 관점에서는 "추천하시겠습니까?"와 "만족하십니까?"라는 두 질문 모두 물어봐도 손해 볼 것이 없다는 입장이다. 물론 두 질문에 대한 결과는 상관성이 높아야 할 것이다. 하지만 나는 현실적인 평가 지표라는 점에서 레이크헬드의 이론을 지지한다. 경영진이 주목할 만한 간단한 질문들에 집중하는 게 언제나 더 낫기 때문이다.

:: 고객만족도 조사

사실 조사를 할 때에는 어떻게 질문하느냐에 따라 다른 결과가 나올 수 있음을 주의해야 한다. 일례로 미국에서 쓰레기 수거와 재활용 사업을 하는 한 기업은 고객만족도를 측정하기 위해 정기적으로 설문 조사를 실시한다. 이 회사의 설문지는 고객의 쓰레기, 수거 작업, 쓰레기 트럭의 청결 상태, 청소부의 친절도 등에 대한 질문이 다 끝난 다음, 마지막에 가서야 고객만족도를 묻는 질문이 나왔다. 쓰레기에 대해 꽤 자세히 이야기를 한 후에 만족도를 물으니 당연히 중립적인 결과가 나왔다. 설문 시작 단계에서 "만족하십니까?"라는 질문을 던지면 고객만족도를 투명하게 파악할 수 있는데도 말이다.

연매출 규모 14억 달러의 신발 할인매장인 DSW 사례는 실제 경영 현장에서 고객만족도의 중요성을 보여준다. DSW는 2천 가지 다양한 스타일의 정장 구두, 캐주얼 신발, 운동화를 주력으로 핸드백과 피혁 제품, 액세서리도 구색 상품으로 갖추고, 미국 내 300여 개의 매장과 온라인 상점에서 판매하고 있다. DSW는 고객만족도와 향후 구매 의향을 측정하기 위해 다음과 같은 질문들로 구성된 조사를 한다.

- "귀하는 친지나 동료에게 DSW를 기꺼이 추천하시겠습니까?"
- "모든 점들을 고려했을 때, 귀하는 DSW에 얼마나 만족하십니까?"
- "지난 4개월 동안 DSW와 기타 신발 매장에서 당신의 신발을 구입하는 데 얼마를 지출하셨나요?"
- "향후 4개월 동안 DSW와 기타 신발 매장에서 당신의 신발을 구입하는 데 얼마를 지출하실 계획입니까?"

첫 번째 "추천하시겠습니까?" 질문에 대해 DSW 고객의 37퍼센트는 적극적으로 추천하겠다고 답했다. 이와 같이 높은 고객만족도는 부분적으로 온라인과 오프라인 고객 모두에게 제공되는 DSW의 유명한 보상 프로그램 덕분이다. 고객은 DSW 제품을 구매할 때마다 포인트를 얻는데, 누적 포인트에 따라 보상 선물을 받을 권리를 갖게 된다. 특히 설문 응답자 중 DSW의 '브랜드 자문brand advisor' 고객들의 경우에는 DSW의 보상 프로그램에 대한 만족도가 68퍼센트로 매우 높았다. 더욱 중요한 점은 〈표 4.10〉에서 보듯이 이들 만족 고객들은 향후 DSW에 더 많은 돈을 지출할 계획이라고 답했다는 사실이다. 고객 만족도와 향후 구매의 연관성을 보여준다는 점에서 이는 중요한 결과이다. 물론 일부 고객들은 향후 구매에 대해 과장하는 경향이 있기 때문에 결과를 신중하게 볼 필요가 있긴 하지만, 조사 결과는 DSW가 의도한 전략대로 순조롭게 가고 있음을 시사한다.

DSW의 CMO인 데렉 엉글레스Derek Ungless는 이렇게 말했다. "우리 고객들은 신발 애호가들입니다. 좋은 제품을 사랑하며 브랜드 친밀감도 높습

【표 4.10】 매우 만족한 고객들의 향후 구매 의향 결과

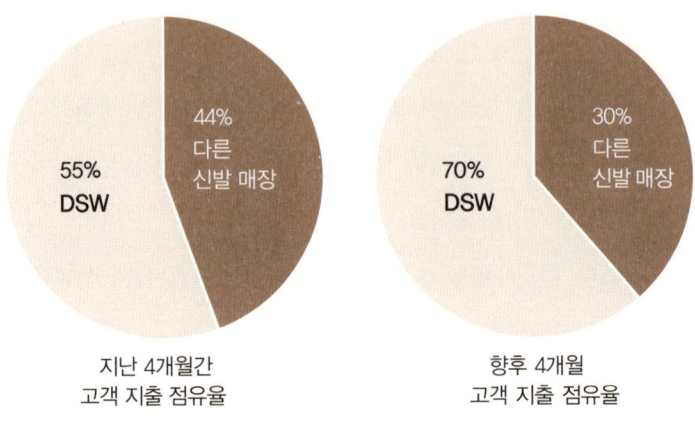

지난 4개월간
고객 지출 점유율

향후 4개월
고객 지출 점유율

출처 : DSW 리서치

니다. 우리는 고객만족도와 그에 따른 매장 지출액 규모를 꾸준히 지켜봤습니다. 그 결과 고객만족도가 높을수록 더 많은 신발을 구입하는 경향이 있다는 사실을 발견했습니다."

사실 궁극의 마케팅은 고객이 당신 브랜드에 열광해서 지인이나 동료에게 자진해서 기꺼이 추천하는 데에 있다. 엥글레스는 이렇게 말했다.

"에반젤리스트evangelist 고객들은 브랜드와 정서적 일체감을 갖고 있기 때문에 스스로 마케터 역할을 자처합니다. 어디에서든 말이에요. 더 좋은 점이 뭔지 아세요? 고객 추천이야말로 그들이 브랜드에 바칠 수 있는 최고의 찬사라는 것입니다."

역으로 고객이 불만을 가지면 기업의 미래에 악영향을 끼친다. "지인에게 추천하고 싶지 않은 제품이나 서비스에는 무엇이 있습니까?"라는 질문을 던져 보라. 수업 중에 내가 던진 이 질문에 학생들은 열변을 토했다. 간

단한 차량 수리도 제대로 못해주는 자동차 매장, 항상 잘못된 고지서를 보내는 통신사, 최악의 서비스를 제공하는 항공사 등에 대해 불평했다. 이들은 다른 사람들에게도 똑같은 불평을 했을 것이다. 사실 고객만족도의 저하는 향후 매출 하락의 신호탄이자, 브랜드 가치의 하락으로 이어진다.

:: #4 평가 지표 정리

Chapter 3에서 언급했듯이 고객만족도는 브랜드와 충성도의 연관성을 보여주는 황금 지표이자 향후 매출을 시사하는 선행 지표이다. 이렇듯 중요한 고객만족도는 "추천하시겠습니까?"란 간단한 질문으로 측정할 수 있다. 그리고 관련된 부가 질문을 통해 향후 구매 의향도 가늠할 수 있다. 그러므로 고객만족도는 매출을 관리하듯 적극적으로 관리해야 한다.

만약 고객만족도를 측정하고 있지 않다면 당신의 주력 상품에 대해서라도 표적 고객군을 대상으로 조사를 시작하라. 고객만족도는 어떤 평가 지표보다도 중요한 마케팅 지표이기 때문이다. 이렇게 조사한 고객만족도 결과를 향후 재무 성과와 연결지어 분석한다면 더욱 유용할 것이다.

평가 지표 #4 마케팅 평가 지표 중 황금 지표

고객만족도 = "이 상품을 친구나 동료에게 기꺼이 추천하시겠습니까?"라는 질문으로 측정.

평가 지표 #5. 오퍼수락률 Take Rate

이 장에서 설명할 마지막 평가 지표는 마케팅 운영 평가에 필수적인 오퍼수락률이다. 오퍼수락률은 마케팅 캠페인 자체의 성과를 측정하기 때문에 캠페인의 비용 효율성과도 직접적으로 연결된다. 오퍼수락률은 마케팅 오퍼를 받아들인 고객의 비율을 말한다. 예를 들어 당신이 다이렉트 메일로 고객 천 명에게 오퍼를 보냈는데, 그중 50명이 수락한 경우 이 캠페인의 오퍼수락률은 5퍼센트가 된다.

이 사례에서 다이렉트 메일로 고객 한 명을 접촉하는 데 드는 비용이 5달러라고 가정해 보자. 고객 천 명에게 연락했으므로 총 마케팅 비용은 5천 달러가 된다. 하지만 실제로 오퍼를 수락한 사람 수는 50명이므로, 고객 한 명을 얻는 데 드는 비용인 고객당 획득비용 AC, Acquisition Cost 은 다음과 같다.

고객당 획득비용 = $5,000 ÷ 50 = $100

즉, 특정 캠페인에 대한 고객당 획득비용은 해당 캠페인에 투입된 총 마케팅 비용을 캠페인 오퍼를 수락한 고객 수로 나누면 알 수 있다. 이를 공식으로 보면 다음과 같다.

$$\text{고객당 획득비용} = \frac{\text{고객당 접촉비용} \times \text{접촉 고객 수}}{\text{오퍼를 수락한 고객 수}} = \frac{\text{고객당 접촉비용}}{\text{오퍼수락률}}$$

:: 오퍼수락률과 마케팅 비용 효율성

수익성에 대해서는 다음 chapter에서 자세히 설명하겠지만, 캠페인을 통해 얻은 고객당 이익이 100달러보다 낮다면 이 캠페인은 이익보다 비용이 더 많이 든 결과가 된다. 사실 고객당 획득비용 산출 공식은 매우 간단하지만, 마케팅 비용 대비 성과에 대해 값진 통찰력을 제공한다. 고객당 접촉비용을 오퍼수락률로 나눈 값이 왜 고객당 획득비용이 되는지 생각해 보라. 이 말은 접촉비용을 줄이면 획득비용도 감소함을 의미한다. 물론 오퍼수락률을 높이면 고객당 획득비용은 낮아진다. 이는 매우 중요하다. 고객당 접촉비용이 2배 줄고 오퍼수락률은 2배 늘어난다면, 고객당 획득비용은 4배나 줄어들게 된다!

따라서 고객당 접촉비용을 낮추거나 오퍼수락률을 제고시킴으로써 고객당 획득비용을 현저히 낮출 수 있다. 결과적으로 마케팅 비용을 크게 절감할 수 있다. 일례로 4달러의 고객당 접촉비용으로 고객 1,000명을 접촉한 결과 오퍼수락률이 6퍼센트라면, 고객당 획득비용은 1,000 × \$4 ÷ 60이니까 약 67달러가 된다. 이 수치는 고객당 접촉비용이 5달러이고 오퍼수락률이 5퍼센트일 때 고객당 획득비용인 100달러보다 33퍼센트나 더 낮은 수치이다. 참고로 〈표 4.11〉은 오퍼수락률과 고객당 접촉비용, 고객당 획득비용간의 관계를 설명하는 도표이다.

〈표 4.11〉에서 수치들간의 관계는 마케팅 예산 규모와 상관없이 중요한 점을 시사한다. 접촉비용은 가능한 낮추고, 오퍼수락률은 가능한 높여야 한다는 사실이다. 고객당 획득비용을 신중하게 추적해야 하며, 고객당 획득비용이 고객당 판매 수익보다 높은 경우에는 해당 활동을 중단해야 한

다.[5] 물론 당신은 비용이 지출되더라도 브랜딩 관점에서 계속해야 한다고 주장할지 모른다. 목표가 브랜딩이라면 이에 동의하지만, 수요 창출을 목적으로 진행하는 마케팅 캠페인이라면 당장 활동을 중지하고 다른 방법을 취해야 한다.

【표 4.11】 오퍼수락률 분석 도표

투입 변수	
오퍼수락률	3.00%*
고객당 접촉비용	$5.00*
신규 오퍼수락률	3.50%*
(a) 접촉 고객수를 고정하고 분석하는 경우	
총 마케팅 접촉 고객 수(명)	100,000,000*
획득 고객 수(명)	3,000,000
총 마케팅 비용	$500,000,000
고객당 획득비용	$166.67
오퍼수락률이 3.5% 인 경우 획득 고객 수(명)	3,500,000
고객당 획득비용	$142.86
(b) 획득 고객수를 고정하고 분석하는 경우	
오퍼수락률이 3.5% 인 경우 (획득 고객수 고정)	3,000,000*
총 마케팅 접촉 고객 수(명)	85,714,284
총 마케팅 비용	$428,571,429
고객당 획득비용	$142.86
고객 접촉비용 총 절감액	$71,428,571

* 표시가 된 숫자를 자신의 사업 상황에 맞게 수정

:: 예산이 클수록 중요한 오퍼수락률

마케팅 예산 규모가 큰 경우에는 오퍼수락률의 작은 변화만으로도 엄청난 영향력을 미칠 수 있다. 미국 통신사들은 텔레마케팅이나 다이렉트 메일로 연간 1억 명 이상의 고객들을 접촉한다. 만약 고객당 접촉비용이 5달러라면 연간 5억 달러를 투자하고 있는 셈이다! 이 경우 오퍼수락률을 3퍼센트에서 3.5퍼센트로 0.5퍼센트만 높여도 50만 명의 신규 고객을 추가로 얻을 수 있다.

아니면 동일한 수의 고객을 획득하기 위해 더 적은 수의 오퍼를 보낼 수도 있다. 〈표 4.11〉에서 보듯이 오퍼수락률이 3퍼센트라면 1억 명에게 오퍼를 제공했을 때 3백만 명이 오퍼를 받아들였다는 의미다. 그런데 같은 오퍼를 8,571만 명에게 보냈는데 3백만 명이 오퍼를 수락했다면 오퍼수락률은 3.5퍼센트가 된다. 이는 3퍼센트일 때와 비교해 보면 1,429만 명을 덜 접촉한 결과로 마케팅 예산을 7,100만 달러나 절감했음을 의미한다.

물론 오퍼수락률은 수요 창출 마케팅 활동 외에도 인지와 평가, 충성 마케팅 활동에도 적용될 수 있다. 그럴 경우라면 오퍼수락률은 마케팅 활동을 통해 얻고자 하는 고객의 행동, 즉 제품 백서를 다운받은 고객 수나 브랜드 광고에 응답한 고객 수 등으로 계산할 수 있다.

:: #5 평가 지표 정리

오퍼수락률을 높이고 고객당 접촉비용을 낮추면 마케팅 비용 효율성을 극적으로 개선시킬 수 있음을 명심하라. 오퍼수락률을 제고시키기 위한 마케팅 활동은 높은 투자수익률로 이어진다. 오퍼수락률을 높이고 고객 접촉비용을 낮추면 마케팅 비용을 크게 절감할 수 있기 때문이다. 구체적으로는 chapter 6과 9에서 오퍼수락률과 고객이탈률을 개선하고 마케팅 성과를 극대화하기 위한 분석 도구들과 고객에게 발생한 사건 중심의 이벤트 기반 마케팅 활용법에 대해 설명하도록 하겠다.

> **평가 지표 #5 마케팅 운영 효율성을 측정하는 필수 지표**
> 오퍼수락률 = 오퍼를 수락한 고객 수 / 전체 접촉 고객 수.
> 전체 접촉 고객 수 대비 오퍼를 수락한 고객 비율을 의미.

지금까지 브랜드 인지도에서부터 시험 사용, 고객이탈률, 고객만족도, 오퍼수락률 등 기본적인 마케팅 지표에 대해 살펴보았다.

이 5가지 평가 지표는 마케터들이 많이 활용하는 지표들이라 크게 어려움이 없었을 거라 생각된다. 하지만 이들만으론 충분하지 않다. 재무적인 언어로 표현되지 않았기 때문이다. 그런 점에서 다음 장에 소개할 재무 평가 지표에 관심을 가져보도록 하자.

Chapter Insights

- **평가 지표 #1. 브랜드 인지도**
강력한 브랜드는 고객이 구매 결정을 할 때 일차적인 호감을 갖게 만들고, 프리미엄 가격을 취할 수 있다. 브랜드 마케팅 효과를 측정할 때에는 비재무적 평가 지표를 사용할 수밖에 없다.

- **평가 지표 #2. 시험 사용**
평가 마케팅을 측정하는 필수 지표이다. 평가 마케팅을 추진할 때에는 시험 사용 후 거래전환율을 측정할 수 있도록 기획 단계에서부터 고려되어야 한다.

- **평가 지표 #3. 고객이탈률**
고객 충성도를 확인하는 필수 지표이다. 고객이탈률을 낮추면 회사의 수익성에 엄청난 개선 효과를 낳는다.

- **평가 지표 #4. 고객만족도**
마케팅 평가 지표 중 황금 지표로 브랜딩과 고객 충성도의 연관성을 확인할 수 있다. 고객만족도는 매출과 똑같은 비중으로 적극적으로 관리해야 한다.

- **평가 지표 #5. 오퍼수락률**
마케팅 활동의 비용 효율성을 측정하는 필수 지표이다. 오퍼수락률을 높이고 고객당 획득비용을 낮추면 마케팅 비용 효과를 극적으로 개선할 수 있다.

Chapter 5

반드시 알아야 할
재무 평가 지표 4가지

#6. 이익
#7. 순현재가치
#8. 내부수익률
#9. 회수기간

재무는 경영 상태를 말해주는 언어이므로, 마케터가 이 언어를 제대로 구사할 줄 안다면 경영진의 신뢰를 얻을 수 있다. 한 대기업의 CMO는 어느 날 CEO 사무실로 찾아가 회사 주가를 주당 40센트 올릴 수 있는 마케팅 아이디어를 보고했다. 물론 CEO는 그의 주장에 동의하며, 기꺼이 예산을 투입해 캠페인에 착수하도록 지시했다.

Chapter 1에서 설명했듯이 마케팅투자수익률은 마케팅 전체 활동 중 절반이 넘는 활동에 적용할 수 있는 재무 평가 지표이다. 특히 수요 창출 마케팅이나 신제품 출시 마케팅 평가에 유용하다. 이제 우리는 마케팅투자수익률에 대해 좀 더 명확히 이해하고, 마케팅 성과를 정량화하기 위해 재무 평가 지표들을 어떻게 활용해야 하는지 통찰력을 얻게 될 것이다. 내가 실시했던 설문 조사에 참여한 CMO의 55퍼센트는 부하 직원들이 재무 평가 지표에 대해 잘 모른다고 답했다. 대부분의 마케터들이 재무와 숫자에 약하다는 사실을 나도 잘 알고 있기에 가능한 쉽게 설명하고자 한다. 그럼 먼저 상대적으로 쉬운 이익 지표부터 살펴보기로 하자.

평가 지표 #6. 이익 Profit

누구나 알고 있듯이 이익 공식은 단순하다. 매출에서 비용을 제하면 이익을 구할 수 있다. 하지만 chapter 1에서 설명했듯이 주의할 사항이 있다. 수요 창출 마케팅에 집중된 예산 투입으로 매출은 증가해도 이익은 줄어들 수 있다는 점이다. 선도 기업들은 브랜딩과 고객 가치에 더 많은 비용을 투자하고, 프리미엄 가격 정책을 구사하며, 그 결과 더 높은 이익을 얻고 있다. 이런 이유로 매출 증대는 매우 중요한 지표임에도 15가지 '필수' 지표에서 제외시켰다.

가격 경쟁은 이익률을 현저하게 낮추기 때문에 대부분 모두가 손해를 보는 게임이다. 월마트와 델 같은 소수의 기업들만이 이 전략을 통해 효과를 봤다. 이들이 손해를 보는 다른 기업들과 달리 성공할 수 있었던 이유는 다른 기업들이 도달할 수 없는 비용 수준으로까지 줄일 수 있는 자신만의 운영 시스템이 있기 때문이었다. 만약 회사의 핵심 전략이 운영 효율성이라면 가격 경쟁 정책을 택하는 편이 유리하다. 하지만 그게 아니라면 이익률을 높이는 마케팅 활동에 집중하는 게 좋다.

이익은 시장점유율과도 자주 비교된다. 대기업 마케터들로부터 시장점유율을 보다 많이 '차지'하는 것이 가장 중요하다는 말을 자주 듣는다. 시장점유율은 확실히 중요한 지표이다. 하지만 점유율을 높이기 위해 계속해서 이익을 희생해야만 한다면 그게 무슨 소용이 있을까?

이런 접근법은 마케팅과 영업간의 충돌을 야기시키기도 한다. 영업 부서는 이익보다 판매량에 따라 성과를 보상받기 때문이다. 최고의 판매 성과를 기록해 그 보상으로 하와이 여행을 떠나는 영업사원들의 실적을 분석한 결과, 수익률에서는 밑바닥이거나 심지어 적자를 낸 경우를 종종 확인할 수 있다.

이런 역설적인 현상을 방지하기 위해 HP의 CEO로 취임한 마크 허드Mark Hurd는 영업사원 인센티브 체계 기준을 매출이 아닌 이익으로 바꾸었다. 그 결과 불과 2년 만에 HP의 전체 매출은 20퍼센트 상승한 반면, 연간 순이익은 24억 달러에서 73억 달러로 껑충 뛰었다. HP의 주가 역시 243퍼센트나 치솟았다고 한다.

가격 책정 역시 이익에 상당한 영향을 미친다. 이론적으로는 가격은 당신의 제품과 서비스가 제공하는 가치에 대해 고객이 기꺼이 지불할 의향이 있는 대가를 의미하지만, 실무에서는 이익과 매출 모두 극대화할 수 있는 '최적'의 가격을 찾는 게 관건이다. 이 작업을 위해 많은 사람들이 복잡한 숫자들로 빽빽하게 채워진 파일들을 헤매곤 한다. 때론 주먹구구식 접근법이 통하기도 한다. 예를 들어 월별로 가격을 5~10퍼센트씩 변동시켜보며 매출과 이익 모두 극대화하는 최적 가격을 찾는 식이다. 가격 전략에 관심 있는 독자들이라면 가격 전략을 다룬 훌륭한 참고 서적들을 확인하기 바란다.[1]

여기서는 가격과 이익의 관계만 고민해보기로 하자. 경제 불황과 치열한 경쟁에 대응하는 방안으로 가격 경쟁력을 쉽게 떠올린다. 하지만 가격을 인하하면 이익도 저하된다. 그러다 보면 판매는 계속되지만 손익 구조상 적자만 낳는 '죽음의 악순환'에 빠질 수도 있다. 그러므로 가격을 인하해 현 상황을 돌파해보려는 유혹에 넘어가지 말고, 가치로 승부하려는 마음을 가져야 한다. 장기적으로 브랜드를 구축하고, 고객 관계 관리에 투자하며, 가격이 아닌 가치로 경쟁하는 것이다.

이렇듯 가격에 대해 설명한 이유는 마케팅은 매출이나 시장점유율보다는 이익 창출을 목표로 두어야 함을 설명하기 위해서였다. 즉, 마케팅 평가 지표로 매출이나 시장점유율보다는 이익에 우선순위를 두어야 함을 명심하길 바란다.

> **평가 지표 #6** 4가지 필수 재무 지표 중의 하나
>
> 이익 = 매출Revenue − 비용Cost.
> 　　　매출이나 시장점유율 증대가 아닌 이익 창출을 중시.

평가 지표 #7. 순현재가치NPV

골프를 치는 사람들에게 핸디캡handicap 점수를 기록하느냐고 물으면 그들은 실소를 터뜨리며, "물론이죠."라고 답한다. 그들은 왜 자신의 게임 성적을 관리하는 걸까? 가장 자주 듣는 답변은 "제 실력이 나아지고 있는지 확인하고 싶으니까요."이다. 이 책의 목표도 이들의 답변과 비슷하다. 당신이 골프에 관심이 없다고 해도 문제될 것은 없다. 대신 당신이 가장 좋아하는 스포츠를 떠올리면 된다.

알버트 아인슈타인Albert Einstein은 '생각 실험thought experiments'으로도 유명하다. 생각 실험이란 물리학 원칙을 설명하기 위해 실제 상황에서는 불가능한 상황을 머릿속에서 상상해 보는 것을 말한다. 골프 경기에 대해서도 생각 실험을 해 보자. 미리 겁먹을 필요는 없다. 재무는 아인슈타인의 상대성 원리보다 훨씬 간단하기 때문이다.

당신의 골프 핸디캡 점수가 10이라고 가정해 보자. 골프 핸디캡이란 파 대비 평균 샷 수로서, 가장 최근에 참여한 10개 라운드에서 나온 평균 타수에서 기준 타수인 72타를 뺀 숫자를 말한다. 그러므로 핸디캡 10은 당신이 골프를 칠 때마다 점수를 기록하는데, 평균 파수인 72타보다 10타를 더 쳐서 82타를 친다는 것을 의미한다. 그러던 중 당신은 생애 최초로 캘리포니아 몬터레이에 있는 세상에서 가장 멋진 골프 코스 중 하나인 페블비치Pebble Beach에서 경기를 할 기회를 얻었다. 당신은 페블비치에서도 정확히 82타를 칠 수 있을까? 물론 알 수 없다. 하지만 처음 접하는 코스이기에 82~100타 사이일 가능성이 크다. 위 내용에서 알 수 있는 사항은 다음과 같이 3가지가 있다. (1)훌륭한 골퍼들은 점수 관리를 통해 자신의 실력을 가늠한다. (2)그들은 자신의 핸디캡을 알기 위해 반복해서 점수를 기록함으로써 트렌드를 파악한다. (3)새로운 골프 코스에서 경기를 할 때는 새로운 변수가 등장하기 때문에 정확하게 미래를 예측하기는 어렵다. 이런 사항들은 마케팅투자수익률에 있어서도 그대로 적용된다.

그런데 만약 당신이 참여한 대회에서 우승해서 상금을 받게 되는 기분 좋은 상황을 상상해 보자. 그런데 우승 상금으로 2가지 중 하나를 선택할 수 있다고 한다. 10년 동안 1년에 한 번씩 10만 달러를 받는 방법과 오늘 일시불로 52만 달러를 받는 방법이라고 한다. 당신은 무엇을 선택하고 싶은가?

:: 현재가치 산정 방식

이는 분명히 재무와 관련된 의사 결정이다. 이 질문에 답하려면 10년 동안 매년 10만 달러씩 받을 경우, 전체 상금의 현재가치를 알아야 한다. 직감적으로 현재의 1달러가 1년 후의 1달러와는 그 가치가 다르다는 것을 알고 있을 것이다. 그런데 구체적으로 얼마의 가치가 있을까? 그 답은 1달러를 투자했을 때 1년 후 가치로 알 수 있다.

오늘 투자한 1달러의 1년 후 가치 → $1 × (1 + r)

여기서 r은 예상되는 이자율이다. 따라서 현재의 1달러는 1년 후 이자가 더해져 (1+r)달러가 될 것이다. 이는 역으로 〈표 5.1(a)〉에서 보듯이 1년 후에 받을 1달러의 현재가치는 $1/(1+r)라는 공식도 성립된다. 만약 이자율 r이 10퍼센트라면, 1년 후에 받은 1달러의 현재 가치는 91센트가 된다.

그러므로 10년 동안 매년 말에 10만 달러($100K)씩을 받았다면 그 돈의 현재가치는 다음과 같다.

$$PV = \frac{\$100K}{(1+r)} + \frac{\$100K}{(1+r)^2} + \frac{\$100K}{(1+r)^3} + \cdots + \frac{\$100K}{(1+r)^{10}}$$

여기서 PV란 현재가치Present Value를 말한다. PV는 〈표 5.1(b)〉에서 보듯이 미래의 자금을 현재 시점으로 환산한 다음 그 값들을 더하면 구할 수 있다.

이 계산식에서 r은 투자한 금액에 기대되는 수익률rate of return로, 할인율discount rate, 자본비용cost of capital, 허들수익률hurdle rate이라고도 부른다. 경기가 좋을 때엔 보통 연간 12퍼센트 혹은 그 이상의 투자수익률을 기대한다. 하지만 경제 상황이 좋지 않은 최근에는 수익률이 5퍼센트가 채 안 된다. 위의 우승 상금 예에서는 편의상 10퍼센트라고 가정해보자. 그럼 〈표 5.2〉

【표 5.1】 시간에 따른 돈의 가치 분석 개념도

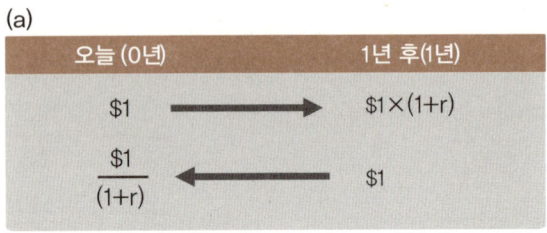

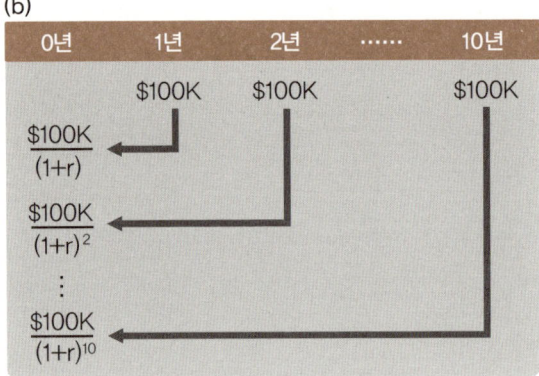

【표 5.2】 엑셀을 활용한 현재가치 계산 도표

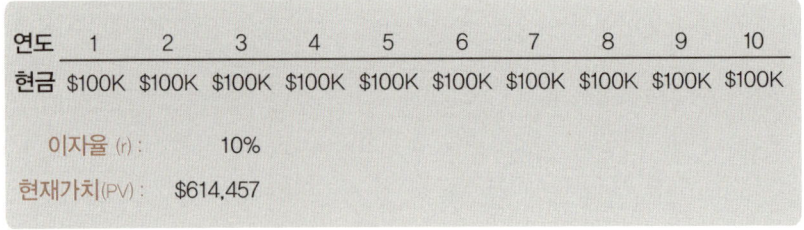

에서 보듯이 각 년도별 10만 불 상금을 현재의 가치로 환산해 합산하면 $614,457이라는 현재가치가 나온다.

즉, 이는 10퍼센트 이자율로 10년 동안 매년 10만 달러씩 받을 때의 현재가치가 614,457달러라는 의미이다. 당신이라면 무엇을 선택하겠는가? 일시불로 받을 수 있는 현금 52만 달러를 택하겠는가? 아니면 약 61만 4천 달러의 현재 가치에 해당되는 돈을 10년에 걸쳐 받겠는가?[2] 61만 4천 달러가 더 큰 것은 확실하지만 그 결정은 개인마다 다를 것이다. 만약 당신이 곧 은퇴할 계획이라면 매년 10만 달러씩 받는 편이 더 효과적일 수 있다. 하지만 만약 지금 당장 주택 구입 자금으로 목돈이 필요하다면 52만 달러를 일시불로 선택하는 편이 낫다.

이처럼 재무적인 '수치'를 계산하는 것은 경영상의 의사 결정을 내리기 위한 첫 단계에 불과하다. 의사 결정에 영향을 주는 요인은 여러 가지이기 때문이다. 그래서 경영학에서는 물리학과 달리 정답이 없다고 말한다. 물론 나에게 맞는 '더 좋은' 답은 있지만 말이다.

:: 순현재가치의 의미

앞서 언급했던 골프 경기에 대한 '생각 실험'으로 다시 돌아가 보자. 페블비치 프로암 경기에 출전하기 위해서는 몬터레이까지 이동하는데 드는 이동 경비나 숙박비 등 비용이 지출된다. 이 비용 역시 일시불로 내는 것과 10년 동안 지출하는 것을 선택할 수 있다고 가정해보자. 그럼 우승했을 때 얻는 재무적 이익은 우승 상금의 현재가치에서 비용의 현재가치를 제한 금액으로 볼 수 있다. 구체적으로 말하면 마케팅 수익과 비용을 시간적으로 분산시키는 것으로, 순현재가치는 다음과 같은 공식으로 표현할 수 있다.

$$NPV = -C_0 + \frac{(B_1-C_1)}{(1+r)} + \frac{(B_2-C_2)}{(1+r)^2} + \frac{(B_3-C_3)}{(1+r)^3} + \cdots + \frac{(B_n-C_n)}{(1+r)^n}$$

공식만 보면 좀 복잡해 보이지만 그 개념은 단순하다. C_0는 초기 최초로 투입된 마케팅 비용을, B_n은 매년 마케팅 활동을 통해 벌어들인 현금 수익, C_n은 연도별 마케팅 비용을 의미한다. 그러니까 매년 마케팅 활동으로 벌어들인 이익에서 그 비용을 뺀 값을 계산하면 된다. 결국 순현재가치는 평가 지표 #6에 해당하는 이익을 시간 가치에 따라 할인하는 것과 같다. 나중에 소개할 〈표 5.3〉에 순현재가치 계산 사례가 있으니 참조하기 바란다.

그런데 시간 가치에 따라 할인한다면 얼마나 할인해야 할까? 경영의 위험이 높다면 할인율도 높아야 하지 않을까? 고위험 고수익 원칙에 따라 위험도는 투자자가 그 기업에 투자했을 때 기대할 수 있는 수익률로도 볼 수 있다. 예를 들어 제조업의 수익률이 12퍼센트이고 IT업종의 수익률이 18퍼센트라면 IT업종은 제조업보다 위험도는 크지만 성장 잠재력은 더 높다는 것을 의미한다. 그러므로 기업에 있어 할인율 r은 투자자가 동종 업계 회사에 투자했을 때 평균적으로 기대할 수 있는 수익률을 말한다.

일반적으로 경영진은 경영상의 의사 결정을 할 때 순현재가치가 0보다 크면 투자 결정을 하고 0보다 작으면 투자하지 않는다.[3] 당연히 순현재가치가 0보다 커야 투자 가치가 있기 때문이다. 즉, 현재 시점에서 투자한 비용보다 벌어들이는 수익이 더 크다는 것을 의미한다.

물론 순현재가치는 투자 결정을 하는 것 이상으로 많은 내용을 시사한다. 기업의 가치 역시 향후 창출할 수 있는 순현금가치net cash를 현재가치로 할인함으로써 계산할 수 있다.[4] 또한 부채가 없을 경우에는 그 값을 발행 주식수로 나누면 회사의 주가가 산출된다.[5] 서두에서 나는 한 CMO가 특정 마케팅 캠페인을 실시하면 주가를 40센트 높일 수 있다고 주장한 사례를 언급했는데, 당신은 이제 그 논리를 이해할 수 있을 것이다.

예를 들어 당신이 획기적인 신제품을 출시한다고 가정해보자. 1년 동안의 개발 기간을 거쳐 제품을 출시하면 5천만 달러의 순현재가치가 예상된다.[6] 이에 신제품 출시 계획을 공개하자, 전 세계 투자 분석가들이 투자 성과를 분석할 것이다. 그 결과 당신의 예상처럼 5천만 달러의 순현재가치가 창출될 거라고 평가된다면, 그들은 회사 주식을 사들이기 시작할 것이다. 만약 회사에 부채가 없고 매매주식수가 1억 주라면 주가는 주당 50센트 상승할 가능성이 높다(5천만 달러/1억 개 주).

그런데 발표했던 거와는 달리 신제품 출시가 1년이나 더 연기된다면 어떻게 될까? 개발 비용도 더 많이 들고 수익은 1년 치를 잃게 된다. 결국 신제품 투자의 순현재가치가 5천만 달러에서 2천 5백만 달러로 줄어들 수 있다. 그럼 주가는? 당연히 떨어진다. 2천 5백만 달러를 1억 주로 나누면 주당 25센트 하락하는 것이다.

결국 순현재가치 값이 0보다 큰 마케팅 프로그램에 투자하면 주가는 증가하고 0보다 작은 캠페인에 투자하면 주가는 떨어진다. 대부분의 고위 경영진들은 이와 같은 순현재가치와 주가의 관계에 대해 잘 알고 있다. 따라서 마케터가 재무라는 언어를 습득하게 되면 경영진들과의 소통도 수월해진다.

물론 이런 논리는 시장이 효율적이고 이성적이라는 가정 하에 성립된다. 버블 광풍과 금융 위기를 경험한 사람이라면 이성적 판단과 상관없이 시장이 미쳐 날뛰는 시기도 있다는 사실을 잘 알고 있을 것이다. 사실 순현재가치를 계산할 때 수익과 비용, 할인율을 가정하는 데 따르는 위험이 있기 때문에, 순현재가치가 무조건 과학적으로 정확하다고 말할 수는 없다. 그렇긴 하지만 보다 합리적인 의사 결정을 내리는 데 훌륭한 보조 도구임은 무시할 수 없다.

:: #7 평가 지표 정리

지금까지 경영 의사 결정에 있어 재무적인 수치들이 얼마나 중요한지 논의했다. 또한 단순히 이익을 계산하는 차원을 넘어 현금흐름과 시간 가치, 이자율(r)에 따른 순현재가치를 산정하는 게 중요하다는 사실을 알게 되었다. 결론적으로 순현재가치 지표는 마케팅 투자 여부를 결정하거나 기업 가치를 산정하는 등 다양한 의사 결정에 도움을 줄 수 있는 유용한 재무 지표라 할 수 있다.

평가 지표 #7 ROMI를 구성하는 필수 재무 지표

NPV = 현재가치$_{PV}$ − 비용$_{Cost}$으로 순현재가치를 의미.
창출된 미래 현금의 현재가치에서 비용의 현재가치를 차감.

평가 지표 #8. 내부수익률 IRR

마케팅에서 투자수익률이란 무엇일까? 내 경험상 마케팅 관리자들에게 그 의미를 물어보면 각기 다른 답을 들을 수 있다. 이는 마케터들의 잘못이 아니라 마케팅 교과서나 기사에서 일반적으로 설명하는 투자수익률 개념 때문이다. 일반적으로 ROI라고 불리는 투자수익률은 다음의 공식으로 정의된다. 즉, 평가 지표 #6인 이익을 마케팅 비용으로 나누면 된다.

$$ROI = \frac{수익 - 비용}{비용} \times 100$$

이 공식에는 시간과 관련된 두 가지 문제점이 있다. 첫째, 위에서 정의한 수익률은 돈의 시간 가치를 고려하지 않는다. 돈의 미래가치는 현재보다 떨어지는데도 말이다. 하지만 상기 투자수익률 공식으로 계산하면 캠페인 기간이 3개월이든 10년이든 총 수익과 비용이 같다면 수익률은 똑같다. 이런 이유로 투자수익률은 필수 마케팅 평가 지표에서 제외시키고 대신 보다 나은 수익률 지표를 포함시켰다. 바로 내부수익률 지표이다.

내부수익률 지표는 마케팅 활동을 통해 얻은 현금이 창출하는 수익률을 의미한다. 예를 들어 1차년도에 10만 달러의 이익(수익-비용)을 창출했는데, IRR이 25퍼센트라면 이 금액은 2차년도에 12만 5천 달러가 된다. 여기에 2차년도의 이익 10만 달러를 합치면 누적액은 22만 5천 달러가 된다. 물론 이 금액은 3차년도에 28만 1천 달러(225,000 X (1+0.25))가 된다.

그럼 내부수익률은 어떻게 구할 수 있을까? 기술적으로는 순현재가치 방정식에서 순현재가치 값을 0으로 만드는 이자율 r이 내부수익률이다.

$$0 = -C_0 + \frac{(B_1-C_1)}{(1+IRR)} + \frac{(B_2-C_2)}{(1+IRR)^2} + \frac{(B_3-C_3)}{(1+IRR)^3} + \cdots + \frac{(B_n-C_n)}{(1+IRR)^n}$$

【표 5.3】 순현재가치와 내부수익률 계산 도표

(a) 3년 마케팅 프로그램

(단위 : 천 달러)

	0년	1차년도	2차년도	3차년도
마케팅비 등 총비용	(100)	(250)	(250)	(250)
매출	–	300	300	300
이익(매출 –비용)	(100)	50	50	50
r	15%			
NPV	$12.31			
IRR	23%			
현금흐름 증가분	(100)	(50)	–	50
		회수기간 ➜ 약 18개월		

(b) 9개월 마케팅 캠페인

(단위 : 천 달러)

	1개월	2개월	3개월	4개월	5개월	6개월	7개월	8개월	9개월
마케팅비 등 총비용	(60)	(20)	(20)	(10)	(20)	(20)	(10)	(20)	(20)
매출	–	25	25	15	30	30	20	30	30
이익(매출 –비용)	(60)	5	5	5	10	10	10	10	10
연간 r	15.0%								
월간 r	1.25%								
NPV	$1.04								
월간 IRR	1.6%								
연간 IRR	19.21%								
현금흐름 증가분	(60)	(55)	(50)	(45)	(35)	(25)	(15)	(5)	5
								회수기간 ➜ 8개월 말	

내용이 점점 더 난해해지고 있지만, 엑셀 프로그램을 이용하면 클릭 몇 번으로 해결할 수 있다.[7] 캠페인 사례에 대한 내부수익률 계산 도표는 〈표 5.3〉을 참조하기 바란다.

〈표 5.3〉은 필수 재무 지표를 계산하는 엑셀 양식이다. 두 가지 예가 있는데, (a)는 3년간의 마케팅 프로그램이고 (b)는 9개월 캠페인이다. 두 예시 모두 이익을 구하기 위해 기간별 비용과 매출에 해당하는 숫자들이 먼저 입력됐다. 이렇게 해서 나온 이익을 연간 할인율 15퍼센트로 나누어 순현재가치를 구하고, 내부수익률도 산출한다. 두 사례 모두 순현재가치는 0보다 크고, 내부수익률은 할인율인 15퍼센트보다 크다. 결과적으로 해당 마케팅 프로그램 모두 투자 가치가 있다고 할 수 있다.

내부수익률은 순현재가치와 마찬가지로 시간 가치에 따른 현재가치를 중시한다는 점에서 유용하다. 특히 일방적인 할인율을 선택해 순현재가치를 산정하는 게 아니라, 순현재가치가 0가 되는 할인율을 역으로 계산함으로써 수익률 차원으로 접근할 수 있다는 장점도 있다. 즉, 재무적 의사 결정에 내부수익률을 활용할 때에는 내부수익률 값을 기준이 되는 할인율 r과 비교하면 된다. 이론적으로 내부수익률이 할인율보다 크면 투자를 결정하고, 할인율보다 작으면 투자를 유보해야 한다.

> **평가 지표 #8 ROMI를 구성하는 필수 재무 지표**
>
> IRR = 마케팅으로 창출된 현금에서 발생하는 수익률로 내부수익률을 의미.
> 순현재가치가 0이 되는 이자율과 같음.

평가 지표 #9. 회수기간 Payback Period

마지막으로 설명할 마케팅투자수익률 관련 필수 재무 지표는 회수기간이다. 회수기간은 현금의 시간 가치를 적용하지 않아 한계가 있지만, 간단하게 구할 수 있기 때문에 의사 결정에 대략적으로 참조하기 위해 사용한다.

회수기간은 투자 비용을 회수하는데 걸리는 시간으로, 수익과 비용이 같아지기까지 걸리는 기간을 의미한다. 즉, 시작한 이후 이익의 총합이 마이너스에서 플러스로 변하는 시기로, 마케팅 비용이 회수되기까지의 기간을 말한다. 〈표 5.3〉에서도 회수기간을 산출했다. 3년 마케팅 캠페인은 약 18개월이며, 9개월 캠페인은 8개월 말경이다. 두 캠페인 모두 회수기간 측면에서 꽤 훌륭하다고 할 수 있다.

결국 마케팅투자수익률은 한 가지 지표가 아니다. 순현재가치와 내부수익률, 회수기간이라는 3가지 평가 지표로 구성된다. 경영상 의사 결정을 할 때 반드시 기억해야 할 점은 NPV > 0, IRR > r이면 좋고, NPV < 0, IRR < r이면 나쁘다는 것이다. 물론 회수기간이 짧으면 좋고, 길면 나쁘다. 이런 재무적 ROMI 지표들을 종합적으로 검토함으로써 전통적 수익률 지표보다 훨씬 더 합리적인 의사 결정을 지원할 수 있다.

> **평가지표#9 ROMI를 구성하는 필수 재무 지표**
> 회수기간 = 투자 비용을 회수하는데 걸리는 시간.
> 수익과 비용이 같아지기까지 걸리는 기간을 의미.

마케팅투자수익률 ROMI 분석

그럼 이제 순현재가치와 내부수익률, 회수기간의 3가지 지표를 중심으로 마케팅투자수익률을 분석하는 방법에 대해 알아보기로 하자. 당신이 진행하는 마케팅 캠페인이나 신제품 출시 마케팅 등 마케팅 프로그램에 대한 투자수익률을 구하는 프레임워크는 〈표 5.4〉에 제시되어 있다. 이 분

【표 5.4】 마케팅 활동에 대한 마케팅투자수익률 분석 프레임워크

- **환경 분석 Business Discovery** : 기존 사업 현황과 함께 앞으로 진행할 마케팅 활동이나 신제품 출시로 얻을 효과를 확인하기 위한 시장 조사나 분석 활동

- **기초 값 Base Case** : 기존 마케팅 활동과 제품 판매를 통해 얻은 매출, 비용, 순현금흐름 등 신규 마케팅 활동 이전의 재무 자료를 파악

- **총비용 Costs** : 신규 마케팅 캠페인이나 신제품 출시에 투입될 모든 비용을 예측. 출시 마케팅 비용과 신제품 개발비, 고객 접촉비용, 고객서비스 비용, 제품 유지비, 진행비 등 관련된 모든 비용들을 검토한다.

- **예상 매출 Upside** : 신규 마케팅 활동이나 신제품 출시로 도달하리라 예상되는 총 매출

- **마케팅투자수익률 분석 ROMI Impact** : 예상 매출에서 기초 값과 총비용을 차감하여 산출한 현금흐름의 증가분으로부터 순현재가치와 내부수익률, 회수기간을 예측

- **민감도 분석 Sensitivity Analysis** : 위 분석 모델에 따라 다양한 가정을 적용해 봄으로써 최선과 최악, 예상 수준의 3가지 상황별 시나리오로 예측

석법은 매우 명쾌할 뿐만 아니라 그 대상이 신제품 출시 마케팅이나 제품라인 확대, 수요 창출 마케팅 등 어디에든 모두 똑같이 적용될 수 있다.

프레임워크상 제일 먼저 할 일은 기존 제품들의 판매 현황이나 마케팅 활동 등 경영 현황을 파악하고, 신제품이나 새로운 마케팅 활동이 가져올 잠재 효과를 조사한다. 다음으로 현재 방식대로 경영을 지속할 경우 예상되는 매출과 비용, 순현금흐름 등 기초 값을 산출한다. 이전부터 경영 성과를 '지속적으로 관리'하고 있었다면 기초 값을 구하는 일은 간단하다. 하지만 기존에 제대로 관리하고 있지 않았다면 추가 작업이 필요하다.

세번째 단계는 신규 마케팅 활동이나 신제품 출시에 투입될 총비용을 파악하는 일이다. 신규 마케팅 프로그램의 경우 부수적인 개발비나 접촉 비용, 인건비 및 관리비, 캠페인 대행비 등이 포함된다. 신제품 출시의 경우 제품 개발비와 출시 전 마케팅 비용, 진행비 등이 포함된다.

그런 다음 예상 매출을 계산한다. 여기서 예상 매출이란 신규 마케팅 프로그램이나 신제품 출시로 증가된 총 매출을 의미한다. 이는 신규 마케팅 프로그램이 어떤 식으로든 매출에 영향을 줄 것이라는 가정에서 출발한다.

그 다음 단계는 마케팅투자수익률을 구하는 단계이다. 신규 마케팅 활동 이후 예상되는 현금흐름에서 기초 현금흐름을 차감한다. 그 결과 나온 금액을 신규 마케팅 활동이 창출한 현금흐름 증가분 incremental cash flows 이라 부른다. 신규 마케팅 활동의 결과로 발생한 추가 이익인 셈이다. 이 현금흐름 증가분으로부터 앞서 설명한 바와 같이 순현재가치와 내부수익률, 회수기간을 계산한다.

마지막으로 민감도 분석 sensitivity analysis 을 통해 신규 마케팅 활동에 따른 성과를 최선$_{best}$, 최악$_{worst}$, 예상 수준$_{expected}$의 세 가지 시나리오로 분석한다. 민감도 분석의 세부적인 사항들은 이 장의 마지막에서 다루도록 하겠다.

:: 현금흐름 증가분 산출 양식

마케팅투자수익률 분석 프레임워크에 따라 적용할 수 있는 분석 양식은 〈표 5.5〉와 〈표 5.6〉에 나와 있다. 〈표 5.5〉는 일반적인 마케팅 활동들에 적용할 수 있는 양식이며, 〈표 5.6〉은 신제품 출시에 최적화된 양식이다. 위쪽 항목들에서 캠페인 전 기초 값을 계산할 수 있고 신규 마케팅 캠페인으로 발생한 현금흐름 증가분을 아래쪽 항목들에서 계산한다. 먼저 마케팅 활동에 대한 분석 양식부터 살펴보기로 하자.

먼저 기초 값으로 기존 캠페인 활동에 따른 총매출에서 매출원가$_{COGS,}$ $_{Cost\ of\ Goods\ Sold}$와 마케팅 비용을 차감한 세전이익$_{EBIT,\ Earnings\ Before\ Interest\ and\ Taxes}$을 구한다. 여기에 세금을 제하여 현금흐름을 산출한다. 마찬가지로 신규 마케팅 활동에 따른 총매출에서 매출원가, 마케팅 비용, 세금을 제하면 현금흐름이 산출된다. 이렇게 산출한 신규 마케팅 활동에 따른 현금흐름에서 기존의 현금흐름을 뺀 값이 현금흐름 증가분이다.

이 현금흐름 증가분이 신규 마케팅 활동에 따라 발생한 추가 이익이라 볼 수 있다. 물론 이를 토대로 순현재가치와 내부수익률 등을 분석하면 된다.

〈표 5.5〉에 있는 엑셀 양식은 다년간의 마케팅 프로그램에 맞게 만들었지만 연도를 개월로 바꾸고 이자율인 r값을 12로 나누면 월 단위 캠페인에도 활용할 수 있다. 다만 이 경우 산출된 내부수익률은 월간 내부수익률이

【표 5.5】 신규 마케팅 활동에 대한 현금흐름 증가분 산출 양식

Base (신규 마케팅 활동 전)		0년	1년	...	N년
캠페인별 매출	캠페인 1				
	캠페인 2				
	...				
	캠페인 n				
	총 매출				
	매출원가				
	마케팅 비용				
	세전이익				
	세금				
	현금흐름				
Upside (신규 마케팅 활동 후)					
캠페인별 매출	신규 캠페인 1				
	신규 캠페인 2				
	...				
	신규 캠페인 m				
	총 매출				
	매출원가				
	마케팅 비용				
	세전이익				
	세금				
	현금흐름				
	현금흐름 증가분				

라는 점만 유념하면 된다. "연간 내부수익률이 할인율(r)보다 큰가요? 그래서 투자해도 좋다는 말인가요?"란 질문에 대답하기 위해서는 월간 내부수익률에 다시 12를 곱해야 한다.[8] 이 작업을 구체적으로 어떻게 하는지 알고 싶다면 다시 〈표 5.3〉을 참조하기 바란다.

신제품 출시의 경우 〈표 5.6〉에서 보듯이 〈표 5.5〉와 동일하며, 신제품

【표 5.6】 신제품 출시에 대한 현금흐름 증가분 산출 양식

Base (신제품 출시 전)		0년	1년	…	N년
제품군별 매출	제품군 1				
	제품군 2				
	…				
	제품군 n				
	총 매출				
	매출원가				
	마케팅 비용				
	세전이익				
	세금				
	현금흐름				
Upside (신제품 출시 후)					
제품군별 매출	제품군 1				
	제품군 2				
	…				
	제품군 n				
	총 매출				
	마케팅 비용				
	신제품 개발 비용				
	감가상각				
	세전이익				
	세금				
	순 이익				
	감가상각 합산				
	현금흐름				
	현금흐름 증가분				

*기존 제품들은 감가상각이 끝난 것으로 가정

개발의 특성상 감가상각비를 고려하는 과정이 추가되어 있음을 확인하기 바란다. 이 양식도 월 단위로 할 수 있지만, 일반적으로 신제품 출시의 경우 몇 년간 지속될 가능성이 높다.

앞에서 이미 논의했듯이 마케팅 캠페인을 통해 창출된 현금흐름 증가분으로부터 계산된 내부수익률이 할인율보다 큰 경우 투자를 고려해야 한다. 이는 NPV 값이 0보다 큰 것과 같다. 하지만 기초 값이나 전체 비용, 잠재적 매출 효과 등을 산출하는 과정에 여러 가정이 들어가므로 정확성이 떨어질 수 있다는 점은 유의해야 한다.

:: 실제 분석 현장에서

여러 기업에 대한 자문 활동을 하면서 나는 그들이 실시한 마케팅 캠페인에 대한 투자수익률을 확인해보고 싶었다. 담당자들은 향후 마케팅 예산을 확보할 수 있는 수단으로써 투자수익률에 관심을 보였고, 직감적으로 자신들의 마케팅 활동이 긍정적인 효과를 낳았으리라 전망했다. 하지만 문제는 기초 값을 산정하기가 쉽지 않다는 점이다. 평소 관리하지 않던 기업들에서는 기초 값을 구하기 위해 인터뷰와 분석 작업에 엄청난 시간과 비용을 투자해야 할지도 모른다.

하지만 캠페인을 시작하기 전에 몇 가지 사항만 간단히 측정해도 이런 어려움은 피할 수 있다. 일례로 기존 마케팅 활동에 의한 매출을 파악한 후, 신규 마케팅 캠페인에 의한 매출 증가분을 측정하면 된다. 이렇듯 마케팅 활동 때마다 기본적인 숫자를 관리하는 습관은 탁월한 성과를 내는 마케팅 조직에서 공통적으로 발견되는 문화이다.

기초 값을 측정하는 또 다른 방법으로는 신규 캠페인을 접하지 않은 고객들로 대조군을 만든 다음, 캠페인을 접한 사람들로부터 창출된 매출을 대조군 매출과 비교하는 것이다. 예를 들어 닛산$_{Nissan}$이 전국 공중파와 지역 방송을 통해 진행한 '백만 드라이브$_{Drive\ to\ a\ Million}$'라는 마케팅 행사를 살펴보자. 고객 참여도를 높이기 위해 마지막 날에 검색 사이트나 온라인 광고, 다이렉트 마케팅 프로그램 등을 통해 카운트다운 메시지를 전하기도 했다. 물론 매체별로 대조군 대비 실험군의 마케팅 효과를 측정했다. 그 결과 실험군 매출은 대조군 대비 다이렉트 메일은 10퍼센트, 이메일은 50퍼센트 상승했다. 이 경우에 대조군에서 발생한 매출은 기초 값이 되며, 실험군 고객들에게서 발생한 매출, 즉 '백만 드라이브' 캠페인 결과로 창출된 매출액이 신규 마케팅 후 예상 매출이 된다.

닛산의 마케팅 캠페인은 두 달 미만 기간 동안 진행되었기에 돈의 시간 가치 차이도 크지 않으므로 전형적인 ROI로도 충분하다고 주장할 수도 있다. 하지만 2개월짜리 캠페인과 18개월짜리 캠페인을 직접 비교할 수 없다는 단점은 여전하다. 물론 상대적으로 짧은 기간에 진행된 캠페인의 가치를 측정할 때는 복잡한 양식보다는 〈표 5.3〉에 제시했던 월별 엑셀 도표를 활용해 순현재가치와 내부수익률을 산출하면 된다.

스폰서십의 마케팅투자수익률 분석

1장에서 다룬 수요 창출 마케팅은 단기간 매출 상승을 목적으로 진행하는 마케팅 캠페인이기에 사용 유도 마케팅으로 일컬어지기도 한다. 쿠폰, 가격 할인, 한정 프로모션 등의 수요 창출 마케팅 활동들은 바로 매출 상승으로 이어지므로 투자수익률을 통해 그 성과를 정량화하기가 쉽다.

그런데 여러 개의 캠페인으로 장기간 진행되는 마케팅 프로그램의 경우 투자수익률을 구하기가 어려울 수 있다. 내가 실제로 참여했던 고객사의 마케팅 캠페인에 적용한 것으로, 유럽의 주요 스포츠 구단에 대한 3년간의 후원 활동 가치를 측정한 실제 사례를 살펴보자.

그 회사는 해당 스포츠 구단에 대한 3차 후원사로, 회사 로고를 웹사이트나 프로모션 자료, 이벤트 포스터 등에는 넣을 수 있지만, 선수들 유니폼처럼 관객들 눈에 잘 띄는 곳에는 노출할 수 없음을 의미했다. 이 투자에 대한 마케팅투자수익률은 어느 정도였을까? 이를 확인하기 위해서는 스포츠 후원 마케팅에 대한 좀 더 깊은 이해가 필요하다.

일반적으로 스폰서십sponsorship 마케팅은 브랜딩과 인지 마케팅의 일부로 여겨지기에, chapter 4에서 다룬 비재무적 지표들로 성과를 측정한다. 하지만 여기서 다루는 후원 마케팅 사례는 인지도 상승과 수요 창출 효과를 모두 노린 마케팅에 해당됐다. 이렇게 복수 목표를 가진 후원 마케팅 사례는 흔히 있는 일이다.[9] 실제로도 브랜드 인지도를 높이면서 판매를 증가시키는 활동은 가능하다.

이 회사가 스포츠 구단 후원에 쓴 마케팅 비용은 사실 규모가 크지 않았음에도 다른 마케팅 캠페인과 접목시킴으로써 엄청난 성과를 거뒀다. 예를 들어 회사는 후원 팀 선수 중 한 명이 동유럽에서 유난히 인기가 높은 것을 알았다. 이에 자신의 제품을 제조, 판매하는 루마니아 협력사와 함께 그 선수를 모델로 하는 매장 경품 행사 고지 광고를 집행했다. 후원을 위해 지불하는 마케팅 비용은 연간 85만 달러에 불과했지만, 선수들은 계약 조건에 따라 광고 모델로 활용할 수 있었기 때문이다. 루마니아 협력사는 광고 매체비와 매장 전시 비용을 분담하기로 했다. 해당 회사가 전체 프로모션을 총괄 지휘하는 책임자 역할을 맡았지만, 협력사에도 도움이 되는 일이었다.

그 결과는 놀라웠다. 매출과 이익이 각각 108퍼센트, 164퍼센트씩 증가했다. 긍정적인 결과에 힘을 얻은 회사는 마케팅 활동을 폴란드와 영국으로 확대했다. 보다 정확한 캠페인 성과를 파악하기 위해 통제된 조건 하에 마케팅 실험을 진행했다. 그 결과 영국의 경우, 프로모션을 진행한 매장에서 발생한 매출과 이익이 20퍼센트씩 증가하는 긍정적 효과를 확인했다.

〈표 5.7〉은 지난 3년 동안 진행된 이 스포츠 후원 마케팅에 대한 마케팅 투자수익률 결과를 요약한 것이다. 이 결과는 마케팅 프로그램 투자수익률 분석의 모범 사례를 보여준다. 3년간 진행된 통합 마케팅 프로그램 안에 1년 미만의 개별 캠페인들이 그 세부 항목들로 포함되어 있다. 여기서는 각 마케팅 활동들을 통해 달성한 매출 증가분만을 보여주기 위해 기초값을 차감했으며, 숫자들 또한 내부정보 보호를 위해 변경했다. 하지만 실제 결과와 크게 차이나지는 않는다.

〈표 5.7〉에서 보듯이 캠페인으로 인한 추가 매출 증가분에서 매출원가, 후원 비용, 기타 마케팅 비용, 세금을 제하고 세후 순이익을 계산했다. 이를 토대로 약 91만 7천 달러의 순현재가치와 132퍼센트의 내부수익률, 1.4년의 회수기간이 산출됐다. 이렇게 높은 마케팅투자수익률은 이 스폰서십 마케팅의 성과가 탁월하다는 것을 보여주며, 향후 마케팅 활동에도 적극적인 지지의 힘이 된다.

하지만 내 경험상 〈표 5.7〉의 분석 결과를 보여주면 이런 질문을 하는 사람이 꼭 있다. "루마니아에서 진짜로 매출이 150퍼센트 상승했는지 어떻게 알죠?" 매출 상승이 신규 마케팅 캠페인 때문이라고 어떻게 확신할 수 있냐는 말이다. 사실 이런 질문은 누구나 가질 수 있는 당연한 의문이다. 그러므로 발표를 시작하기 전에 그 답은 미리 준비해야 한다. 루마니아에서 다른 마케팅 캠페인이 진행되지 않았다는 점과 150퍼센트의 매출 신장은 전적으로 후원 마케팅 결과라는 사실을 논리적으로 입증해야 한다. 물론 모호함을 완벽하게 배제하려면 통제된 조건 하에 대조군과 실험군으로 나눠 조사한 영국의 경우처럼 해야 하지만 말이다.

어디에서나 의심의 눈초리를 보내는 사람들은 있기 마련이다. 그러므로 분석 관련 질문에 대한 최선의 답을 미리 준비하는 게 좋다. 또한 이 장의 마지막에 얘기할 민감도 분석 기법을 활용하여 회의론자들을 주눅 들게 만들 수 있어야 한다.

[표 5.7] 스폰서십 마케팅에 대한 마케팅투자수익률 산출 양식

(단위 : 달러)

후원 관련 손익 분석				
	0년	1차년도	2차년도	3차년도
루마니아 캠페인		2,500,000	2,500,000	2,500,000
영국 캠페인			2,500,000	2,500,000
불가리아 캠페인			2,500,000	2,500,000
폴란드 캠페인			2,500,000	2,500,000
총 매출		2,500,000	10,000,000	10,000,000
매출원가		(1,750,000)	(7,000,000)	(7,000,000)
매출이익		750,000	3,000,000	3,000,000
후원 비용	(250,000)	(850,000)	(850,000)	(850,000)
기타 마케팅 비용		(250,000)	(600,000)	(750,000)
총 비용	(250,000)	(1,100,000)	(1,450,000)	(1,600,000)
세전이익	(250,000)	(350,000)	1,550,000	1,400,000
세금	96,250	134,750	(596,750)	(539,000)
세후 순이익	(153,750)	(215,250)	953,250	861,000
마케팅투자수익률 분석				
IRR	132%			
NPV	$916,813			
회수기간	1.4년			

신제품 출시의 마케팅투자수익률 분석

이제 신제품 출시 마케팅에 적용할 수 있는 마케팅투자수익률 사례를 심층적으로 알아보도록 하겠다. 내용이 조금 어려울 수도 있겠지만, 신제품 출시의 특성상 복잡할 수밖에 없음을 이해해주기 바란다.

지금부터 보게 될 사례는 신규 웹 포털과 관련된 마케팅 캠페인을 분석한 자료이다. 대상이 웹 포털이긴 하지만, 여기서 활용한 마케팅투자수익률 계산 방식은 어떤 종류의 신제품 출시나 기존 제품의 라인 확대에도 일반적으로 적용할 수 있다.

이 사례에서 웹 포털은 고객이 상품을 팩스나 전화 대신 온라인으로 구매할 수 있는 판매 채널에 해당되기에, 해당 포털의 마케팅 활동은 사용자들이 새로운 온라인 채널을 방문하게 만드는 방향으로 기획됐다. 표적 고객은 전자 제품을 거래하는 중간 규모의 B2B 판매상들이었다. 사례에 언급된 숫자들은 내부정보 보호를 위해 변형되었으며, 논의하고자 하는 목적에 맞게 단순화했다.[10] 여기서 보게 될 비용과 매출 관련 숫자들은 설명 목적으로만 사용된다는 점을 기억하기 바란다.

:: 환경 분석과 기초 값 파악

그 대상이 무엇이든 마케팅투자수익률 분석의 첫 단계는 〈표 5.4〉에서 언급했듯이 기존 사업을 이해하고 신제품 출시가 가져올 영향력을 조사하는 일이다. 그런 후 이를 토대로 기초가 되는 경영 수치들을 파악해야 한다. 웹 판매 채널을 신설하지 않고 기존 채널들로 사업을 계속했을 경우의

[표 5.8] 신규 웹 포털 출시에 대한 가설 설정

(단위 : 천 달러)

(a) 기초 값 : 신규 웹 포털 출시 전 매출과 비용	
매출	0년
다이아몬드	554
플래티넘	252
골드	103
실버	55
총 매출	964
연간 마케팅 비용	80
연간 물가 상승률	3%
세율	38%
할인율	12%

(b) 증가 비용 : 개발비 및 출시 마케팅 관련 비용	
신제품 개발	275
제품 출시 마케팅	100

(c) 증가 매출 : 시장 조사 결과 도출된 상승 주문량		
주문량 상승	예상 수준	최선의 경우
1년	5%	10%
2년	10%	20%
3년	13%	25%

*최악의 시나리오는 매출 증가분이 0인 경우

예상 매출과 비용은 얼마인가? 신규 웹 포털 출시가 매출과 비용 측면에서 어떤 영향을 미칠까? 이런 질문에 답하려면 조사가 필요하다.

이를 수행하는 최선의 방법은 사업의 핵심 요소들을 이해한 후 동종 업계의 경쟁사들을 벤치마킹하는 것이다. 벤치마킹이 불가능하다면 시장 조사로 대신해도 된다. 여기서 다루는 웹 포털의 경우, 시장 조사 결과 도출된 가설들은 〈표 5.8〉과 〈표 5.9〉에 소개되어 있다.

〈표 5.8〉의 상단에 표시된 기초 값에는 다이아몬드, 플래티넘, 골드, 실

[표 5.9] 신규 웹 포털 출시로 인한 점유율 가설

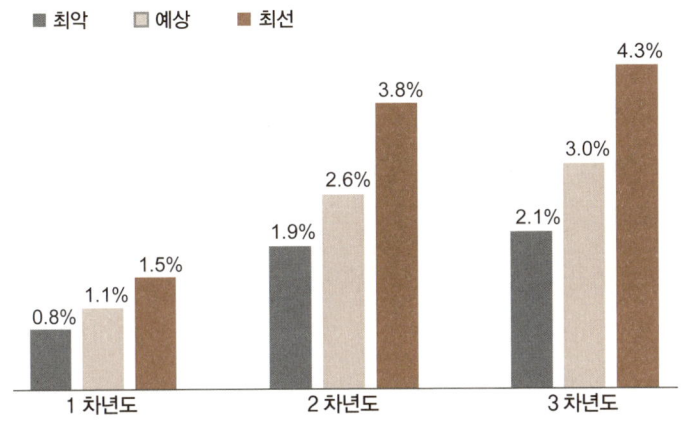

버라는 4개 고객군별로 기존 매출액이 표시돼 있다. 또한 환경 분석을 통해 연간 매출 성장률과 세율, 할인율도 파악했다. 이 숫자들은 신규 웹 포털을 출시하지 않고 기존 영업 채널을 통해 사업을 계속했을 경우에 해당된다.

:: 관련 비용 산출

신제품을 출시하기 위해서는 제품 개발 및 관리 비용, 출시 관련 마케팅 비용 등이 발생한다. 이런 비용들은 정량화하기 가장 용이한 항목 중 하나이다. 하지만 다음의 신제품 출시 마케팅 결과로 발생할 잠재 매출액을 가늠하는 일은 이처럼 쉬운 일이 아니다.

:: 신제품 출시에 따른 매출 예상

환경 분석 과정에서 2가지 투자수익률 제고 요인이 도출됐다. 첫 번째는 신규 웹 포털을 통해 묶음 판매나 맞춤형 마케팅 등을 진행함으로써 고객당 매출을 높이는 방법이다. 이로 인한 매출 증대 효과는 〈표 5.8(c)〉에 표시되어 있다.

두 번째 요인은 고객 점유율을 확대하는 것이다. 이 회사의 경우 직판을 담당하는 영업사원이 거의 없었기에 기존의 점유율은 미미했다. 따라서 신규 웹 포털을 통해 점유율이 얼마나 오를지 예상하기가 쉽지 않았다. 결국 시장 조사를 통해 향후 3년간 예상 점유율을 최선, 기대, 최악의 시나리오로 예측했다. 그 내용은 〈표 5.9〉에 정리되어 있다. 별도로 조사한 바에 따르면 이 회사의 점유율이 1퍼센트 상승하면 매출이 10만 5천 달러 증가할 것으로 예상되었다.

:: 현금흐름 추산

앞서 파악한 기초 값과 관련 비용, 예상 매출 등을 토대로 현금흐름을 추산하면 〈표 5.10〉과 같은 결과를 얻게 된다. 이 결과가 신제품 출시에 따른 현금흐름 추산표, 혹은 현금흐름 추정치라고 할 수 있다. 표의 상위 기초 값에 있는 수치들은 〈표 5.8〉의 연간 물가 상승률 3퍼센트를 적용한 결과들이다. 신규 웹 포털 출시 후 예상 매출은 상승 주문량과 점유율 증가분이 반영되어 있으며, 비용에는 신제품 개발과 출시 관련 마케팅 비용이 포함되어 있다.

[표 5.10] 신규 웹 포털 출시에 대한 추정 현금흐름과 마케팅투자수익률 분석

(단위: 천 달러)

Base(신규 웹 포털 출시 전)		0년	1년	2년	3년
고객군별 매출	다이아몬드		571	588	605
	플래티넘		260	267	275
	골드		106	109	113
	실버		57	58	60
	총 매출		993	1,023	1,053
	매출원가		(675)	(695)	(716)
	마케팅 비용		(82)	(84)	(87)
	세전이익		236	243	250
	세금		(90)	(92)	(95)
	현금흐름		146	151	155

Upside(신규 웹 포털 출시 후)		0년	1년	2년	3년
고객군별 매출	다이아몬드		765	1,080	1,183
	플래티넘		438	727	812
	골드		277	553	629
	실버		225	497	570
	총 매출		1,704	2,857	3,193
	매출원가		(1,159)	(1,943)	(2,171)
	마케팅 비용	(100)	(82)	(84)	(87)
	제품 유지비		(50)	(52)	(53)
	신제품 개발비	(275)		–	–
	감가상각		(92)	(92)	(92)
	세전이익		322	687	790
	세금		(122)	(261)	(300)
	순이익		199	426	490
	감가상각 합산		92	92	92
	현금흐름	(375)	291	517	582
	현금흐름 증가분	(375)	55	275	331
	누적 현금흐름		(320)	(45)	286

마케팅투자수익률 분석					
	NPV	129.3			
	IRR	27%			
	회수 기간	2.2년			
	할인율	12%			

:: 감가상각에 대하여

신제품 출시 마케팅에 대한 논의를 마치기 전에 관련된 회계 용어 하나를 배울 필요가 있다. 마케터들에게 회계를 논하는 게 얼마나 따분한 일인지 잘 알고 있다. 하지만 경영자를 설득하기 위해선 어느 정도 회계를 알고 있어야 한다. 특히 마케터에서 경영자로 성장하고 싶다면 더욱 회계에 익숙해져야 한다. 반복해서 말하지만 어렵더라도 숫자와 회계에 친숙해지는 게 좋다.

마케팅 비용은 보통 발생한 해에 경비로 처리되지만, 신제품 개발처럼 장기간에 걸쳐 성과가 나타나는 비용은 당해년도에 모두 처리할 수 없다. 그럴 경우 정해진 기간 동안 같은 금액, 또는 같은 비율로 개발비를 감가상각시켜야 한다.[11] 즉, 자산의 경우 정액법이나 정률법에 의거하여 감가상각해야 하는데, 신제품 개발의 경우 일반적으로 3~5년 정액법으로 감가상각한다. 물론 제품 유지비나 전문 서비스 비용, 마케팅 비용 등 상시 투입되는 비용은 해당 연도에 모두 처리하는 것을 원칙으로 한다.

따라서 〈표 5.10〉에서 보듯이 현금흐름 증가분인 잉여현금흐름free cash flow을 산출하는 마지막 단계에서 세후 순이익에 감가상각비를 합산한다. 감가상각비는 해당 연도의 성과에 대응하기 위해 회계상으로 책정한 비용 항목일 뿐, 실제로 현금이 지출된 항목이 아니기 때문이다.

:: 마케팅투자수익률 산출

목표 지점에 거의 다 왔다. 현금흐름 추산표에 따라 잉여현금흐름이 계산되면 순현재가치와 내부수익률을 계산하기는 쉽다. 신규 웹 포털 출시에 의한 현금흐름에서 출시 전 현금흐름을 차감해 현금흐름 증가분을 구한 후, 설정한 할인율에 따른 순현재가치와 순현재가치가 0가 되는 할인율인 내부수익률을 산출한다.

위 사례에서는 12만 9천 달러의 순현재가치와 27퍼센트의 내부수익률 수치 결과가 나왔다. 추정한 가정들이 옳다면 흑자인 순현재가치와 12퍼센트 할인율보다 높은 내부수익률 결과에 따라 신규 웹 포털에 적극적으로 투자해야 함을 시사한다.

추가 고려해야 할 지표는 회수기간이다. 일반적으로 신제품 출시와 관련한 회수기간은 출시 후 1~2년을 목표로 하지만, 제품이나 전략에 따라 다를 수도 있다. 일례로 마이크로소프트의 엑스박스$_{Xbox}$의 경우, 가정용 게임기 시장에서 발판을 다지려는 전략적 투자 지침에 따라 회수기간이 상당히 길었다.

위 사례에서도 〈표 5.10〉에서 보듯이 누적 현금흐름을 통해 회수기간을 계산할 수 있다. 즉, 이전 기간까지 현금의 총합계인 누적 현금흐름이 적자에서 흑자로 바뀌는 시기가 회수기간이다. 여기서는 이 변화가 3차년도의 3번째 달에 발생한다. 따라서 회수기간은 2.2년으로 좀 긴 편이다. 그럴 경우 회수기간을 앞당기기 위해 투입된 총 예산을 조정할 수도 있다.

신제품은 출시 후 장기간에 걸쳐 매출이 발생하기에, 분석 기간을 얼마로 잡을지 고민해야 한다. 일반적으로 분석 기간은 유사 제품을 출시했을 때 분석했던 기간과 동일하게 맞추는 게 좋다. 보통 기업이 투자 결정을 위해 투자수익률을 분석할 때에는 짧으면 1년, 길면 3년을 분석 기간으로 정한다.

물론 신제품 특성상 제품 수명을 분석 기간으로 정하기도 한다. 여기에 소개된 웹 포털의 경우 분석 기간을 포털 수명인 36개월로 정했다. 일반적으로 첨단 기술 제품의 경우 3년 이상을 고려하지 않지만, 내구성이 높은 자동차의 경우 7년 정도를 본다. 만약 자동차 개발 기간이 2년이라면, 9년을 분석 기간으로 하여 투자수익률을 산출한다.

위 사례에서 산출된 27퍼센트의 내부수익률에는 고객에 대한 정보 제공력 향상이나 고객만족도 제고 같은 추가 이득이 포함되지 않았다는 사실에도 주목하라. 대부분의 고객들은 제품에 대한 최신 정보를 웹에서 얻기 때문이다. 그렇다고 해도 고객만족도 제고나 정보 제공력 향상 같은 비재무적인 이득은 재무 지표로 정량화하기가 어렵다. 그럴 경우 현실적인 접근법은 비재무적인 이득을 포함하지 못한다는 점을 고려해 투자수익률을 조금 더 높게 산정하는 것이다.

또한 투자수익률에 기초한 재무적인 접근법은 신규 웹 포털의 전략적 가치도 반영하지 못했다. 웹 포털이 사업 여건상 기존 사업을 유지하기 위해 단행해야만 하는 불가피한 투자이기 때문이다. 이런 투자의 경우 내부수익률이 할인율보다 낮을지라도 투자 결정을 하는 게 옳다. 투자하지 않는다면 경쟁자들에게 밀릴 위험을 감수해야 한다. 그렇다고 그냥 원래 계획대로 출시해야 한다는 의미는 아니다. 반드시 출시해야 하는 상황이더라도 내부수익률을 좀 더 높일 수 있는 대안을 찾는 노력을 경주해야 한다.

신뢰도를 높여주는 민감도 분석

CFO를 대상으로 마케팅 예산 확보를 위한 프레젠테이션을 해 본 경험이 있는가? 일반적으로 특별 요청이 없는 한 프레젠테이션까지 할 필요는 없지만 말이다.

"마케팅에 필요한 비용이 얼마라고 했죠?" 질문은 거기서 끝나지 않는다. "마케팅 기간이 얼마나 되죠?", "비용은 언제쯤 회수될까요?" 등의 질문들이 이어지다가 마침내 비수 같이 날카로운 질문이 나온다. "당신의 가설에 대해 말해 줄래요?" 내 경험상 예외 없이 나오는 이런 질문들은 짜증을 유발한다. 왜냐하면 CFO나 그의 부하 직원들은 마케팅 캠페인이 무엇인지조차 모르기 때문이다.

하지만 당신은 시험에 대비하는 학생처럼 이런 질문에 대한 답을 준비해야 한다. 지금까지 살펴본 내용을 숙지했다면, 당신은 마케팅투자수익률 산출 방법을 잘 알고 있다.[12] 이제 마지막으로 당신의 가설을 설명해야 하는 질문에 대한 답을 어떻게 해야 하는지 알아볼 차례다.

이 질문에 답하기 위해서는 소위 민감도 분석이라 불리는 작업을 해야 한다. 그 개념은 단순하다. 분석에 고려된 가설을 바꿔 보며 결과가 어떻게 변하는지 확인하면 된다. 즉, 민감도 분석을 통해 마케팅 캠페인의 성과가 최선, 최악, 예상 수준일 때 투자수익률이 어느 정도인지 파악할 수 있으며, 해당 캠페인이 가져올 효과에 대한 깊은 통찰력을 얻을 수 있다.

이처럼 민감도 분석은 꽤 수준이 높은 과정이지만, 마이크로소프트 엑셀을 활용하면 놀랍도록 쉽게 분석할 수 있다. 마우스 클릭 몇 번이면 가능하다. 만약 당신이 마케팅에 민감도 분석을 활용한다면 회의석상에서

"와우"같은 찬사를 듣게 될 것이다!

특히 엑셀의 '표' 기능을 사용하면 숫자를 바꿨을 때 어떤 결과가 나오는지 알 수 있다.[13] 예를 들어 〈표 5.11〉에는 앞에서 다뤘던 신제품 출시 관련 도표가 있는데, 점유율 증가와 추가 주문량에 해당하는 숫자를 바꾸면 그에 따른 내부수익률이 계산된다. 두 가지 변수 모두 최악의 경우 0퍼센트가 되며, 최선의 경우에는 100퍼센트로 표시했다.

내가 표에서 특히 좋아하는 기능은 색깔로 구분하는 것이다. 초록색은 내부수익률이 할인율보다 높은 청신호를 의미하며, 빨간색은 내부수익률이 할인율보다 낮은 적신호를 의미한다.(도표에서는 초록색은 별색으로, 빨간색은 검정색으로 표시했다.)

〈표 5.11〉은 마케팅투자수익률에 대해 값진 통찰력을 주는 그림과 같다. 〈표 5.11〉을 작성하는 데 채 몇 분도 걸리지 않았지만, 이를 통해 마케터들은 강력한 무기를 손에 쥘 수 있다. 마케팅 캠페인이나 신제품 출시를 기획할 때 객관적인 관점을 가질 수 있으며, 최선과 최악, 예상 수준의 성과

【표 5.11】 점유율과 추가 주문량에 따른 민감도 분석

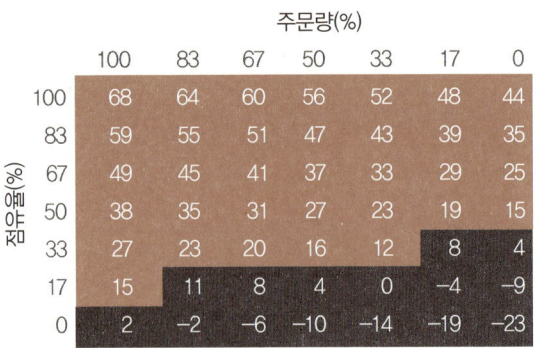

를 가늠할 수 있다. 민감도 분석을 통해 우리는 일어날 수 있는 다양한 가설과 그 영향력을 예측할 수 있다. 물론 그중 어떤 것이 가장 큰 영향을 미치는 지도 확인할 수 있다.

:: 몬테카를로 분석법

하지만 엑셀의 표 기능은 주로 한두 개 변수에만 적용할 수 있기에, 변수가 많다면 몬테카를로Monte Carlo 분석법을 활용하는 게 좋다. 몬테카를로 분석 모델은 주사위를 수천 번 던져 나온 확률적 결과를 보여주는 것과 같은 알고리즘으로, 그 개념은 다음과 같다.

첫째, 입력해야 할 변수들은 모두 최선의 경우(상위 5퍼센트)와 최악의 경우(하위 5퍼센트), 표준 수치(평균)를 가진 정규분포 형태를 띠는 것으로 본다. 최선과 최악의 경우는 표준에 대한 표준편차로 볼 수 있다. 참고로 표준편차는 곡선이 '퍼진' 정도를 말한다.

둘째, 입력 변수 값들을 무작위로 선택한다. 물론 이 값들은 위에서 가정한 범위 내에서 확률적으로 추출한다.

셋째, 무작위 선택된 변수 결과 값들을 입력해 결과를 산출한다.

직관적으로 보면 몬테카를로 사이클 한 번은 각 변수마다 주사위를 한 번 던지는 것과 동일하다. 즉, 특정 조합의 변수 결과를 입력해 나온 투자 수익률 결과 값을 말한다. 그러므로 주사위를 천 번 던지는 것처럼 몬테카를로 사이클을 천 번 실시한다면, 입력 변수의 변화로 인해 다양한 결과 값을 얻을 수 있다. 그 결과를 막대그래프로 그리면 발생 가능한 결과들의 분포를 볼 수 있다.

몬테카를로 시뮬레이션Monte Carlo simulation은 입력 변수들의 영향으로 임의의 위험이 발생할 경우 결과 값들이 어떻게 바뀌는지 확인할 수 있는 시뮬레이션이다. 몬테카를로 시뮬레이션은 모델에 들어가는 주요 변수들의 숫자를 임의로 발생시킨다. 입력 변수들을 정할 때는 과거의 경험이나 시장조사 결과, 경영진의 판단 등 가능한 모든 요인들을 고려해야 한다. 무작위로 숫자들을 모델에 입력하면 그 결과로 내부수익률과 순현재가치가 산출된다. 이렇게 각 입력 변수별로 정해진 확률 분포를 기초로 또 다른 무작위 숫자들의 조합을 통해 결과가 산출되는 과정을 계속 반복하다 보면 그 결과 값들의 확률 분포가 나온다.

@RISK, 크리스탈 볼Crystal Ball 등 몬테카를로 시뮬레이션을 돌릴 수 있는 스프레드시트 형태의 소프트웨어들이 시중에 나와 있다. 이들을 활용하면 몬테카를로 분석을 아주 쉽게 실행할 수 있다. 일례로 〈표 5.12〉는 앞서 사례로 다룬 웹 포털 출시에 따른 투자수익률 계산을 몬테카를로 분석으로 한 결과이다. 이 결과는 주사위를 5천 번 던져서 얻은 확률 분포와 같다. 이를 얻기 위해 프로젝트 비용과 점유율, 주문량에 대한 다양한 변수들이 적용되었다. 그 결과 순현재가치 평균은 17만 1천 달러가 나왔다. 참고로 표준편차는 15만 3천 달러였다.

이 모델이 멋진 이유는 모니터 숫자들이 계속 바뀐다는 사실이다. 몬테카를로 시뮬레이션을 돌리면 몇 분 동안 화면의 셀들이 서로 왈츠를 추다가 갑자기 〈표 5.12〉에서처럼 답이 '뿅' 튀어나오는 마법 같은 순간을 목격할 수 있다. 내가 담당하는 MBA 수업이나 기업 자문 활동 중 종종 이

【표 5.12】 웹 포털 출시에 대한 ROMI 몬테카를로 시뮬레이션 결과

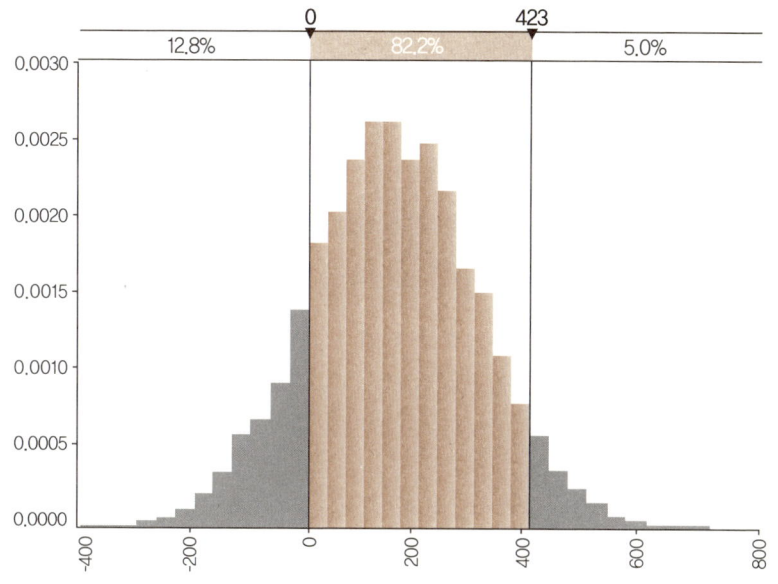

시뮬레이션을 돌려봤는데, 매번 어김없이 사람들은 탄성을 지른다. 〈표 5.10〉에 있는 사례에 대해 단 10분 만에 몬테카를로 시뮬레이션 작업을 끝냈다는 점에서 더욱 그러하다.

이런 분석 방법이 갖는 힘은 최선과 최악, 예상 수준에 대해 '시각적'으로 확인할 수 있고, 각 경우에 대한 확률도 추정할 수 있다는 점이다. 표 5.12에서 보듯이 내부수익률이 할인율보다 낮으면서 순현재가치가 0보다 낮을 확률은 12.8퍼센트이다. 이 결과를 보고 경영진은 다시 한번 당신에게 감수할 만한 위험인지 질문을 하거나, 위험을 낮출 수 있는 전략을 세우라고 지시할지도 모르지만 말이다.

· · ·

지금까지 마케팅투자수익률 관점에서 재무적인 평가 지표들에 대해 알아보았다. 당신은 이제 이익과 순현재가치, 내부수익률, 회수기간 지표를 활용하여 수요 창출 마케팅이나 신제품 출시 마케팅에서의 투자수익률 산정 방법을 알게 되었다.

이를 통해 평가 결과 나온 '답'들을 어떻게 해석해야 할지, 캠페인에 대한 실행 여부를 어떻게 결정해야 하는지도 알아보았다. 물론 캠페인이 완료되면 다시 실제 숫자들을 입력해 결과를 산출해봄으로써 지속적으로 관리해나가야 한다.

사실 캠페인을 실행하기 전에 마케팅투자수익률을 분석하면 적어도 한 가지는 확신할 수 있다. 완벽하게 예측할 수는 없다는 사실이다. 이 세상은 불확실성으로 가득하기 때문이다. 따라서 어떤 값이 나오든 항상 다음과 같은 질문에 답할 수 있어야 한다. 최선과 최악, 예상 수준의 결과 값 범위는 얼마인지, 어떤 가정들을 근거로 제시되었으며, 가정들을 바꾸면 결과가 어떻게 바뀌는지 말이다. 마지막에 다뤘던 민감도 분석은 이런 질문에 답을 주기 위해 필요한 필수 도구이다.

재무적인 분석은 필요없다고 생각하는 마케터들이 의외로 많다. 피터 드러커는 '측정할 수 없으면 관리할 수도 없다'고 말했다. 마케팅 역시 마찬가지다. 재무적인 분석이야말로 마케팅을 체계적으로 관리하는 데 반드시 필요한 핵심 요소라 할 수 있다. 그러므로 어렵다고 포기하지 말고 재무 분석에 익숙해지도록 노력하자. 회사에서 인정받는 유능한 마케터가 되고 싶다면 말이다.

Chapter Insights

- 이익은 기업의 지속 성장을 위해 관리해야 하는 필수 지표이다.

- ROI, 즉 이익을 비용으로 나눈 전통적인 투자수익률은 모호하기 때문에 마케팅에 활용할 수 있는 최선의 재무 지표가 될 수 없다.

- ROMI, 즉 마케팅투자수익률에 포함되는 필수 재무 지표로는 순현재가치인 NPV와 내부수익률 IRR, 회수기간을 들 수 있다.

- 재무 지표인 마케팅투자수익률을 통해 마케팅 활동의 절반 이상을 평가할 수 있다. 특히, 수요 창출 마케팅과 신제품 출시 마케팅 평가에 유용하다.

- 민감도 분석은 미래 위험을 감안하여 결과를 예측하는 데 꼭 필요한 분석 기법이다. 이 작업은 마이크로소프트 엑셀을 활용하면 간단하게 실행할 수 있다.

- 어떤 분석을 하든 항상 최선과 최악, 예상 수준의 3가지 시나리오별로 결과를 예측하고, 가정들을 올바르게 설정했는지 자문할 수 있어야 한다.

Chapter 6

고객 미래 가치를 측정하는
핵심 평가 지표

고객이라고 다 같은 고객은 아니다.
고객 가치는 모두 동일하지 않다.

모든 고객을 똑같은 고객으로 보고, 동일하게 대우하려는 수평적 마케팅은 위기를 불러올 수 있다. 일례로 포춘 500대 기업으로 대규모 영업조직을 갖추고 있던 한 B2B 업체는 분석을 통해 8퍼센트의 고객이 전체 매출의 93퍼센트를 차지한다는 사실을 알고 있었다. 그럼에도 불구하고 그 회사는 모든 고객들을 똑같이 대하고 있었다. 상위 8퍼센트 고객사가 나머지 92퍼센트 고객사보다 중요하며, 그중 한 곳이라도 계약을 해지하면 그 결과는 재앙에 가까운데도 말이다. 결국 모든 고객이 똑같지 않으며, 그에 맞는 마케팅 전략을 세우는 게 필요하다는 사실을 뒤늦게 깨달았다.

평가지표 #10. 고객생애가치 CLTV

이 장에서 중점적으로 다룰 필수 평가 지표는 고객생애가치[1]이다. 이 책에서 다루는 마케팅 평가 지표 중 가장 수준이 높은 지표이며, 이와 연관된 가치 기반 마케팅을 수행하기 위해서는 강력한 인프라 시스템도 필요하다. Chapter 10에서 다루겠지만, 가치 기반 마케팅에서는 그 첫 단계로 매출 정보를 분석해 매출 비중이 높은 고객들에게 마케팅과 영업력을 집중한다. 하지만 이 접근법은 고객별 투입 비용을 고려하지 않는다는 문제가 있다. 즉, 고객 관리에 소요되는 비용을 고려하지 않고 창출되는 매출만 생각하면 고객 가치를 정확히 파악할 수 없다. 그런 점에서 비용까지 고려하는 고객생애가치 지표의 중요성은 더욱 부각된다.

고객생애가치란 고객으로부터 얻는 모든 이익을 현재가치로 환산한 것을 말한다. 고객생애가치를 통해 고객별 미래 수익성을 정량화하고, 전통적인 마케팅 평가 지표들의 완성도를 높일 수 있다. 고객생애가치는 다음과 같은 수식으로 정의할 수 있다.

$$CLTV = -AC + \sum_{n=1}^{N} \frac{(M_n - C_n)p^n}{(1+r)^n}$$

전문 지식이 없는 독자라도 이 방정식을 보고 당황하지 말라. 꽤나 복잡해 보이지만 chapter 5에서 재무 지표들을 이미 배웠기 때문에 금방 이해할 수 있다. 이 공식에서 AC는 고객 획득비용이며, M_n은 n 기간에 고객이 창출한 매출이익$_{margin}$이다. C_n은 고객에 투입된 마케팅 비용을 의미하며, p는 해당 고객이 1년 동안 이탈하지 않을 확률을 말한다. 시그마(Σ) 기호는 합계를 말하는데, 여기서 N은 전체 기간을 의미한다.

우리는 chapter 5에서 순현재가치 개념을 배웠다. 그 개념으로 보면 고객생애가치는 고객별 순현재가치와 같다. 이를 확인하기 위해 위 수식을 다음처럼 바꿔보겠다.

$$CLTV = -AC + \frac{(M_1-C_1)p}{(1+r)} + \frac{(M_2-C_2)p^2}{(1+r)^2} + \cdots + \frac{(M_n-C_n)p^n}{(1+r)^n}$$

이 수식을 전 장에서 배운 순현재가치 공식과 비교하면, 기간 '0'에 해당하는 초기 비용은 고객 획득비용(AC)과 같다. 다음으로 기간 1, 2, 3......, n에 해당하는 기간별 매출이익에서 비용을 제한 금액은 고객으로부터 얻은 기간별 이익이 된다. 이익의 미래가치는 현재보다 떨어지므로 그 값을 할인율에 따라 할인한다.

결국 고객생애가치 공식과 일반적인 순현재가치 공식의 차이는 고객이 관계를 계속 유지할 확률인 'p'에 있다. p는 고객유지율$_{\text{retention rate}}$로서, 1에서 고객이 떠날 확률을 뺀 값과 같으므로 다음과 같이 수식화할 수 있다.

$$p = 1 - c$$

여기서 고객이 떠날 확률인 c는 필수 평가 지표 #4였던 고객이탈률을 의미한다. 즉, 고객이 1년 후에도 관계를 유지할 확률인 p는 1에서 고객이 떠날 확률인 고객이탈률 c를 빼면 나온다. 따라서 고객생애가치를 다음과 같은 수식으로 정의할 수도 있다.

$$CLTV = -AC + \frac{(M_1-C_1) \times (1-c)}{(1+r)} + \frac{(M_2-C_2) \times (1-c)^2}{(1+r)^2} + \frac{(M_3-C_3) \times (1-c)^3}{(1+r)^3} + \cdots + \frac{(M_n-C_n) \times (1-c)^n}{(1+r)^n}$$

이처럼 수식에 따라 계산하면 〈표 6.1〉에서 보듯이 누구나 쉽게 고객생

【표 6.1】 고객별 고객생애가치 계산 양식

(단위 : 달러)

가정						
할인율	12%*					
고객 획득비용	$100*					
고객이탈률	15%*					
고객유지율(1-고객이탈률)	85%					

고객생애가치 분석	0년	1차년도	2차년도	3차년도	4차년도	5차년도
매출이익*		60	55	75	95	100
마케팅 비용*	(100)	(10)	(10)	(15)	(15)	(15)
기타 고객 비용*		(5)	(7)	(6)	(7)	(8)
고객당 이익	(100)	45	38	54	73	77
이익 × $p^n/(1+r)^n$	(100)	34	22	24	24	19
CLTV	23	*해당 숫자는 상황에 맞게 수정 가능				

애가치를 산출할 수 있다.

　이 양식을 보면 자연스레 이런 질문이 나올 것이다. "고객생애가치를 계산하는 데 적당한 기간은 어떻게 되나요?" 사람의 평균 '수명'에 해당하는 85년을 기간으로 적용하는 극단적인 경우도 보긴 했지만, 현실적이지 않다. 고객생애가치 계산에 가장 적당한 기간은 3~5년이다. 그 이유는 마케팅투자수익률을 다루며 말했듯이 미래를 예측하기 어렵기 때문이다. 고객생애가치가 그 이상 지속되더라도 현실적인 분석을 위해 단기에 집중하는 편이 낫다.

　여기서 주의할 점은 〈표 6.1〉의 도표는 고객 획득비용이나 관리 비용, 고객별 발생 이익을 잘 알고 있다고 가정한다는 점이다. 하지만 이런 데이터를 얻기는 쉽지 않다. 대기업인 경우에는 더욱 힘들다.

먼저 비용 측면을 보면 콜센터, 웹사이트, 고객서비스, 마케팅 커뮤니케이션 등 고객 접점에 투입되는 비용을 모두 파악해야 한다. 이익 측면에서도 고객별 거래 상품과 상품별 매출이익 수준을 모두 알고 있어야 한다. 결국 고객생애가치 계산 자체는 엑셀에서 쉽게 해결되지만, 관련 데이터 확보의 어려움이라는 장애물에 부딪히게 된다. 때론 전사 데이터웨어하우스와 고도의 분석 인프라 시스템이 필요할지도 모른다. 이런 인프라 구축과 관련해서는 chapter 10에서 다룰 예정이며, 여기서는 마케팅 관리와 전략 개발에 고객생애가치를 어떻게 활용하는지 설명하도록 하겠다.

> **평가 지표 #1** 고객 미래 가치를 측정하는 핵심 평가 지표
> 고객생애가치 = 고객으로부터 얻는 모든 이익을 현재가치로 환산한 것으로, 고객별 순현재가치를 의미.

▌고객생애가치에 초점을 맞춘 가치 기반 마케팅

가치 기반 마케팅은 진행하는 모든 마케팅 활동의 초점을 고객 가치에 둔다. 예를 들어 〈표 6.2〉에서 보듯이 가치 기반 다이렉트 메일 마케팅 전략의 일환으로 고객에게 메일을 보내기 전에 고객별로 고객생애가치를 먼저 계산했다.

〈표 6.2〉는 고객생애가치와 고객별 응답률을 기준으로 분석한 도표이다. 고객생애가치와 기대 응답률 모두 중간 이하인 고객에게는 메일을 보내지 않았다. 마케팅투자수익률이 저조하기 때문이다. 굳이 마케팅 예산을 낭비

할 필요가 없으니까 말이다. 고객생애가치는 높지만 기대 응답률이 낮은 고객들 역시 비용 대비 성과 측면에서 제외했다. 이들을 제외하고 고객생애가치나 기대 응답률이 높은 고객들에게 집중했다.

그런데 주목할 점은 각 고객군별로 다른 오퍼를 제시했다는 점이다. 고객생애가치와 기대 응답률 모두 높은 고객에게 가장 비용이 많이 드는 오퍼를 보내지 않고 두 번째로 비용이 많이 드는 오퍼를 보냈다. 대신 가장 비용이 많이 드는 오퍼는 고객생애가치는 높지만 기대 응답률이 중간 정도의 고객들에게 보냈다. 중간 수준의 고객생애가치와 높은 기대 응답률이 예상되는 고객들에게는 세 번째로 비용이 드는 오퍼를 보냈다. 그리고 고객생애가치는 낮지만 기대 응답률이 높은 고객들에게는 오퍼를 수락할 가능성이 높기 때문에 비용이 가장 저렴한 오퍼를 보내 비용 효율성을 극대화했다.

【표 6.2】 가치 기반 다이렉트 메일 마케팅 전략

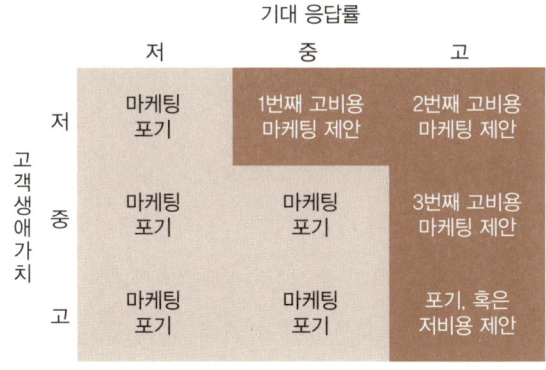

이런 선택과 집중 전략을 통해 잠재 고객 중 절반 이하에게만 다이렉트 메일을 보냈다. 그 결과 이익률이 높은 고객에게만 마케팅을 집중함으로써 마케팅 비용을 절감함과 동시에 성과는 오히려 훨씬 더 증가한 결과를 얻게 되었다.

:: 통신업체의 가치 기반 마케팅 사례

〈표 6.3〉은 한 무선통신업체가 보유한 고객들의 고객생애가치 분석 도표이다. 이 경우에도 우리는 80/20이라는 파레토 법칙을 확인할 수 있다. 18퍼센트의 고객이 55퍼센트의 가치를 창출하고 있는 것이다. 이런 고가치 고객은 획득비용이 많이 들긴 하지만, 기업에게는 아주 중요한 고객이다. 그들이 이탈하면 매출이나 수익률에 엄청난 타격을 받을 수밖에 없기 때문이다.

그럼 고객군별로 어떻게 접근해야 할까? 먼저 고가치 고객군부터 살펴보기로 하자. 고가치 고객 관리 전략을 수립하기에 앞서 먼저 고가치 고객들은 어떤 특징을 가지고 있는지 파악해야 한다. 필요하다면 FGI를 통해 조사하거나 축적된 데이터를 분석해야 한다. 일례로 금융기관의 고가치 고객들은 상당한 규모의 저축, 신용카드, 오토론 auto loan, 대출 등 다양한 서비스 포트폴리오를 한 은행에서 관리한다는 특징을 지니고 있다. 그럼 무선통신업체의 고가치 고객은 어떤 특징을 가지고 있을까? 분석 결과 다수의 핸드폰을 보유했거나, 가족 결합이나 인터넷, 집전화 등을 함께 이용하는 사람들이 고가치 고객으로 분류되었다.

이런 고가치 고객을 관리하는 전략은 두 가지다. 무엇보다도 먼저 다른 경쟁사로 가지 못하도록 해야 한다. 고가치 고객에게 결합상품을 판매하면 고객을 회사에 묶어두는 이점이 생긴다. 경쟁 상품으로 바꾸려면 전환비용이 많이 들기 때문이다. 역으로 서비스에 불만을 품고 높은 전환 비용에도 불구하고 경쟁 상품으로 갈아탄다면 그 영향이 상대적으로 클 수밖에 없다.

두 번째로 교차 판매cross-sell나 상향 판매up-sell를 유도함으로써 보다 높은 수익을 창출하도록 한다. 즉, 고가치 고객들에게 기존 제품에 다른 제품이나 서비스를 끼워 팔거나 비싼 제품을 판매하는 것이다. 무선통신업체의 경우 고가치 고객들에게 초고속 인터넷이나 TV 서비스로의 교차 판매를 유도했다. 만약 TV 서비스를 이용하고 있다면, HD나 프리미엄 채널 패키지 등으로 상향 판매를 유도했다.

【표 6.3】 기존 무선통신 고객들의 고객생애가치 분석

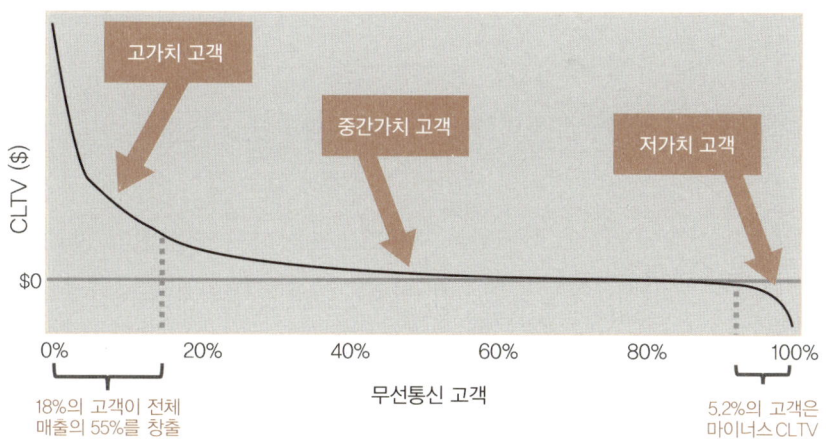

출처 : 머서경영컨설팅 Mercer Management Consulting

다음으로 〈표 6.3〉의 중간에 위치한 중간가치 고객군을 살펴보자. 이들에게는 교차 판매나 상향 판매에 집중하는 전략이 유효하다. 특히 18퍼센트 근방에 해당하는 고가치 고객군 가까이 있는 사람들은 더욱 중요하다. 교차 판매나 상향 판매를 통해 고가치 고객군으로 이동시킬 수 있기 때문이다.

마지막으로 〈표 6.3〉에서 보듯이 이익이 아니라 오히려 손해를 끼치는 5.2퍼센트의 저가치 고객군들에도 관심을 가져야 한다. 회사의 손익에 영향을 끼친다는 점에서 고가치 고객군만큼이나 중요하다. 그럼에도 이런 적자 고객 관리에 관심을 가지는 마케터들은 거의 없다.

베스트바이는 매장 수익성을 분석하다가 악질적인 고객군을 발견했다. 이들은 정상 제품을 반품해 놓고 얼마 지나지 않아 매장에 다시 와서는 '중고'가 돼 버린 동일 제품을 20퍼센트 할인가에 구입했다. 이들이야말로 마이너스 고객 가치를 가진 사람들이었다. 여기서 중요한 사실은, 분석을 하지 않았다면 적자를 발생시키는 고객들이 누구인지, 어떤 행동으로 적자를 일으키는지 알 수 없다는 점이다. 그럼 베스트바이는 이렇게 손해를 끼치는 고객들을 어떻게 처리했을까? 고객은 해고할 수도 없다.

베스트바이는 이런 결과의 원인이 고객에게 있는 것이 아니라 자신의 반품 프로세스에 있다고 판단했다. 베스트바이는 아무 조건 없이 100퍼센트 환불 정책을 시행하고 있었으며, 반품된 제품은 할인가에 재판매했다. 이를 악용하는 고객들의 행동을 근절하기 위해서는 정책에 변화가 필요했다. 결국 베스트바이는 개봉된 제품에 대해서는 환불시 고객에게 상품 가격의 15퍼센트를 비용으로 청구했다. 또한 어느 지역에서 이런 고질적인 문제가 반복되는지 지속적으로 확인했으며, 개봉 후 반품된 제품들은 다른 매장에서 판매하는 전략을 시행했다.

　어떤 회사든 손해를 끼치는 고객은 존재하기 마련이다. 대부분 항공사는 가족의 사망으로 갑작스레 비행기를 타는 사람들을 위해 대폭적인 할인을 해주는 '사별 요금' 정책을 갖고 있다. 그런데 콘티넨털 항공은 고객 가치를 분석하다 한 고객이 '사별 요금' 상품을 1년에 44회나 이용한 사실을 발견했다. 또 다른 예로 미국 소프트웨어업체 인튜이트Intuit는 한 중소기업이 회계 소프트웨어 상품인 퀵북Quickbooks을 PC 한 대에서만 사용할 수 있는 저가 라이선스로 구입한 후, 1년 동안 800번이나 서비스센터에 전화한 사실을 발견했다.

　이렇게 알고 난 후 어떻게 해야 할까? 고객에게 항의하고 화를 내야 할까? 그보다는 베스트바이처럼 이런 문제를 일으키는 프로세스를 개선하는 데 집중해야 한다. 이제 다시 무선통신업체의 사례로 돌아가 보자.

　무선통신업계에서 적자를 유발하는 고객의 유형은 다음과 같이 3가지를 들 수 있다. 첫째는 요금을 내지 않는 고객이다. 이런 고객에게는 연체금을 매기거나 상당 기간 요금을 지불하지 않을 경우 서비스를 중단시키는 방법이 해결책이다. 두 번째 유형은 계약한 지 얼마 안 되어 서비스를 해약하는 사람들이다. 이를 방지하기 위해 무선통신사들은 초기 계약 해지 시 고객에게 150달러의 위약금을 물린다. 마지막으로 가장 은밀하게 적자를 일으키는 유형은 콜센터에 시도 때도 없이 전화를 걸어대는 고객들이다. 일반적으로 콜센터 전화 한 통은 약 2.5~7.5달러 비용이 든다. 인도에 있는 고객이 전화한다면 비용이 더 클 수도 있다. 이처럼 콜센터 운영은 비용이 꽤 많이 드는 서비스이다. 결국 콜센터에 극단적으로 전화를 많이 거는 고객들은 자신의 고객생애가치를 적자로 만들고 있다.

그럴 경우 어떻게 해야 할까? 적자를 유발시키는 고객이라면 그들을 더 낮은 비용이 드는 서비스 채널로 이동시켜야 한다. 콜센터 전화 대신 웹사이트로 유도하는 메시지를 들려주는 것처럼 말이다. 물론 고가치 고객들의 전화는 빨리 상담원에 연결되어야 한다. 물론 고객을 고객생애가치에 따라 실시간 다른 경로로 서비스하는 것은 쉬운 일이 아니다. 하지만 항공사들이 주로 활용하는 손쉬운 대안도 있다. 고가치 고객들에게는 특별 콜센터 번호를 달리 제공함으로써 전화선을 통해 쉽게 고객 유형을 구별할 수 있다.

지금까지 설명한 내용을 정리해보자. 가치 기반 마케팅에 따라 고객을 고객생애가치 수준별로 고가치, 중간가치, 저가치 고객군으로 나눈다. 저가치 고객들에게는 저비용 서비스를 제공함으로써 마케팅 비용을 적극적으로 통제한다. 고가치 고객들에게는 고객 관계 유지를 우선으로 하되, 교차 판매나 상향 판매를 유도한다. 마지막으로 중간가치 고객군 대응 전략은 고가치 고객군으로 이동시키기 위한 마케팅 활동에 집중한다.

모든 고객들에게 잘하자는 전통적인 마케팅을 넘어 선택과 집중으로 효율성을 높인 가치 기반 마케팅은 당신이 상상한 것보다 훨씬 더 큰 성과를 창출한다. 이를 확인하는 몇 가지 사례를 좀 더 살펴보기로 하자.

:: 영국 식품유통체인 세인스버리

세인스버리Sainsbury's는 영국에서 두 번째로 큰 식품유통체인으로 400여 개의 매장을 갖고 있다. 매주 천만 건의 거래와 2억 개의 상품 데이터가 발생하며, 7만 5천 개의 상품을 보유하고 있다. 세인스버리는 데이터웨어하우스를 활용해 대량의 고객 거래 데이터를 분석하여 지출 내역과 구매 상품을 기준으로 고객들을 10개의 세부 고객군으로 분류했다.

그 결과 '품질 중시형'과 '경제력 부족형'이라는 가장 중요한 두 고객군이 확인됐다. 경제력 부족형은 필수 식품들을 저렴한 가격으로 구매하는 데 관심이 많은 '기초식품' 고객군을 말했다. 그리고 품질 중시형은 '식품 애호가'라고 부를 수 있는 고객군으로, 음식에 대한 열정이 강한 백인들로서 전체 고객 중 21퍼센트의 비중이지만, 매출의 24퍼센트를 차지했다. 더구나 이들은 이윤이 많이 남는 상품 위주로 구매했기 때문에 높은 수익을 창출해주고 있었다.

식료품 매장 고객들이 크게 두 가지 유형으로 나뉜다는 사실은 놀라운 일은 아니다. 하지만 이 분석 결과를 통해 세인스버리가 알게 된 흥미로운 사실은 매장별로 고객군 비율이 다르다는 것이었다. 예를 들어 런던 소재 매장들의 경우에는 고객 중 70퍼센트가 품질 중시형 고객군이었지만, 웨스트 미드랜드 지역 고객들은 고작 6퍼센트만이 여기에 해당됐다.

세인스버리는 이를 토대로 고객 특징에 맞게 각 매장을 리모델링했다. 품질 중시형 고객들이 자주 드나드는 매장은 미식가들이 즐겨 찾는 상품이나 천연 식품 종류를 다양하게 선보여 좀 더 고급스러운 쇼핑 경험을 할 수 있게 꾸몄다. 반면 경제력 부족형 고객들이 자주 드나드는 매장은 해당 고객들이 주로 구매하는 기초식품 중심으로 진열했다. 사실 이들은 전체 7만 5천 개의 상품 중 3만 개는 거의 구매하지 않았다.

다른 얘기지만, 3만 개 상품을 모두 매장에서 빼야 한다고 생각하는 사람도 있을 것이다. 하지만 이를 결정하기 위해선 먼저 어떤 상품이 중요한지에 대한 분석이 선행되어야 한다. 이런 조사를 '장바구니 분석', 혹은 '클러스터 분석cluster analysis'이라고 부르는데, 고객이 장을 볼 때 어떤 상품들을 함께 구매하는지 파악하는 것이다. 예를 들어 칵테일을 좋아하는 고객이 재료를 사러 슈퍼마켓에 왔는데, 보드카는 있는데 올리브가 없다면 보드카만 사기보다는 다른 매장으로 갈 가능성이 높다. 보드카가 이윤이 많이 남는 핵심 상품인 반면, 올리브는 이윤이 남지 않는 의미 없는 상품이라고 보드카만 진열한다면 이런 일이 발생할 가능성이 높다.

다시 세인스버리 얘기로 돌아가자. 세인스버리가 진행한 매장별 리모델링 효과는 매우 긍정적이었다. 전체 매출이 무려 12퍼센트나 증가했으며, 이익률은 그보다 훨씬 더 높아졌다. 이는 매장별로 고객들이 원하는 상품에 집중함으로써 가능할 수 있었다.

::3M

이런 접근법은 소비자가 아니라 거래하는 파트너들에게도 동일하게 적용할 수 있다. 대표적인 사례가 3M이다. 한때 3M은 월마트와 같은 거대 유통업체와 거래하면서 최적의 계약 가격을 산정하는 데 어려움을 겪었다. 연매출 250억 달러에 직원 수가 8만 명이나 되는 3M은 포스트잇이나 스카치테이프 외에도 수술용 장갑, 마스크, 마스킹 테이프, 자동차 부품 등 수천 가지가 넘는 제품을 판매하고 있었다. 그러다 보니 어떤 채널 파트너가 스카치테이프나 포스트잇을 가장 많이 판매하는지는 알고 있었지만, 3M 제품을 전체적으로 가장 많이 판매하는 파트너가 누군지는 알지 못했다. 채널 파트너별 수익률을 계산하지 않았고, 구매량을 토대로 계약 가격을 산정하지도 않았다.

이 문제를 해결하기 위해 3M은 조직을 제품 중심에서 시장 중심으로 개편했고, 여기저기 산재해 있던 데이터를 한 곳에 모았다. 30개 시스템으로 흩어져 있던 데이터들을 글로벌 데이터웨어하우스란 이름으로 통합했던 것이다. 그 결과 첫 번째로 누린 혜택은 그 동안 수십 개 소규모 데이터 마트를 운영하는데 소요된 비용을 줄인 것이었다. 하지만 글로벌 데이터웨어하우스를 통해 3M이 얻은 가장 큰 성과는 고객 가치를 이익 관점에서 이해할 수 있게 된 점이다.

이를 토대로 3M은 채널 파트너들의 수익성을 분석해 〈표 6.3〉에서 봤던 것과 비슷한 결과물을 얻었다. 이런 분석을 통해 고가치 채널 파트너에게 집중된 마케팅을 할 수 있었고, 적자를 내는 파트너의 비용도 관리할 수 있었다. 향후 분석한 결과, 3M이 진행한 변화 프로그램의 마케팅투자 수익률은 56퍼센트나 됐다.

:: 콘티넨털 항공

콘티넨털 항공이야말로 가치 기반 마케팅의 성과를 제대로 보여준 모범 사례라고 할 수 있다. Chapter 2에서 언급했듯이 1990년대 콘티넨털 항공은 항공 서비스를 측정하는 모든 평가 지표에서 최하위를 기록했다. 그랬던 콘티넨털 항공이 21세기에는 최고의 항공사로 우뚝 섰다. 가트너Gartner 선정 비즈니스 인텔리전스상Business Intelligence Award을 수상하기도 했다. 이렇듯 최악에서 최고가 된 콘티넨털의 변화는 가치 기반 마케팅의 중요성을 각인시켜 준다.

고전을 면치 못하던 시절, 콘티넨털 항공의 시스템은 실로 재앙에 가까웠다. 최고 가치의 고객들이 누구인지 알지 못했고, 데이터마저 불안전하고 오류가 많아 시장 변화에 빠르게 대응할 수 없었다. 물론 고객별로 서비스와 상품을 차별화하지도 못했다. 외부 마케팅 데이터를 포함해 45개로 흩어진 고객 데이터베이스로는 고객 가치를 산정할 엄두도 못 냈다. 마케터들만이 고객 가치를 확인하려 애를 쓰고 있었다.

이런 상황에서 콘티넨털 항공은 가장 먼저 고객들을 대상으로 소규모 FGI를 진행했다. 예상했듯이 고객들은 깨끗하고 안전하고 신뢰가 가는 비행을 저렴하게 하길 원했다. 사실 깨끗하고 안전하고 신뢰가 가는 서비스는 당연한 요구 조건들이다. 그런데도 잘 지켜지지 않았다. 고객들에게 비행이란 단순히 목적지로 이동하는 수단일 뿐이기에 비행 과정에서 그저 번잡하고 귀찮은 경험만 피하길 원했다. 하지만 그것마저도 힘들다는 사실을 잘 알고 있었다. 출발 시간은 지연되기 일쑤고, 가끔 수하물 짐이 없어지기도 했다. 그럴 때 가장 중요한 활동이 서비스 회복 활동service recovery이라는 것을 FGI를 통해 알게 되었다. 이를 토대로 chapter 2에서 언급했듯이 마케팅팀은 '불편을 드려 죄송합니다'라는 사과 편지를 문제 발생 후 12시간 안에 발송함으로써 고객의 인식을 바꾸는 활동에 돌입했다.

또한 고가치 '엘리트' 고객들의 경우 단순한 고객 이상의 대우를 원한다는 사실도 알게 되었다. 항상 웃으며 친절하게 대하는 직원을 원했으며, 특별히 중요한 사람으로 대해주기를 원했다. 일례로 '엘리트 액세스elite access'를 통해 먼저 탑승하길 원했다. 사실 이런 것들은 양질의 고객서비스에 으레 포함되는 항목들이었지만, FGI를 통해 중요성을 좀 더 명료하게 확인할 수 있었다.

다음 단계로 콘티넨털 항공은 고객 수익성을 분석했다. 그 결과 '비행 마일리지'에 의한 고객 가치 평가가 완전히 잘못되었음을 알게 되었다. 고객별로 구매 티켓 종류(일등석, 할인 이코노미석, 출발 직전 정가 구입석 등)와 고객 관리 비용을 토대로 분석하자, '실버' 고객이 '플래티넘' 고객이 되거나 그 반대의 경우가 심심찮게 발생했다.

또한 콘티넨털의 이익을 오히려 갉아먹는 고객들이 생각보다 많다는 사실도 알게 되었다. 예를 들어 고객들은 비행기가 지연, 취소되거나, 수하물이 분실됐을 경우 보상을 받는다. 〈표 6.4(a)〉는 가치 기반 마케팅을 시행하기 전 보상 고객 100명에 대한 보상금 분석 자료이다. 검은색-점들은 저가치 고객, 하얀색+점들은 고가치 고객들을 나타낸다. 주목할 점은 저가치 고객들이 고가치 고객들보다 평균적으로 더 높은 보상금을 챙긴다는 사실이다. 300달러짜리 비행기 표를 끊은 고객이 800달러를 보상받기도 했다! 왜 그럴까? 이들은 고객센터에 끊임없이 전화를 걸어 목청을 높여 투덜대면 보상을 받을 수 있다는 게임의 원칙을 터득했기 때문이다. 반면 고가치 고객들은 전화로 불평하거나 보상을 바라는 경향은 낮은 반면, 경쟁사로 이탈할 가능성은 훨씬 높았다.

이에 콘티넨털 항공은 가치 기반 마케팅을 시행했다. 그 결과가 바로 〈표 6.4(b)〉이다. 보상 수준은 고객 가치와 문제의 심각성에 따라 결정되었다. 사고당 평균 300달러였던 보상액은 평균 195달러로 줄어, 수백만 달러의 비용을 절감할 수 있게 되었다. 또한 〈표 6.4(b)〉에서 보듯이 고가치 고객들은 저가치 고객들보다 더 높은 보상금을 받았다. 결국 높은 고객생애가치의 고객들에게 보다 많이 제공함으로써 고객만족도 제고와 고객이탈률 저하라는 성과도 얻게 되었다.

콘티넨털 항공의 마이클 골만 Mike Gorman은 이렇게 강조했다. "가장 중요

【표 6.4】 100명 고객 보상금 데이터 분석

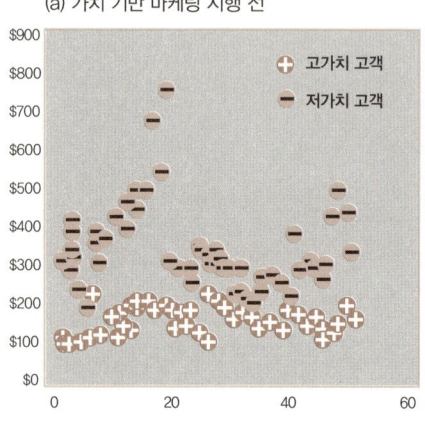
(a) 가치 기반 마케팅 시행 전

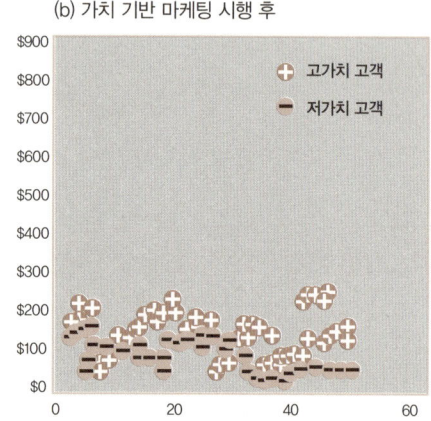
(b) 가치 기반 마케팅 시행 후

출처 : 콘티넨털 항공

한 고객들은 불평을 하지는 않습니다. 하지만 불쾌한 경험을 연속해서 3번 한다면, 경쟁사로 떠날 위험이 높습니다. 따라서 우리는 이런 고객들에게 보다 적극적으로 다가갈 필요가 있습니다."

장단기 고객 수익성의 균형 찾기

다음으로 고객생애가치 분석을 통해 해야 할 일은 장기와 단기 고객 수익성에 균형을 잡는 것이다. 장기 수익성에만 집중하는 전략은 현실성이 떨어지고, 단기 이익에만 집중하면 지속 성장에 문제가 될 수 있기 때문이다. 저가치 고객이라고 무조건 '정리'한다면, 미래 성장을 견인할 고객 기반에 심각한 피해를 초래할 수 있다.

〈표 6.5〉는 캐나다왕립은행 고객들의 장기 및 단기 수익성을 분석한 도표이다. 숫자들은 내부정보 보호를 위해 변경했지만, 그 경향은 실제 데이터와 같다. 캐나다왕립은행은 고객들을 핵심key, 성장growth, 프라임prime의 세 고객군으로 나눈 뒤, 5년간의 고객생애가치와 연간 이익을 분석했다. 참고로 고객생애가치는 〈표 6.1〉의 양식에서 5년 기준으로 계산했으며, 연간 이익은 평가 지표 #6인 이익을 의미한다.

〈표 6.5〉의 x선에 표시된 백분율은 고객 가치가 높은 수준부터 낮은 수준까지 순서대로 정렬한 것을 나타낸다. 즉, 각 고객군별로 100명의 수익성을 단기와 장기로 나눠 엑셀에서 계산한 다음, 가치 순으로 좌표에 표시했다.

참고로 고객 수가 100명 이상인 경우에 이를 모두 좌표에 표시하는 것

【표 6.5】캐나다왕립은행의 고객군별 장단기 수익성 분석

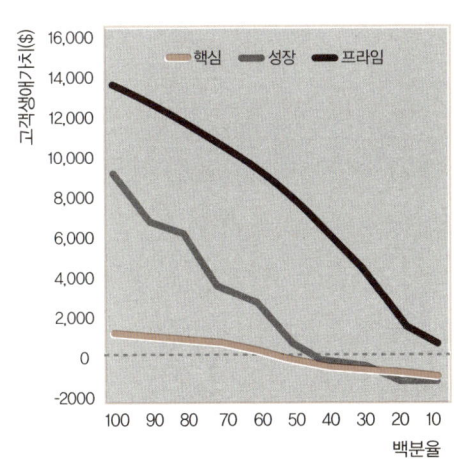
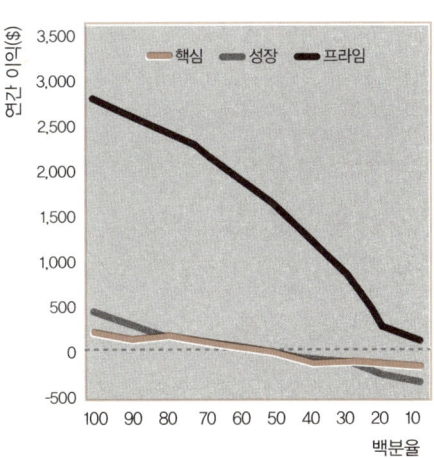

출처 : 캐나다왕립은행, 애자일 인사이트

은 실용적이지 않기 때문에 10명이나 100명씩 그룹을 만들면 좋다. 만약 대규모 고객을 분석해야 한다면 엑셀 대신 SAS 같은 프로그램을 활용하면 더 쉽게 계산할 수 있다.

캐나다왕립은행은 주로 나이를 기준으로 고객을 세분화했다. '핵심' 고객은 이제 막 경제 활동을 시작한 18~29세의 젊은 층으로, 일반적으로 경제력이 떨어지는 고객층이다. '성장' 고객은 주로 30~49세의 중년층이며, '프라임' 고객은 50세 이후 사람들로 경제적으로 자리를 잡은 고객들이다. 〈표 6.5〉에서 눈에 띄는 것은 핵심이나 성장 고객의 50퍼센트가 장기와 단기 수익률 모두 적자라는 점이다! 더 흥미로운 사실은 이들 적자 고객들이 충성도는 가장 높았다는 점이다. 자신이 은행에 투자한 돈보다 더 많은 서비스를 받고 있기 때문이었다.

그럼 어떻게 해야 할까? 이익에 도움이 안 되는 고객들은 버려야 할까? 손실을 줄이기 위해 이들 고객에게는 높은 수수료를 책정하는 방법을 생각할 수 있다. 하지만 이런 방식은 고객을 내모는 전략으로 여론의 비판을 받거나, 은행에 대한 부정적 인식을 조장해 브랜드 인지도와 고객만족도를 저하시키는 결과로 이어질 수 있다. 영국에서는 이런 고액 수수료 책정은 고객 차별이라는 이유로 법률로 규제하고 있다.

사실 현재 적자를 일으킨다는 이유로 이들 고객을 모두 내몬다면 장기적인 성장의 기회를 잃을 수 있다. 그런 측면에서 고객의 장단기 수익성을 모두 고려한 최적화 전략이 필요하다. 그 도표가 바로 〈표 6.6〉이다.

먼저 〈표 6.6〉의 좌측 하단은 현재와 미래 가치 모두 낮은 고객들로서, 핵심과 성장 고객군 중 적자 고객들이 주로 해당된다. 이들에게는 적극적으로 비용과 위험을 통제하며 저비용 서비스를 이용하도록 유도해야 한다. 물론 이와 동시에 고가치 고객으로의 이동 기회도 탐색해야 한다.

두 번째로, 우측 상단은 현재와 미래 수익성 모두 높은 고객들로, 주로 프라임 고객군이 해당된다. 이들에게는 당연히 계속 거래하도록 유도하면서 교차 판매 기회 등을 창출하도록 노력해야 한다.

세 번째로, 우측 하단은 현재 수익성은 높은데 미래 가치가 떨어질 것으로 예상되는 고객들이다. 왜 그럴까? 이들은 주로 오토론처럼 수익성이 매우 높은 상품 하나만 거래하고 있어, 추가 거래를 하지 않을 경우 수익성은 언젠가 떨어질 수밖에 없기 때문이다. 그러므로 이들에게는 현 관계를 유지하면서 고객생애가치를 높일 수 있는 방안을 찾아야 한다.

마지막으로, 좌측 상단은 미래 가치는 높지만 현재 수익성이 낮은 고객들이다. 현재 수익성은 낮지만 미래 가치가 높기에 현 비용을 줄이고 위험을 적절히 관리하며 서서히 성장해 가는 전략이 유효하다.

실제로 캐나다왕립은행은 고객생애가치를 높일 수 있는 핵심 세그먼트로 '넥서스$_{nexus}$' 고객군을 선정했다. 넥서스 고객은 핵심 고객의 일부로 이제 막 대학을 졸업했거나 결혼, 자동차 구입, 생애 최초 주택 장만 등 삶에서 큰 변화를 겪고 있는 젊은 사람들을 말한다. 캐나다왕립은행은 넥서스 고객이 겪는 이런 '첫 경험'들을 금융 상품으로 연계했다. 집을 사려면 담보 대출이, 자가용을 구입하려면 오토론이, 주식을 투자하려면 증권 계좌가 필요하기 때문이다.

또한 부동산 웹사이트나 웨딩 사이트와도 제휴를 맺은 후, 넥서스 고객들에게 결혼이나 내 집 마련을 위한 개인 재무 계획 수립을 지원했다. 그 결과는 놀라웠다. 일부 넥서스 고객들의 은행 잔고는 200퍼센트나 늘어났고, 교차 판매의 성공 확률도 현저하게 올랐다. 특히 신규 주택 담보 대출

【표 6.6】 고객생애가치와 현재 수익성 전략 분석 도표

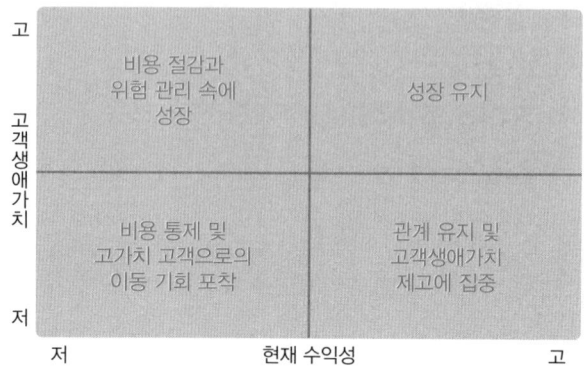

가입자의 30퍼센트와 신차 융자 서비스 가입자의 21퍼센트가 넥서스 고객군에서 발생했다. 결과적으로 넥서스 고객의 36퍼센트는 2년 이내에 단기 수익성과 고객생애가치 측면에서 상위 고객군으로 이동했다.

〈표 6.7〉은 캐나다왕립은행이 가치 기반 전략을 실행에 옮기기 위해 분석한 의사결정트리이다. 실제로 캐나다왕립은행은 신규 고객을 유치하거나 기존 고객을 대상으로 한 모든 마케팅 활동은 이 의사결정트리 분석 결과를 토대로 진행했다. 고객과의 접점에서 캐나다왕립은행의 IT시스템은 다음의 질문을 묻고 답했다. "해당 고객의 단기 수익성은 어떤가?" "이 고객이 갖고 있는 위험 요인은 무엇인가?" "이탈 가능성은 어느 정도인가?" "고객의 5년 고객생애가치는 어느 수준인가?" 이 질문들에 대한 답의 결과에 따라 해당 고객을 대하는 전략이 결정되었다.

즉, 〈표 6.7〉에서 보듯이 단기 수익성, 고객 위험, 이탈 가능성, 고객생애가치라는 4가지 변수를 기초로 고객 대응 전략을 사전에 정했다. 예를 들어 단기 수익성은 낮고, 고객 위험과 이탈 가능성은 높고, 고객생애가치가

낮다면, 하단 맨 오른쪽 고객 대응 전략인 FCR에 해당한다. 즉, 위험 관리를 중점으로 두기에 어떤 마케팅 자료도 보내지 않고 서비스 비용이 낮은 채널을 이용하도록 유도만 한다.

반면, 단기 수익성과 고객생애가치는 높으면서 고객 위험과 이탈 가능성은 낮은 고객들이라면 하단 왼쪽의 PGR 고객 대응 전략에 해당한다. 이는 '프리미엄 성장' 전략으로 교차 판매와 상향 판매를 통해 지속적으로 성장해 나가는 전략을 추구한다. 만약 그 중에서 이탈 가능성만 높아진다면 이들 고객은 하단 가장 왼쪽의 PRT 고객 대응 전략에 해당한다. 이 경우에는 고객이 이탈하지 못하도록 하기 위한 프리미엄 마케팅 오퍼가 필요하다. 문제가 발생하면 즉각적으로 보상이 주어져야 하며, 고객의 불편에 대해 즉시 사과함으로써 고객 이탈 가능성을 낮추어야 한다.

이 의사결정트리를 똑같이 적용하기는 어려울 수 있지만, 가치 기반 마케팅 전략을 실행하는 데 도움이 된다는 점은 분명하다. 물론 캐나다왕립은행이 실행한 고객 세분화 방법이 최선은 아닐 수 있다. 하지만, 가치에 기반한 고객 세분화를 통해 최적의 마케팅 활동과 고객서비스 전략을 수립했다는 점에서 의의가 있다.

나는 〈표 6.7〉이 이 책에 나온 도표 중 가장 중요한 도표라고 생각한다. 마케팅 평가에 기반한 가치 기반 마케팅 전략을 어떻게 실행하는지 보여주기 때문이다.

[표 6.7] 캐나다왕립은행의 가치 기반 전략 실행을 위한 의사결정트리

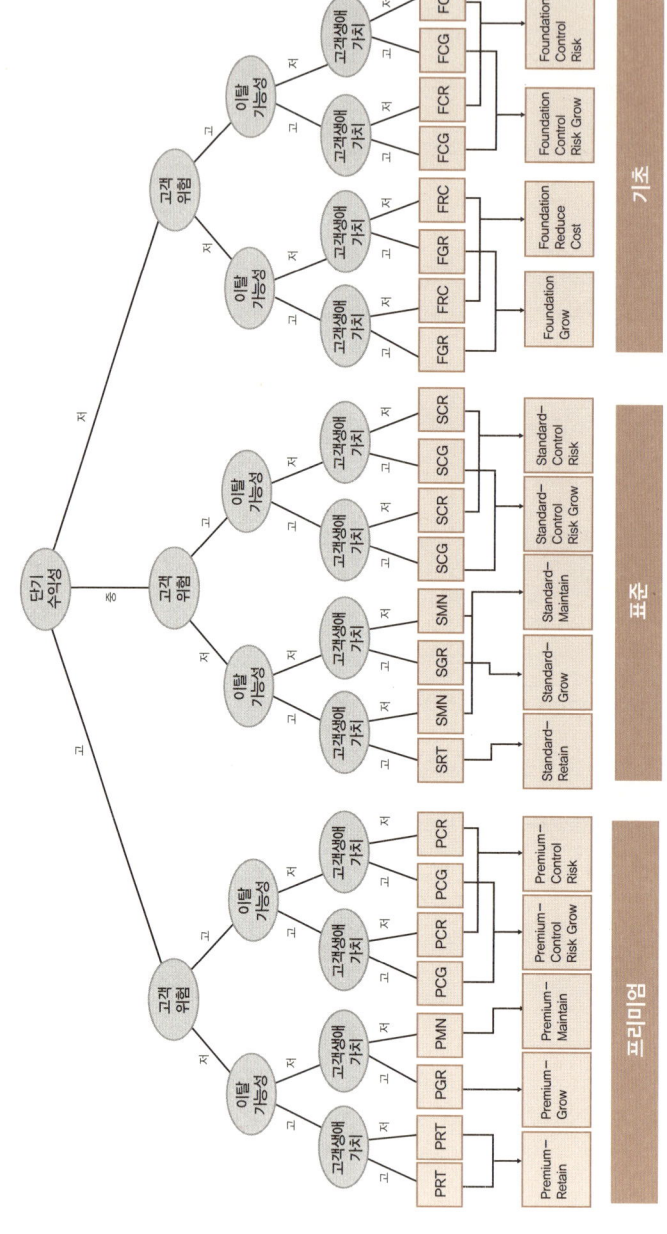

출처: 캐나다왕립은행

고객생애주기 관리

고객생애주기Customer Life Cycle 관리란 고객 (1)확보에서부터 (2)성장, (3)유지에 이르기까지 고객 생애에 걸친 마케팅 활동을 의미한다. 고객생애가치는 고객생애주기 관리에 중요한 측면을 더한다. 이론적으로는 (1)고가치 고객들을 중심으로 확보한 후, (2)마케팅을 통해 이 고객들을 꾸준히 관리하며 교차 판매와 상향 판매 기회를 넓히면 된다. 하지만 현실적으로 고객 관리의 핵심은 고가치 고객들이 떠나지 않도록 하는 것이기에, (3)고객 유지가 다른 무엇보다도 중요할 수밖에 없다. 고객 유지 마케팅은 chapter 8에서 집중적으로 살펴볼 예정이며, 여기서는 기존 고객의 '성장'에 집중하도록 하겠다. 이렇게 시작하는 것이 가장 쉽기 때문이다.

카니발 코퍼레이션Carnival Corporation은 연매출 146억 달러의 세계 최대 크루즈 여행사이다. 카니발 코퍼레이션은 85개가 넘는 크루즈 선박을 보유하고 있으며, 총 17만 명에 가까운 여행객이 이용하고 있다. 카니발 크루즈 라인Carnical Cruise Lines, 프린세스 크루즈 라인Princess Cruise Line, 홀랜드 아메리카Holland America, 시번Seabourn 등 크루즈 브랜드들을 운영한다.

카니발 코퍼레이션은 데이터 기반 마케팅 전략을 개발하기 위해 〈표 1.7〉에서 소개한 전략 프레임워크를 이행했다. 먼저 고객들을 이해하는 작업에 착수했고, 어떤 변화가 요구되는지 숙고했다. 그 결과 개인보다 가족을 보다 더 중요시해야 한다는 사실을 발견했다. 가족 데이터 없이는 고객의 진정한 가치를 이해할 수 없기 때문이었다. 사실 가족 중 한 사람이 크루즈 여행을 제안하고 예약하지만, 실제 크루즈 여행은 개인 한 명이 아니라 커플이나 가족 단위로 이뤄지는 게 대부분이었다. 따라서 크루즈 고객의 가치는 개인 한 사람의 가치가 아니라 가족 전체의 가치와 더 밀접한 관계가 있었던 것이다. 이에 제대로 된 가족 데이터를 기초로 한 고객 세분화 작업을 해야만 했다.

다른 얘기지만 가족, 혹은 가구 데이터는 다른 업계에서도 중요하다. 유통업계에서는 신용카드 거래나 기타 구매 자료를 통해 얻는다. 물론 가족은 이동이 잦고 그 가치도 변하기 때문에 꾸준한 업데이트가 필요하다. 카니발 코퍼레이션 역시 보유한 가족 데이터를 업데이트하는데 심혈을 기울이고 있다. 분기별로 대행사를 통해 자신이 보유한 데이터베이스를 우편국이 보유한 정보와 비교한 후 변경된 내용을 업데이트하기도 했다.

여러 경로를 통해 확보한 가구 데이터를 토대로 카니발 코퍼레이션은 가구 가치와 잠재적인 미래 수익성(CLTV)을 기초로 고객을 세분화했다. 크루즈 사업에서 고객으로부터 수익을 창출하는 방법은 두 가지가 있다. 첫째는 예약한 크루즈 상품 가격, 둘째는 여행 기간 선상에서의 지출 비용이다. 카니발은 천만 명 이상의 고객에 대해 과거 수년간의 데이터를 기초로 가치 기반 세분화 작업을 했다. 데이터 분석은 SAS 엔터프라이즈 마이너 툴SAS Enterprise Miner Tool을 사용했다. SAS 프로그램에는 복합 변수를 가진 데이터 세트 값을 자동으로 구분해주는 프록 유니버리어트Proc Univariate 기능이 있다. 이는 학생들의 시험 성적 데이터에서 A학점과 B학점을 가르는 기준을 찾는 것과 비슷하다. 카니발 코퍼레이션도 이 기능을 활용해 가구별 가치에서 그 차이가 자연스럽게 벌어지는 지점을 찾았다.

이 분석을 통해 카니발은 가치에 기반한 정교한 고객 세분화 작업을 할 수 있었다. 그 결과 고객들을 고가치, 중간가치, 저가치로 분류했다. 예를 들어 전체 고객 중 50퍼센트가 넘는 저가치 고객들은 전체 매출의 50퍼센트에 훨씬 미치지 못했다. 사실 저가치 고객을 판별하는 일도 가치 있는 활동이다. 그들에게 마케팅 비용을 투입해봐야 낭비이기 때문이다.

이에 좀 더 구체적으로 세부 고객군별로 고객들의 행동을 심층 분석했다. 이를 알기 위해 카니발 코퍼레이션은 다음과 같은 질문들을 던졌다. "이들은 자녀와 함께 여행을 할까?" "이들은 예약을 4월에 할까?" "크루즈 기간은 얼마를 원할까?" "크루즈 상품은 평균 얼마짜리를 원하고 여행 기간 동안 배 안에서 보통 얼마를 쓸까?" 고객군별로 동일한 질문을 던지고 이에 답함으로써 카니발은 고객군에 특화된 마케팅 오퍼를 개발할 수 있었다. 예를 들어 대부분의 고가치 고객들은 자녀를 여행에 동반하지 않기에, '성인을 위한 선상 파티'와 같은 오퍼를 수락할 가능성이 높았다.

또한 카니발 코퍼레이션은 고객들을 이해하는 작업을 통해 고객 행동을 좀 더 심층적으로 파악할 수 있게 되었다. 그동안 카니발 코퍼레이션은 두루뭉술하게 고객에게 크루즈 여행을 권유하는 마케팅을 하고 있었다. 하지만 고객 행동을 심층 분석한 결과, 가장 중요한 요소가 크루즈 상품 예약임을 알게 되었다. 또한 실제 여행을 떠나기 몇 달 전에 예약을 한다는 사실도 알게 되었다. 이는 마케팅을 '크루즈 여행 상품 예약'을 유도하는데 집중해야 함을 의미했다. 이렇게 고객의 구매 사이클을 각 단계별로 살펴보며, 어떻게 하면 마케팅 성과를 극대화할 수 있는지 숙고했다.

일례로 카니발 코퍼레이션 마케팅팀은 과거 예약 데이터를 모두 분석했다. 이를 통해 고가치 고객들이 다음 크루즈 상품을 언제 예약할지 예측할 수 있었다. 예측 결과를 토대로 예상 예약 시점 두 달 전에 고객에게 할인 쿠폰을 전송했다. 만약 고객이 오퍼를 수락하지 않고 예상 시점에 예약하지 않는다면, 두 달 후에 조금 더 비싼 마케팅 오퍼를 보냈다. 그 결과는 성공적이었다. 고객의 반복 예약률이 2년간 10퍼센트나 상승한 것이다. 이외에 또 다른 성과도 창출했다. 저가치 고객에게는 마케팅 오퍼를 보내지 않음으로써 마케팅 비용을 절감할 수 있었다!

지금까지 카니발 코퍼레이션의 가치 기반 마케팅 사례를 살펴보았다. 카니발 코퍼레이션은 기존 고객의 가치를 개인이 아닌 가족 단위로 묶어 평가한 후, 세 그룹으로 세분화했다. 그리고 고객 행동 분석 결과에 따라 상품 예약률을 높이는 데 집중했다. 또한 고객군별로 마케팅 오퍼를 달리함으로써 각 고객군별 최적의 오퍼를 제공했다.

사실 고객생애주기 중 '성장' 단계인 기존 고객의 가치를 높이는 일은 가치 기반 마케팅의 자연스런 첫 걸음이다. 기존 고객 데이터를 수집하는 일이 상대적으로 쉽기 때문이다. 반면 신규 고객 확보를 위한 가치 기반 마케팅 활동은 그리 쉬운 일이 아니다.

신규 고객 대상 마케팅을 하기 위해선 무엇보다도 먼저 잠재 고객 리스트가 필요하다. 고객 데이터를 수집하기 위해 '10일간 소프트웨어 무료 다운로드' 이벤트 등을 하기도 한다. 내부적으로 여의치 않을 경우 데이터를 구매함으로써 고객 리스트를 강화할 수도 있다. 미국에는 전체 인구 및 전체 가구에 대한 세부 판매 데이터를 축적한 회사로부터 데이터를 구매할 수 있다. 하지만 이는 비용이 많이 든다는 게 단점이다. 그러므로 구매해야 한다면 필요한 세부 고객층 데이터만 저렴하게 구매하는 게 현명하다.

· · · ·

지금까지 고객생애가치에 대해 살펴보았다. 고객생애가치는 고객의 미래 가치를 측정하는 필수 평가 지표로, 평가 지표 중 가장 수준이 높은 지표이자 가장 중요한 지표이다.

고객생애가치를 측정, 평가한다면 이를 기반으로 가치 기반 마케팅을 펼치고 고객생애주기 관리를 할 수 있다. 그러므로 데이터를 확보하고 분석하기가 쉽지 않더라도 반드시 해야 할 평가임을 명심하기 바란다.

그럼 이제 인터넷 시대를 맞아 부상하는 새로운 평가 지표들을 만나보기로 하자.

Chapter Insights

- 고객생애가치는 고객의 미래 가치를 측정하는 필수 평가 지표이다.

- 고객생애가치에 따라 모든 고객을 관리하는 방향으로 마케팅을 전환해야 한다. 고가치 고객들에게는 경쟁사로 이탈하지 않도록 관리하면서, 상향 판매나 교차 판매 기회를 적극적으로 모색한다. 중간가치 고객들에게는 고가치 고객군으로 이동할 수 있도록 상향 판매와 교차 판매에 집중한다. 적자도 유발시키는 저가치 고객들에게는 투입되는 마케팅 비용을 줄여야 한다.

- B2B 기업들은 채널 파트너들의 고객생애가치를 계산하는 일부터 시작해야 한다.

- 수익률이 적자인 고객은 없으며, 단지 수익률을 적자로 만드는 프로세스와 서비스 채널이 존재할 뿐이다. 가치를 갉아먹는 프로세스를 파악하고 해당 프로세스와 서비스 채널을 바꿔야 한다.

- 장기적 고객생애가치만 고려하는 것은 단편적인 접근법이다. 고객생애가치와 함께 단기 수익성도 함께 관리해야 한다.

- 고객생애주기는 확보, 성장, 유지 단계로 구성된다. 가치 기반 마케팅을 통해 각 단계별 전략을 세우고, 표적 마케팅을 하기 위해 데이터마이닝을 실행한다.

Chapter 7

인터넷 마케팅에 유용한 신규 평가 지표 5가지

#11. 클릭당 비용
#12. 거래전환율
#13. 광고수익률
#14. 사이트 이탈률
#15. 입소문(소셜미디어 도달률)

인터넷 마케팅은 여러 측면에서 불모지와 같다. 인터넷은 마케팅의 새로운 개척 분야이며, 혁신이 끊임없이 일어나고 있다. 인터넷 세상은 마치 19세기 미국 서부 개척 시대를 보는 듯 하다. 그러다 보니 인터넷 업계의 마케터들은 다른 업종의 마케터보다 더 심한 압박에 시달린다.

그럼에도 우리는 인터넷 마케팅 평가에 대해 살펴보고자 한다. 어떻게 성과를 측정해야 하며, 어떤 가치를 분석할 수 있는지 알아볼 것이다. 이를 통해 기존 역량을 한층 더 높일 수 있는 계기가 되리라 생각한다.

먼저 온라인 마케팅 예산 중 가장 큰 비중을 차지하는 SEM Search Engine Marketing, 즉 검색엔진 마케팅부터 설명하겠다. 검색엔진 마케팅이란 검색엔진을 마케팅 도구로 활용해 웹사이트 방문을 유도함으로써 인지도를 제고시키거나 상품을 구입하게 하는 인터넷 마케팅을 말한다. 검색 결과가 상위에 오르게 하는 검색엔진 최적화, 인터넷 광고 관리 등이 여기에 해당한다.

검색엔진 마케팅은 CPC, TCR, ROAS 등 인터넷 평가 지표들을 통해 엑셀 프로그램으로 분석할 수 있다.[1] 물론 이런 평가에 익숙해지려면 시간이 필요하겠지만, 그 노력은 충분한 가치가 있다. 특히 당신이 현재 최적화된 검색엔진 마케팅을 실행하고 있지 않다면, 당장 실무에 적용해 마케팅 성과를 획기적으로 개선할 수 있는 방안을 제시할 수 있다.

전통적인 검색엔진 마케팅과 그 최적화를 논하기 전에 먼저 인터넷 분야에서 마케팅이 얼마나 빠른 속도로 진화하고 있는지부터 알아보도록 하자.

평가 지표 #11. 클릭당 비용 CPC

2002년 기내에서 우연히 유명 컨설팅회사의 선임 파트너 옆자리에 앉게 됐다. 마침 신문에 구글 관련 기사가 실려 있었는데, 그는 이렇게 외쳤다. "이해가 안돼요. 검색이야 어디서든 쉽게 할 수 있는데, 구글이 뭐가 대단한 겁니까?" 그의 관점으론 검색은 획기적인 고차원 기술이 아니었으므로 구글의 혁신을 이해할 수 없었던 것이다.

물론 웹을 샅샅이 뒤져 해당 키워드에 연관된 웹 페이지들을 일목요연하게 보여주는 검색 기술은 어렵고 복잡한 기술은 아니다. 정작 문제는 특정 키워드와 관련된 수많은 웹 페이지들을 중요도 순으로 논리적으로 정렬하는 일이 쉽지 않다는 데 있다. 지구상에 존재하는 모든 웹 페이지를 검색할 수는 있지만 그 결과를 중요도가 가장 높은 정보부터 나타내려면 어떻게 해야 할까?

인터넷 초창기인 1995년경의 검색엔진은 웹 페이지에 포함된 키워드 개수를 계산해 키워드가 많이 나온 웹 페이지일수록 상위 순위에 배치했다. 그러다 보니 웹 개발자들은 검색 순위를 올리려고 페이지별로 주요 키워드들을 가능한 많이 열거하는 데만 총력을 쏟았다. 이런 현상을 막기 위해 야후는 많은 사람을 동원해 웹 페이지 내용을 일일이 검토한 후 검색 순위를 정하기도 했다.

1996년 래리 페이지Larry Page와 세르게이 브린Sergey Brin은 세상을 바꿀 아이디어 하나를 생각해 냈다. 특정 웹 페이지가 다른 웹에 얼마나 많이 링크되었는지에 따라 인터넷 검색 순위를 결정하는 개념이었다.[2] 어떤 웹 페이지를 링크한다는 것은 그 사이트가 제공하는 정보력을 인정한다는 표현이기 때문이었다. 이에 페이지와 브린은 1998년 9월 4일 지구상에서 가장 뛰어난 검색 알고리즘을 가진 구글을 창립했다. 그렇게 시작한 구글이 이십 년도 안돼 세상을 주도하는 리더가 되었으니, 컨설턴트가 놀랄 수밖에 없다.

이런 일이 인터넷 평가 지표에서도 일어났다. 1997년경까지 인터넷 마케팅은 주로 천 명당 광고노출비용인 CPM을 주요 지표로 활용했다. 하지만 1997년 인터넷 광고회사인 오버추어Overture[3]가 새로운 평가 지표를 내세웠다. 세계 최초로 검색 페이지에 유료 검색 광고를 개발한 오버추어는 CPM이 아닌 클릭당 비용인 CPCcost per click를 기초로 광고비를 책정한 것이다. 이후 CPC는 CPM을 대체하여 검색엔진 마케팅을 측정하는 표준 지표가 됐다.

CPM과 CPC의 차이는 근소하다. CPM에 따르면 광고주는 검색 사이트에서 얼마나 많은 사람이 그 광고를 봤느냐에 따라 비용을 지불한다. 반면 CPC에 따르면 광고주는 구매 확률을 높이는 사용자 클릭 수에 따라 비용을 지불한다. 프랑스의 다국적 종합 광고 홍보 대행사 아바스Havas의 계열사인 미디어 컨텍츠Media Contacts가 연구한 결과에 따르면, 전체 검색의 46퍼센트는 구매할 제품이나 서비스를 찾기 위해 행해진다고 한다. 따라서 광고주들은 잠재 구매를 높일 수 있을 클릭수에 민감할 수밖에 없다. 이런 이유로 검색엔진 마케팅에서는 클릭당 비용인 CPC가 중요하게 여겨진다.

하지만 오버추어의 키워드 검색 광고는 경매에서 가장 높은 가격을 부른 기업만이 할 수 있었다. 반면 구글은 키워드 획득 경매 방식을 정하는데 다양한 변수를 활용함으로써 게임의 판도를 바꾸었다. 즉, 구글은 CPC 계산 방법을 재정립해 CPC 매출을 극대화시킨 것이다.

물론 구글 CPC 광고는 매우 비싸다. 키워드 검색량과 광고 지역에 따라 하루에 몇 백 달러에서 10만 달러까지 지출하기도 한다. 그렇다면 이렇게 투입되는 마케팅 비용으로 어떻게 하면 가장 큰 성과를 얻을 수 있을까? 이 질문에 답하기 위해서는 다른 평가 지표들이 추가적으로 필요하다. 평가 지표 #12인 거래전환율과 #13인 광고수익률이 그것이다.

> **평가 지표 #11** 검색엔진 마케팅을 평가하는 인터넷 필수 지표
> CPC = 제공하는 검색 링크나 배너 광고의 클릭당 비용을 의미.
> 잠재 구매를 높일 수 있는 클릭수에 비례.

평가 지표 #12. 거래전환율 TCR

인터넷 검색은 두 가지 유형으로 나눌 수 있다. 유기적 검색이라고도 부르는 자연 검색과 스폰서 검색으로도 불리는 유료 검색이 있다. 자연 검색

은 검색 결과 자연스럽게 나오는 검색 결과로 구글의 경우 링크 정도에 따라 검색 순위가 결정된다. 반면 유료 검색은 주로 검색 페이지의 상단이나 양쪽에 나타나는 유료 링크 페이지들을 말한다.

〈표 7.1〉은 인터넷 검색에서 사용자들이 화면의 어디를 클릭했는지를 점으로 표현하는 히트맵heat map이다. 먼저 왼쪽 상단에 점이 몰려있는 게 눈에 띈다. 이곳은 유료 검색 사이트나 자연 검색의 상위 순위 사이트들이 위치한 곳이다. 〈표 7.1〉 히트맵에 보이는 가로선들은 페이지를 구분하는 선들인데, 두 번째 이상 페이지에 있는 웹들을 클릭하는 사람은 거의 없다는 것을 알 수 있다. 그러므로 검색엔진 마케팅을 효과적으로 집행하기 위해서는 유료 검색 서비스를 적절히 활용함과 동시에 자연 검색 결과로도 상위에 나타날 수 있도록 최적화해야 한다. 즉, 다른 웹들이 당신 사이트를 링크할 만한 가치를 제공하면서 핵심 키워드를 웹 페이지 상에서 전략적으로 사용한다면 자연 검색 순위를 끌어올릴 수 있다.[4]

하지만 이 책에서 주로 다루는 검색엔진 마케팅은 유료 검색 서비스에 대한 것이다. 인터넷 마케팅으로 유로 검색 서비스에 상당한 마케팅 예산을 투입하는 회사들이 많기 때문이다.

사람들이 인터넷에서 검색하는 방식을 살펴보면 흥미롭다. 예를 들어 와인 여행에 관심이 있는 사람이 먼저 특정 브랜드와 상관없이 '와인'이나 '여행' 같이 일반적인 키워드로 검색을 시작한다. 그러다 보면 검색 결과로 나파밸리Napa Valley나 투스카니Tuscany와 같은 지역 정보들이 나타난다. 그럼 특정 지역으로 대상을 좁혀 검색을 이어나간다. 그러다 나파밸리로 정하면, 다른 방향으로 검색을 시작한다. 즉, 그는 익스피디아Expedia나 트래블로시티Travelocity, 오비츠Orbitz 같은 인터넷 여행사 사이트에서 나파밸리로 가는

【표 7.1】 구글 인터넷 검색 히트맵

출처 : 인카이로 아이 트래킹 보고서Enquiro Eye Tracking Report

항공 및 숙박 정보를 검색하는 것이다. 이 사례에서 보듯이 검색엔진 마케팅을 할 때 최종 검색에 활용되는 브랜드 검색어뿐만 아니라, 검색 초기의 일반 검색어에도 마케팅이 필요함을 알 수 있다.

거래전환율인 TCR을 알아보기에 앞서 알아두어야 할 용어들이 있다. 먼저 입찰 전략bid strategy과 매치 타입match type부터 설명하겠다. 입찰 전략이란 웹 페이지의 어디에 당신 회사나 상품 정보를 띄울 것인지 결정하는 것이다. 예를 들어 첫 번째부터 네 번째 스폰서 링크에 나타나게 할 것인지, 아니면 2군에 해당하는 다섯 번째나 여섯 번째 링크에 나타나게 할 것인지를 정하는 것이다. 매치 타입이란 사용자가 당신의 정보를 웹에서 보려면 관련 검색어를 완벽하게 똑같이 입력해야 할지('일치형' 매치 타입), 순서와 상관없이 입력해도 될지('광의형' 매치 타입)를 정하는 것을 말한다. 이외에도 두 개 낱말 이상의 구절 스타일의 구문형 매치 타입도 있으며, 특정 단어들을 검색에서 제외시키는 네거티브 형태도 있다.

CPC와 더불어 매우 유용한 인터넷 마케팅 평가 지표로 클릭률, 즉 CTR이 있다. CTR은 노출된 인터넷 광고가 클릭되는 비율로 클릭수를 광고 노출을 의미하는 임프레션impression 수로 나누면 된다.

검색엔진 마케팅의 핵심은 특정 키워드나 광고 위치를 입찰로 구입하는 것이다. 누구나 휴가, 나파밸리, 와인 같은 키워드를 원한다. 구글은 입찰액과 CTR, 고객이 클릭할 확률, 사이트 이탈률 등이 포함된 복잡한 공식을 통해 스폰서 링크의 순서를 정한다. 여기서 주목할 점은 구글의 광고 순위가 CTR로 결정된다는 사실이다. 따라서 당신의 과거 스폰서 링크가 높은 CTR을 보였다면, 당신은 상대적으로 낮은 CPC로도 더 좋은 광고 위치를 얻을 수 있게 된다. 즉, 구글의 광고 순위는 사용자 유입과 클릭률이 많은 광고주에게 혜택을 준다. 이렇게 하면 구글의 매출은 CPC × 클릭 수이기에 구글 매출도 극대화할 수 있기 때문이다. 이런 순위 책정 방식은 높은 CTR의 빅 브랜드에게 호의적일 수밖에 없어, CTR 기록도 없는 신출내기에게는 비용을 줄이고 성과를 극대화할 수 있는 검색엔진 마케팅 전략이 더욱 중요하다.

그럼 이제 검색엔진 마케팅을 최적화하기 위한 필수 평가 지표인 거래전환율을 알아보자. 거래전환율, 즉 TCR이란 인터넷 클릭을 수익과 연결짓는 지표로서 웹사이트에 접속한 후 실제로 구매한 고객 비율을 의미한다.

이 TCR을 CTR과 곱하면 검색엔진 마케팅에 대한 오퍼수락률을 계산할 수 있다. 즉, 검색엔진 마케팅에서 오퍼수락률은 광고 노출 후 클릭한 비율에 클릭 후 구매한 고객 비율을 곱하면 나온다. 그러므로 오퍼수락률은 광고를 본 이후 오퍼를 수락한 고객 비율이자 구매 확률이라고 할 수 있다.

$$\text{오퍼수락률} = \text{클릭률}_{CTR} \times \text{거래전환율}_{TCR}$$

이처럼 거래전환율은 클릭을 오퍼 수락이나 수익과 연결지을 수 있는 평가 지표로, 인터넷 마케팅 결과를 재무적으로 평가할 수 있다는 데 의의가 있다.

평가 지표 #12 인터넷 클릭을 수익으로 연결하는 필수 지표

TCR = 클릭한 후 실제로 구매한 고객의 비율인 거래전환율을 의미.

$$\text{오퍼수락률}_{\text{take rate}} / \text{클릭률}_{CTR}.$$

평가 지표 #13. 광고수익률 ROAS

이제 두 번째로 ROAS$_{\text{Return On Ad. dollars Spent}}$, 광고수익률을 살펴보기로 하자. 사실 검색엔진 마케팅 성과를 측정하고, 평가 결과의 완성도를 높이기 위해서는 이에 특화된 투자수익률 지표가 필요하다. 그것이 바로 광고수익률이다. 그전에 알아두어야 할 게 있다. 전자상거래에서 검색엔진 마케팅의 성과를 확인하는 또 다른 평가 지표인 순수입$_{\text{net revenue}}$이다.

$$\text{순수입}_{\text{net revenue}} = \text{총수입}_{\text{revenue}} - \text{비용}_{\text{cost}}$$

이는 평가 지표 #6인 이익과 유사하지만, 비용에서 매출원가는 제외하고 인터넷 마케팅 비용만 포함하기 때문에 마케팅 캠페인의 이익 공헌 개념으로 볼 수 있다. 클릭당 순수입도 계산할 수 있는데, 이는 클릭당 총수입에서 CPC를 빼면 구할 수 있다.

그런데 투자수익률 지표인 광고수익률은 이 순수입을 인터넷 광고비로 나눈 비율이다. 즉, 광고수익률은 인터넷 광고비 대비 순수입의 비율로서, 제품이나 서비스의 판매로 이어지는 인터넷 광고의 성과를 측정하는 재무 지표이다.

> **평가 지표 #13** 검색엔진 마케팅의 수익률을 측정하는 필수 지표
> ROAS = 광고수익률로 인터넷 광고비 대비 순수입의 비율을 의미.
>
> $$\text{순수입}_{\text{net revenue}} / \text{비용}_{\text{cost}}$$

:: 검색엔진 마케팅 최적화

그런데 이 광고수익률을 극대화하려면 검색엔진 마케팅의 최적화가 필요하다. 사실 검색엔진 마케팅이 유용한 이유는 수많은 정보를 얻을 수 있다는 점이다. 원한다면 데이터를 통합할 수도 있고, 엑셀 프로그램으로 분석도 가능하다.[5] 일례로 〈표 7.2〉에서 보듯이 한 검색엔진 마케팅 캠페인 사례에 대해 지금까지 설명한 인터넷 평가 지표로 평가할 수 있다.

【표 7.2】 검색엔진 마케팅 평가 도표

(a) 평가 지표들에 따른 5개 입찰 키워드 분석 사례

	CTR(%)	TCR(%)	거래당 비용(%)	총수입($)	총클릭 비용($)	순수입($)	POAS($)	총 예약량	예약당 평균수입	오퍼수락률 (예약률)(%)
1	9.1	900.0	0.26	8,777.95	2.31	8,775.64	379,487	9	975	81.8
2	16.7	100.0	0.63	1,574.20	0.63	1,573.58	251,772	1	1,574	16.7
3	11.1	100.0	0.39	390.15	0.39	389.76	100,524	1	390	11.1
4	2.5	12.5	2.20	935.00	2.20	932.80	42,400	1	935	0.3
5	23.1	33.3	5.21	1,685.55	5.21	1,680.34	32,237	1	1,686	7.7

(b) 5개 입찰 키워드 자료

	검색엔진	키워드	매치타입	입찰전략	입찰가($)	클릭수	총클릭 비용($)	평균 CPC($)	임프레션	평균위치
1	야후-미국	플로렌스 여행	광의형	위치 1-2	6.25	1	2.31	2.31	11	1.27
2	야후-미국	저가 국제항공	광의형	위치 1-2	6.25	1	0.63	0.63	6	1.00
3	MSN-글로벌	프랑스항공권할인	광의형	위치 2-5	0.00	1	0.39	0.39	9	1.11
4	야후-글로벌	프랑스온라인예약	일치형	위치 1-2	0.25	8	2.20	0.28	318	2.98
5	구글-미국	파리 저가항공사	광의형	위치 5-10	6.25	3	5.21	1.74	13	1.00

이제 본격적으로 검색엔진 마케팅 최적화 방안을 생각해 보자. 이는 다음과 같이 3단계로 실행할 수 있다.

1단계. 검색엔진 전략을 최적화하라

구글, 야후 등 어떤 검색엔진이 투입 비용 대비 최고의 성과를 창출할 수 있는지 분석해야 한다.

2단계. 캠페인 전략을 최적화하라

검색상에서 최고의 가치를 창출하려면 어떻게 인터넷 마케팅 캠페인을 펼쳐야 하는지 결정해야 한다.

3단계. 성과에 미치는 영향력을 확인하라

순수입이나 ROAS와 같은 평가 지표들을 기준으로 캠페인 변화에 따라 어떻게 성과가 변하는지 확인해야 한다. 이는 향후 캠페인 실행의 토대가 될 수 있다.

먼저 1단계로 검색엔진 전략 최적화를 해보도록 하자. 일단 검색엔진별 점유율을 바탕으로 마케팅 예산을 할당한다. 예를 들면 예산의 60퍼센트는 구글에, 20퍼센트는 야후에, 나머지 20퍼센트는 기타 검색엔진에 할당하는 것이다. 그런 후 캠페인을 기획해 키워드를 구매, 실행한 후 데이터를 수집한다. 그 결과 〈표 7.3〉과 〈표 7.4〉와 같은 결과물을 얻었다.

〈표 7.3〉은 검색엔진별 클릭률을 토대로 검색엔진 전략을 최적화하는 도표이다. 도표에서 보듯이 오퍼수락률(CTR X TCR)과 평균 CPC를 기준으로 검색엔진을 분류했다.

〈표 7.3〉의 우측 하단은 클릭당 평균 비용은 낮으면서도 오퍼수락률은 높은 검색엔진들이 여기에 해당된다. 이는 확실히 비용 대비 성과가 좋음

【표 7.3】 오퍼수락률과 CPC에 따른 검색엔진 전략 최적화 도표

	오퍼수락률 낮음	오퍼수락률 높음
CPC 고	구매로 연결되지 않는 고비용 검색엔진 광고 중단 고려	구매를 유도하는 고비용 검색엔진 ROAS가 높은 활동에 집중
CPC 저	구매로 연결되지 않는 저비용 검색엔진 캠페인 전략 최적화 여부에 따라 결정	구매를 유도하는 저비용 검색엔진 광고 투자 확대

가로축: 오퍼수락률 (CTR × TCR) / 세로축: CPC

을 의미하므로 투자를 더욱 확대할 필요가 있다.

반면 〈표 7.3〉의 좌측 상단은 이와는 정반대로 클릭당 평균 비용은 높은데 오퍼수락률은 낮은 검색엔진들을 뜻한다. 제 역할을 하지 못하므로 광고 중단까지 고려할 필요가 있다.

〈표 7.3〉의 우측 상단은 오퍼수락률은 높지만 클릭당 평균 비용도 높은 검색엔진들이 여기에 속한다. 효과는 있지만 비용이 많이 소요된다는 의미로, 키워드별로 ROAS를 따져 비용 대비 성과가 높은 키워드를 선택하는 게 현명하다. 예를 들어 4번째 정도의 위치를 목표로 입찰해도 경매에 참여하는 업체가 없어 1~2번째 광고 위치를 점유할 수 있는 키워드들을 찾는 것도 좋은 방법이다.

마지막으로 〈표 7.3〉의 좌측 하단은 클릭당 평균 비용도 낮고 오퍼수락률도 낮은 검색엔진들이 있다. 효과는 낮지만 비용도 낮기에 그냥 무시하

[표 7.4] 클릭률과 거래전환율에 따른 인터넷 검색 캠페인 전략 최적화 도표

	저 클릭률	고 클릭률
고 거래전환율	클릭률이 낮지만 일단 클릭하면 구매함 검색 시 노출되는 카피 개선	클릭도 하고 구매도 함 개선할 필요가 없는 이상적인 캠페인
저 거래전환율	클릭도 안하고 구매도 하지 않음 저수익 광고는 중단 고려	클릭은 하지만 구매는 하지 않음 웹사이트 내 카피 개선

기보다는, 2단계로 넘어가 〈표 7.4〉에서 보듯이 거래전환율과 클릭률을 기준으로 광고 성과를 최대한 발휘할 수 있는 캠페인 전략 최적화 여부에 따라 결정하는 게 좋다.

2단계에서 활용할 수 있는 도표가 바로 〈표 7.4〉의 클릭률과 거래전환율에 따른 캠페인 전략 최적화 도표이다. 〈표 7.4〉에서 보듯이 우측 상단은 클릭률도 높고 거래전환율도 높은 캠페인들을 말한다. 이런 캠페인들은 이미 충분히 훌륭하기 때문에 개선할 필요가 없다. 하지만 좌측 상단은 거래전환율은 높지만, 클릭률이 낮다. 이는 고객들이 일단 클릭해서 사이트에 들어가면 구매할 가능성은 높지만 클릭을 잘 하지 않는다는 것을 의미한다. 즉, 구매 확률은 높지만, 클릭이 잘 안 되는 광고들이다. 그러므로 이런 캠페인들은 검색 시 노출되는 카피를 개선함으로써 고객의 클릭을 보다 더 유도해야 한다.

그리고 〈표 7.4〉의 우측 하단은 좌측 상단과 달리 클릭률은 높지만, 거래전환율이 낮은 캠페인들이다. 즉, 클릭해 당신 사이트로 들어오는 고객들은 많지만, 정작 구매로는 이어지지 않는 경우이다. 이 경우에는 웹사이트 구성이나 구매를 유도하는 카피를 개선함으로써 들어온 고객들이 구매할 수 있도록 유도해야 한다.

마지막으로 〈표 7.4〉의 좌측 하단은 클릭률과 거래전환율 모두 낮은 경우이다. 이럴 경우 검색 시 노출되는 카피와 웹사이트 카피 모두 수정하는 대폭적인 개선책이 필요하다. 물론 수정한다고 다 개선되지 않을 수 있기에, 저수익 광고 캠페인들은 중단까지 고려해야 한다.

마지막 3단계는 CPC, CTR, TCR과 같은 다양한 평가 지표들을 기준으로 성과를 재빨리 파악해 개선해 나가는 테스트앤런test-and-learn 전략이 효과적이다. 앞서 살펴보았듯이 검색 시 노출되는 광고 카피를 개선하면 클릭률을 높일 수 있고, 웹사이트 페이지를 개선하면 거래전환율을 높일 수 있다. 물론 광고 카피와 웹 페이지를 개선하면 CPC를 낮추는 효과도 있다.

그러므로 주요 평가 지표별로 성과를 파악해 이를 반영함으로써 성과를 극대화할 수 있다. 일례로 순수입과 ROAS를 계산하면 실제 클릭의 가치를 확인할 수 있다. 이런 데이터는 향후 키워드별 경매에 입찰할 때 입찰 가격 책정의 가이드 역할을 한다. 구글의 CPC는 매우 비싸다. 이는 마케터들이 실제 가치는 평가해 보지도 않은 채, 입찰에 참여해 가격만 계속 높였기 때문이다.

ROAS를 통해 당신은 "검색 광고 X에 마케팅 예산을 Y만큼 더 높이면 어떤 결과가 나타날까요?"란 질문에 답할 수 있다. 추가로 투입되는 광고비에 해당 검색엔진의 평균 ROAS나 검색엔진 마케팅 캠페인의 평균

[표 7.5] 클릭당 비용과 오퍼수락률 변동이 ROAS에 미치는 영향력 분석 도표

가정								
클릭당 비용 절감	10%*							
오퍼수락률 증가	10%*							
클릭당 비용과 오퍼수락률 변동에 따른 ROAS								
	평균 CPC($)	총 구매량	건당 평균 수입($)	오퍼수락률 (%)	총 비용 ($)	건당 평균 비용($)	총 순수입 ($)	ROAS (%)
기존*	1.84	1,550	1,126	0.040	353,641	228.16	1,745,482	494
최적화 후	1.66	1,705	1,126	0.044	318,277	186.67	1,920,030	603

*가 표시된 셀의 숫자는 변경 가능

ROAS를 곱하면 그 답이 나온다. 즉, 신규 순수입 = ROAS×Y(동일한 CPC 기준)이다. 〈표 7.5〉는 특정 구글 검색 광고에 대해 클릭당 비용과 오퍼수락률 변동이 ROAS에 미치는 영향력을 분석한 도표이다. 〈표 7.5〉에서는 클릭당 비용을 10퍼센트 줄이고 오퍼수락률을 10퍼센트 올렸을 때 ROAS에 미치는 효과를 분석해보았다.

에어프랑스_{Air France} 마케터들은 비용 효율성도 높이면서 온라인 예약률도 확대해야 하는 과제에 직면했다.[6] 이에 미디어 컨텍츠가 파트너로서 지금까지 설명한 방식으로 검색엔진 마케팅 최적화 작업에 착수했다. 그 결과는 놀라왔다. 클릭당 비용은 19퍼센트 인하한 반면, 클릭률은 무려 112퍼센트나 증가했다. 에어프랑스는 별도의 비용을 들이지 않고도 캠페인 전체 성과를 현격하게 높일 수 있었다.

지금까지 검색엔진 마케팅 성과를 극대화하기 위한 방안을 살펴보았다. 앞서 언급했듯이 검색엔진 마케팅은 수요 창출 마케팅에 해당된다. 그런데 검색엔진 마케팅에 약점이 하나 있다. 구매 성과를 마지막으로 접속

한 사이트가 모두 가져간다는 점이다. 보통 검색은 복합적 검색과 여러 클릭 과정을 통해 진행되는데도 말이다. 사실 지금까지 논의한 검색엔진 마케팅 최적화 방안에서는 이를 고려하지 않았다. 이를 고려하기 위해선 인터넷 쿠키를 통해 고객별 검색 과정을 추적할 수 있게 해 주는 귀인모델 attribution modeling이 필요하다. 이에 대해선 당신의 웹사이트가 얼마나 효과적인지 측정하는 필수 지표인 사이트 이탈률부터 살펴보고 난 후, 구체적으로 소개하도록 하겠다.

평가 지표 #14. 사이트 이탈률 Bounce Rate

앞서 설명한 거래전환율과 더불어 당신의 웹사이트가 충분히 효과적인지 측정하는 지표들이 몇 개 더 있다. 사이트 체류시간 time on site과 페이지뷰 page views 등이 여기에 해당된다. 하지만 이런 지표들은 모호한 점이 있다. 사이트 체류시간과 페이지뷰는 고객 참여도를 설명할 때 많이 인용된다. 하지만 당신의 웹사이트가 구매할 제품이나 서비스를 빨리 찾고 싶은 고객들을 위해 만들어졌다면, 사이트 체류 시간은 짧을수록 좋으므로 사이트 성과를 측정하는 최선의 지표라고 할 수 없다. 더구나 블로그처럼 모든 콘텐츠가 한 페이지에 담겨 있는 경우 페이지뷰는 의미가 없다. 이런 이유로 내가 선호하는 평가 지표가 따로 있다. 바로 사이트 이탈률이다.[7]

사이트 이탈률이란 당신 사이트를 방문한 모든 고객 중 접속 후 5초 이내에 사이트를 이탈한 사람들의 비율을 말한다. 여기서 5초란 내가 임의적으로 정한 시간이며, 사이트에 따라 정하면 된다. 즉, 10초가 더 합리적이라면 10초로 변경해도 된다.

  사이트 이탈률은 필수 매트릭스 #3인 고객이탈률의 웹 버전이라 할 수 있다. 내가 이 평가 지표를 특히 좋아하는 이유는 사이트 이탈률을 앞서 설명한 다른 평가 지표들과 함께 사용하면 웹사이트 성과에 대한 보다 폭넓은 시각을 가질 수 있기 때문이다.

  일례로 〈표 7.6〉을 보자. 〈표 7.6(a)〉는 특정 캠페인 웹사이트와 연계된 마케팅 캠페인 5가지를 비교한 도표이다. 그 5가지는 검색 광고와 인쇄 광고, 이메일, 다이렉트 메일, 회사 웹사이트이다. 거래전환율만 놓고 본다면 다이렉트 메일, 이메일 순으로 성과가 좋았다고 판단할 것이다. 하지만 사이트 이탈률에 대한 추가 데이터를 보면 다이렉트 메일이 64.3퍼센트로 가장 높았다는 사실을 알게 된다. 반면에 회사 웹사이트와 이메일이 사이트 이탈률 면에서 낮은 수치를 보였다.

  이런 결과는 좀 더 깊이 있는 고민을 부른다. 다이렉트 메일에서 사이트 이탈률이 높게 나온 이유는 무엇일까? 이는 다이렉트 메일 수신 고객을 잘못 선정한데서 비롯되었는지 모른다. 또한 사이트 이탈률을 개선시키기 위해 지역이나 마케팅 활동별로 다른 웹사이트를 적용하는 게 나을지 고민할 것이다. 물론 이는 그리 어려운 작업이 아니기에 쉽게 실행해 확인해 볼 수 있다. 즉, 어떤 사람들이 거부하고, 어떤 사람들이 오퍼를 수락하는지 확인함으로써 마케팅 성과를 제고시킬 수 있다.

  또 다른 사례로 〈표 7.6(b)〉를 보자. 이 도표는 특정 마케팅 캠페인의 랜딩 페이지landing page를 방문한 고객 트래픽을 장시간 측정한 결과로, 검색엔진 등의 경로를 통해 유입된 사이트 방문자들의 이탈률을 분석한 도표이다. 이 수치들을 평균하여 벤치마크benchmark를 구한 후, 마케팅 활동에 따

[표 7.6] 사이트 이탈률 중심의 마케팅 캠페인 성과 분석 도표

(a) 5가지 마케팅 캠페인 비교 분석

	방문자수	거래량	TCR(%)	이탈자 수	이탈률(%)
검색 광고	5,118	427	8.3	3,020	59.0
다이렉트 메일	2,566	850	33.1	1,651	64.3
이메일	1,700	434	25.5	750	44.1
회사 웹사이트	758	186	24.5	333	43.9
인쇄 광고	568	42	7.4	329	57.9

(b) 유입 경로별 사이트 이탈률 분석

월	모든 경로			검색엔진		구글			
	방문자수	이탈자	이탈률(%)	방문자수	모든 경로 대비(%)	방문자수	검색엔진 대비(%)	이탈자	이탈률(%)
1	2,200	1,254	57	330	15	215	65	129	60
2	1,750	1,103	63	438	25	385	88	169	44
3	2,800	1,652	59	532	19	505	95	293	58
4	1,800	936	52	468	26	370	79	129	35
5	1,795	1,041	58	305	17	269	88	110	41
6	2,150	1,097	51	473	22	454	96	145	32
트렌드 데이터 벤치마크			57		21		85		45

출처 : A. 카우쉬크A, Kaushik의 《Web Analytics : an Hour a Day》

라 벤치마크에 대비해 결과를 비교함으로써 성과를 측정하고, 지속적으로 개선해 나갈 수 있다. 또한 이 결과를 보면 구글의 성과가 얼마나 대단한지 알 수 있다. 검색을 통해 사이트를 방문한 사람들 대부분이 구글을 통해 유입되었기 때문이다. 구글의 평균 사이트 이탈률이 평균 수치보다 낮으며, 시간이 지날수록 점점 더 낮아지는 것도 확인할 수 있다.

:: #14 평가 지표 정리

　이처럼 사이트 이탈률은 여러 경로로 유입된 고객 트래픽을 토대로 고객 참여도와 비교함으로써 그 성과를 측정하는 데 유용하다. 또한 지속적으로 측정, 관리함으로써 당신 웹사이트 성과에 대한 평균 벤치마크 지수를 만들 수 있다. 이를 통해 변화를 줬을 때 벤치마크 지수와 비교하여 성과를 가늠할 수 있다.

　언론사 홈페이지처럼 콘텐츠 제공 사이트가 아니라면, 평균 페이지뷰와 사이트 체류 시간은 사이트 성과를 측정하는 적절한 지표가 아니다. 오히려 전자상거래 사이트의 페이지뷰와 체류 시간이 높다는 것은 고객이 원하는 제품이나 서비스를 쉽게 찾지 못함을 의미할 수도 있다. 사실 앞서 소개한 평가 지표들도 마케팅 캠페인에 따라 효과를 발휘하지 못할 수 있다. 그러므로 마케팅 캠페인 목표와 전략에 따라 목표 달성 여부를 확인할 수 있는 평가 지표를 선택하는 게 최선이다.

　일례로 당신의 전략적 목표가 특정 이벤트에 대한 가입자 수를 늘리고 가입자들의 고객정보를 얻는 것이라면, 이벤트 가입자 수, 고객정보, 사이트 이탈률을 평가 지표로 활용할 수 있다. 이 지표들을 기준으로 마케팅 활동별로 성공과 실패를 가늠하고, 이에 따른 개선 활동을 추진해야 한다.

　또 다른 사례로 잠재 고객들을 유인해 제품이나 서비스들의 효능과 기능, 사양 등을 비교할 수 있도록 기획된 웹사이트를 생각해보자. 이는 구매 사이클 중 '평가' 마케팅에 해당된다. 이 경우 페이지뷰를 측정하면 해당 사이트의 어떤 요소가 효과가 있고 없는지에 대한 통찰력을 얻을 수 있다. 또한 경로별로 유입된 고객들의 페이지뷰와 사이트 이탈률, 상품 브로슈어 다운로드 횟수를 함께 비교하면 웹사이트를 통한 마케팅이 실제로 성과를 내고 있는지를 한눈에 파악할 수 있다.

> **평가 지표 #14** 웹사이트 성과를 측정하는 인터넷 필수 지표
>
> **사이트 이탈률** = 당신 사이트를 방문한 모든 고객 중 접속 후 5초 내에 사이트를 이탈한 사람들의 비율을 의미.

인터넷 검색 마케팅의 판도를 바꾸는 귀인모델

앞서 간략하게 언급했지만, 인터넷 검색 마케팅은 마지막으로 클릭한 사이트에게 성과가 100퍼센트 다 돌아간다는 문제가 있다. 일례로 키워드별로 매출 공헌도를 분석한 〈표 7.7〉을 살펴보자.

【표 7.7】 키워드별 매출 공헌도 분석 도표

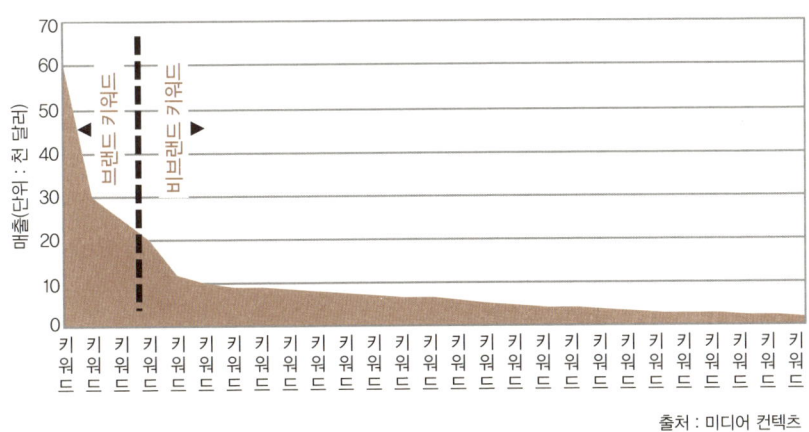

출처 : 미디어 컨텍츠

[표 7.8] 막바지 휴가 여행 상품에 대한 고객의 실제 인터넷 검색 과정

사용자 ID	검색엔진명	키워드명	클릭 시기	상품	구매량	매출액
184	야후	막바지 휴가	09. 11 14:22			
184	구글	브랜드 키워드	09. 23 15:52			
184	야후	풀 패키지휴가	09. 23 16:54			
184	야후	막바지 휴양지	09. 26 15:15			
184	야후	막바지휴가패키지	09. 26 15:22			
184	구글	브랜드 키워드	09. 26 18:52	패키지 여행	2	$1,205

출처 : 미디어 컨텍츠

〈표 7.7〉에서 가장 매출 공헌도가 높은 키워드 3개 모두 브랜드 키워드로서, 전체 매출의 약 50퍼센트를 창출했다. 반면 다수의 비브랜드 키워드들은 적은 매출 공헌도를 보이며 롱테일 형태로 분포되어 있다. 여기서도 파레토 법칙이 적용되는 것이다. 이 분석 결과에 따르면 검색엔진 마케팅을 최적화하기 위해서는 매출 기여도가 낮은 비브랜드 검색어에 대한 투자를 중지해야 한다고 결론지을 수 있다. 하지만 최종 접속한 사이트에 매출이 귀속되었기에 발생한 오류일 수 있기 때문에, 성급히 투자 중지로 결론지어서는 안 된다. 즉, 고객의 실제 클릭 과정을 모두 추적하여 비브랜드 키워드별로 중요성을 판단한 후 결정해야 한다.

〈표 7.8〉은 인터넷에서 여행 상품을 검색해 구입한 고객의 실제 클릭 과정을 보여준다. 눈에 띄는 것은 고객이 날짜별로 다른 검색엔진을 이용했다는 점이다. 이 고객은 3주에 걸쳐 6회 인터넷 검색을 실행해 2인용 패키지 여행 상품을 최종 구매했다. 해당 자료는 인터넷 사용자의 쿠키 파일을 분석해 얻은 데이터이다. 쿠키 파일이란 사용자의 컴퓨터에 존재하는 작은 데이터 파일로 개인의 인터넷 활동에 대한 정보를 저장한 파일을 말한

다. 사용자가 특정 키워드로 검색을 할 때마다 쿠키는 이 신규 정보를 업데이트하며 최대 30일간 저장한다.

미디어 컨텍츠는 이런 쿠키 데이터를 분석해 사용자별로 검색 키워드를 분석하는 기술을 가지고 있다. 〈표 7.8〉처럼 사용자의 전체 인터넷 활동들로부터 특정 검색 과정을 구별할 수 있다.

이런 분석을 통해 얻은 데이터는 인터넷 검색 마케팅의 판도를 바꾼다. 기존 평가 방식대로 한다면 사용자가 구매한 패키지 여행 상품 $1,205는 100퍼센트 구글에서 마지막으로 클릭한 브랜드 검색어의 매출로 잡힐 것이다. 하지만 엄밀하게 말하면 나머지 5개의 검색어들도 어느 정도 공헌한 결과이다. 그럼 그 공헌도는 어느 정도일까? 이 질문에 답하기 위해서는 귀인모델이 필요하다.

미디어 컨텍츠는 아르테미스Artemis라 불리는 고유의 귀인모델 시스템을 개발했다. 이 시스템은 모든 인터넷 광고 키워드들을 분석해 키워드별로 실제 캠페인 검색에 활용된 비중을 계산하여 각 키워드가 최종 구매에 기여한 공헌도를 산출한다. 더 많이 사용된 검색어에 더 큰 비중을 부여함으로써 최종 발생 매출에 대한 검색어별 공헌도를 정확하게 산출할 수 있다.

일례로 〈표 7.9(a)〉는 3가지 캠페인별 공헌도를 아르테미스로 분석한 결과이다. 여기서도 마지막 클릭 키워드가 약 50퍼센트의 매출 공헌도를 갖는다. 그리고 최종 이전의 클릭 키워드들도 각 캠페인의 최종 매출에 대한 귀인 비중에 따라 그 공헌도가 계산되었다.

이처럼 인터넷 마케팅 성과는 최종 클릭된 브랜드 키워드로만 돌아가면 안 되고, 보조 클릭 키워드들에도 기여도에 따라 할당되어야 한다. 앞서 살펴본 〈표 7.8〉 키워드들도 귀인모델에 따라 〈표 7.9(b)〉에서 보듯이 정확

【표 7.9】 아르테미스 귀인모델에 따른 키워드별 매출 공헌도 분석 결과

(a) 3가지 마케팅 캠페인에 대한 키워드 매출 공헌도

(단위 : %)

	최종클릭	보조클릭							
	최종키워드	최종전1	최종전2	최종전3	최종전4	최종전5	최종전6	최종전7	최종전8	최종전9
캠페인#1	58	18	9	6	2	2	2	1	1	1
캠페인#2	48	22	12	8	3	2	2	2	1	0
캠페인#3	42	21	15	10	5	3	2	1	1	0

(b) 막바지 휴가여행 상품 검색 과정에서의 키워드 매출 공헌도

사용자ID	검색엔진명	키워드명	클릭 시기	상품	구매량	매출($)	공헌매출($)
184	야후	막바지 휴가	09. 11 14:22				36
184	구글	브랜드 키워드	09. 23 15:52				60
184	야후	풀 패키지 휴가	09. 23 16:54				84
184	야후	막바지 휴양지	09. 26 15:15				181
184	야후	막바지휴가 패키지	09. 26 15:22				241
184	구글	브랜드 키워드	09. 26 18:52	패키지 여행	2	1,205	603

출처 : 미디어 컨텍츠

한 공헌도를 파악할 수 있다. 이런 작업들을 통해 캠페인에 대한 모든 검색 데이터들을 대상으로 각 키워드가 갖는 평균 공헌 비중을 계산함으로써 매출 공헌도가 큰 키워드들에 집중할 수 있다.

여기서 다룬 사례는 미디어 컨텍츠가 한 대형 여행사를 위해 분석한 결과이다. 이 여행사는 귀인 모델 분석 결과 50퍼센트 이상의 매출 공헌도는 최종 클릭 키워드가 아닌 이전 검색 과정에 사용된 키워드들에 의해 발생한다는 사실을 알게 됐다. 이에 따라 여행사는 비브랜드 키워드들에 대한 예산을 늘렸다. 그 결과 광고수익률은 무려 24퍼센트나 증가했다.

그런데 아르테미스 시스템이 없다면 어떻게 귀인모델 분석을 해야 할까? 그럴 경우 비교적 간단한 방법으로 시작해 볼 수 있다. 구글과 야후,

마이크로소프트는 무료 웹 분석 도구를 제공한다. 당신이 진행하는 웹 마케팅 캠페인의 키워드들을 태그로 걸어두면, 클릭하는 고객들이 구체적으로 무엇을 클릭하는지 등의 데이터를 확보할 수 있다. 물론 아직까진 귀인 모델 분석에 활용할 수 있는 '무료' 소프트웨어는 없지만 말이다.

지금까지 분석한 결과에서 보듯이, 최종 클릭한 검색어는 실제 구매에 50퍼센트 정도 기여하고 있다. 그러므로 100퍼센트 완벽한 답을 얻으려면 귀인모델이 필요하다. 한 차원 더 진보된 인터넷 검색 마케팅을 실행하고 싶다면 말이다.

배너 광고의 성과 분석

지금까지 텍스트 광고에 해당하는 검색엔진 마케팅에 대해 집중적으로 논의했다. 그런데 인터넷 광고 유형은 이외에도 많이 있다. 인터넷 배너 광고display advertising와 동영상 광고, 멀티미디어 효과와 상호 작용을 구현하는 리치미디어Rich Media 등이 있다.

하지만 배너 광고의 클릭률은 우울할 정도로 낮다.[8] 클릭률이 0.1에서 0.2퍼센트 정도밖에 되지 않기 때문이다. 리치미디어 광고 역시 배너 광고보다는 낫긴 하지만, 클릭률이 1퍼센트 정도에 불과하다. 이런 결과를 근거로 당신은 광고 효과가 없다고 판단한다면, 그건 성급한 결론이다.

미국 온라인 마케팅 조사업체 컴스코어comScore는 여러 업계의 139개 온라인 배너 광고를 연구한 결과, 몇 가지 흥미로운 사실을 발견했다. 배너 광고에 노출된 사용자들의 행동을 광고를 보지 않은 대조군과 비교해 보았더니, 광고를 본 사용자들 집단에서는 다음과 같은 성과가 나타났다.

    광고를 본 후, 4주 내에 해당 업체의 웹사이트를 방문한 사람들 비중이 적어도 46퍼센트 이상 증가했다.
    배너 광고에 등장한 브랜드를 검색한 사람들이 적어도 38퍼센트 이상 증가했다.
    배너 광고에 등장한 브랜드의 온라인 판매 실적이 평균 27퍼센트 상승했다.
    배너 광고 업체의 오프라인 매장에서 구매 의향이 평균 17퍼센트 상승했다.

이런 결과를 놓고 보면 배너 광고는 낮은 클릭률에도 불구하고 고객의 온라인 행동에 의미 있는 영향력을 발휘한다고 볼 수 있다. 앞서 우리는 귀인모델에 대해 얘기했다. 미디어 컨텍츠는 자신이 개발한 귀인모델로 배너 광고 효과도 측정했다. 배너 광고를 본 고객의 온라인 활동을 추적하기 위해 30일 동안 축적된 개인 윈도우 쿠키를 분석했다. 이 때 다음과 같이 3가지 시나리오를 가정하여 분석을 진행했다. (1)배너 광고를 보자마자 바로 클릭해서 구매한다. (2)광고를 본 후 나중에 다시 배너 광고를 통해 구매한다. (3)나중에 추가 정보를 검색한 후 구매한다.

시나리오 1과 2에서 광고 성과는 앞서 논의한 검색엔진 마케팅 최적화 방법으로 개선 가능하다. 흥미로운 것은 시나리오 3인데, 미디어 컨텍츠는 배너 광고에 검색을 연계시킴으로써 검색 전환율을 83퍼센트나 높일 수 있다는 사실을 발견했다.

〈표 7.10〉은 시나리오 3에 따른 성과를 파악하기 위해 배너 광고의 검색 전환 지수 Display Conversion Index와 매출 지수 Revenue Index를 기준으로 사이트들을

[표 7.10] 배너 광고의 검색 전환과 매출에 따른 인터넷 마케팅 최적화 분석 도표

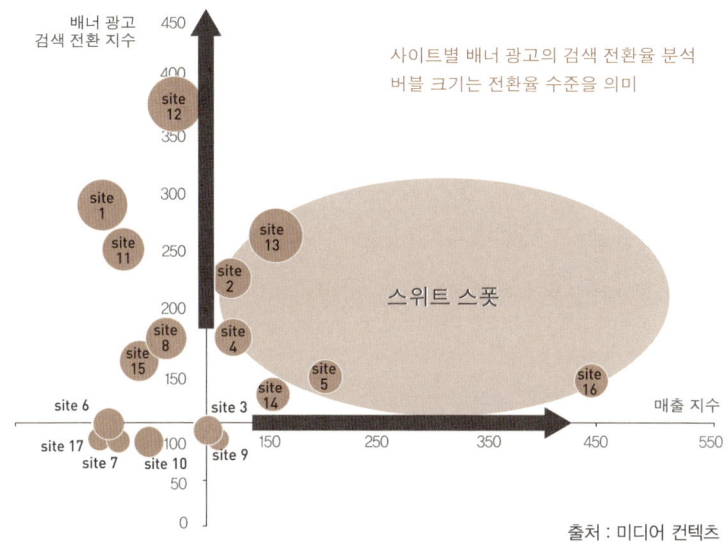

출처 : 미디어 컨텍츠

분석한 도표이다. 도표에 있는 버블의 크기는 사이트별 전환율 수준을 의미한다.

〈표 7.10〉의 좌측 하단은 검색 전환량도 낮고 매출도 낮은 사이트들이다. 이런 사이트에 적용된 광고들은 당장 중지해야 한다. 그리고 좌측 상단은 검색 전환량은 높게 나타났지만, 정작 매출로는 잘 이어지지 않은 사이트들이다. 그럴 경우 광고비가 매출보다 높아 적자가 발생할 수 있기에 신중함이 요구된다. 마지막으로 우측 상단은 '스위트 스폿sweet spot'으로, 검색 전환량도 높고 매출도 높은 영역이다. 그러므로 마케팅 예산은 성과가 저조한 사이트들 대신 스위트 스폿에 위치한 사이트들에게 집중해야 한다.

미디어 컨텍츠의 검색 및 분석 담당 임원인 랍 그리핀Rob Griffin은 이렇게 말했다.

"멀티 클릭 귀인모델의 가치는 인터넷 광고들 중 무엇을 구입하고 무엇을 구입하지 말아야 하는지 알려준다는 데 있습니다. 현재 온라인 매체 광고는 구매 퍼널에 따라 검색엔진 중심에서 고객 중심으로 진화 중이죠."

지금까지 살펴보았듯이, 배너 광고는 검색 광고 등 다른 마케팅 활동과 연동하여 최적화하는 게 반드시 필요하다. 그럼 어떻게 연동시켜야 광고 성과를 극대화시킬 수 있을까? 이를 설명하려면 다음의 주제인 소셜미디어 마케팅social media marketing이 필요하다.

▌ 소셜미디어의 하이퍼타겟팅 배너 광고

소셜미디어는 등장한 지 10년도 안 되어 인터넷 업계를 주도하고 있다. 페이스북, 트위터 등이 대표적이다. 그러다 보니 마케터들은 이 매체를 어떻게 활용하여 마케팅 성과를 극대화시켜야 할지 고민에 빠졌다.

그런데 소셜미디어에 노출된 광고의 클릭률은 0.03퍼센트 수준으로 지극히 낮았다. 이는 마케터들에게 소셜미디어에 투자하지 말라는 의미였다. 포춘 100대 기업의 소셜미디어 마케팅 책임자는 이렇게 말하기도 했다. "소셜미디어용 노출 광고는 죽었다고 봐야죠."

이렇듯 소셜미디어의 클릭률이 낮은 이유는 무엇일까? 이는 소셜미디어 방문 목적이 다르기 때문이다. 즉, 인터넷 검색의 약 46퍼센트는 구매 상품을 찾기 위한 목적이지만, 소셜미디어 방문은 쇼핑보다는 사교나 정보 공유가 목적이다. 그러다 보니 구매를 유도하는 광고 클릭률이 낮을 수밖에 없다.

하지만 이는 소셜미디어를 제대로 이해하지 못하고 피상적으로 접근했기 때문이다. 사실 소셜미디어가 가진 힘은 사용자들이 다음에 소개된 포스트들처럼 자신에 대한 이야기를 스스로 풀어놓는다는 데 있다.

"지금 라스베이거스에 완전히 꽂혀 있어."

"새 노트북이 필요해."

"이제 핸드폰을 바꿔야 할 때가 된 것 같아."

"스페인은 언제나 나의 로망."

"누구 나랑 피자 먹을 사람?"

"생일 선물을 사야 해."

"차를 바꿔야겠다."

만약 이 사람들이 그 순간 원하던 상품 관련 광고를 받는다면 어떨까? 그렇게만 할 수 있다면 광고 효과는 엄청날 것이다. 이는 소셜미디어와 연계해 특정 분야에 관심을 가진 고객에게 맞춤형 온라인 광고 콘텐츠를 보내는 하이퍼타겟팅hypertargeting으로 가능하다.

소셜미디어 광고업체인 오핀마인드Opinmind는 소셜미디어에서 하이퍼타겟팅이 가능한 광고를 제작하기 위해 데이터마이닝 알고리즘을 개발했다. 이를 통해 해당 사용자가 소셜미디어에 실제로 포스팅한 내용을 중심으로 광고를 보낸다. 더욱 매력적인 점은 사용자가 올린 포스트들을 종합적으로 분석해 맞춤형 광고를 제시할 수 있다는 것이다. 예를 들어 이전 포스트들의 내용 분석을 통해 사용자가 환경에 대한 관심이 많고 골프를 좋아

[표 7.11] 소셜미디어용 맞춤형 광고 실험 결과

(a) 맞춤형 이메일 광고 실험 결과

	친구요청		프로필 임프레션		클릭수		클릭률(%)		대조군 대비 증가율(%)
	대조군	실험군	대조군	실험군	대조군	실험군	대조군	실험군	
카메라구입	290	290	134	174	1	7	0.75	4.02	439
결혼	1,149	1,149	1,033	1,413	12	80	1.16	5.66	387
자동차 구입	989	989	649	599	3	16	0.46	2.67	478
여행 계획	460	460	365	415	1	7	0.27	1.69	516
수면제	1,170	1,170	808	1,025	1	10	0.12	0.98	688
구직	771	771	247	289	4	25	1.62	8.65	434
총계	4,289	4,289	3,236	3,915	22	145	4.40	23.70	439
평균	805	805	539	653	4	24	0.70	3.90	

(b) 맞춤형 임프레션 광고 실험 결과

	광고 노출		클릭수		클릭률(%)		대조군 대비 증가율(%)
	대조군	실험군	대조군	실험군	대조군	실험군	
자동차	21,230	3,296	5	2	0.024	0.061	158
카메라	9,031	677	3	2	0.033	0.295	7,895
핸드폰	38,810	3,968	12	7	0.031	0.176	471
여행	28,761	8,975	6	4	0.021	0.045	114
신발	15,681	1,693	14	2	0.089	0.118	32
아이팟	5,501	283	4	1	0.073	0.353	386
다이어트	50,023	8,503	18	4	0.036	0.047	31
여행	77,084	20,461	24	7	0.031	0.034	10
총계	246,121	47,856	86	29	0.035	0.061	73

출처 : 오핀마인드

한다는 사실을 알게 된다. 그런데 이 사람이 다음과 같은 포스트를 올렸다. "차를 바꿔야겠어." 이에 단순한 자동차 광고를 보내는 게 아니라, 환경에도 좋으면서 넉넉한 트렁크 공간이 있어 골프 클럽을 두 세트 실을 수 있는 도요타 프리우스Toyota Prius 하이브리드 광고를 보낸다.

〈표 7.11〉은 오픈마인드의 소셜미디어용 맞춤형 광고 실험 결과이다. 사용자의 SNS에 포스팅된 정보를 분석한 결과에 따라 하이퍼타겟팅을 활용해 임프레션 광고를 수행한 결과, 광고 클릭률이 평균 73퍼센트나 상승했다. 오픈마인드의 CEO 제임스 김James Kim은 이렇게 말했다. "전통적인 마케팅 접근법으로는 소셜미디어의 투자수익률을 마케터들이 원하는 만큼 창출할 수 없습니다. 투자수익률을 개선할 수 있는 유일한 방법은 고객이 관심을 갖는 메시지를 보내는 겁니다."

소셜미디어에서 마케팅 캠페인을 진행하는 일은 놀라울 정도로 단순하다. 페이스북 등 SNS에서는 누구나 쉽게 개인 프로필에 기반한 광고 캠페인을 만들 수 있다. 페이스북의 경우 www.facebook.com/advertising을 활용하면 된다. 특히 지금 소개한 하이퍼타겟팅 기법을 사용한다면 저렴한 비용으로도 충분한 마케팅 성과를 창출할 수 있다.

평가 지표 #15. 입소문 WOM

앞서 4번째 필수 지표로 "이 제품이나 서비스를 지인들에게 추천하겠습니까?"란 질문으로 측정하는 고객만족도를 소개했다. 인터넷에서도 이와 유사한 지표가 있다. 이메일이나 블로그 포스팅, 트위터 등을 활용해 지인들에게 추천할 수 있기 때문이다. 인터넷 마케팅에서 입소문, WOM Word of Mouth이 그것이다.

그럼 인터넷 입소문은 어떻게 측정할 수 있을까? 일반적으로 입소문 지표는 다음과 같이 측정할 수 있다.

WOM = (직접 클릭 수 + 추천에 의한 클릭 수) / 직접 클릭 수

여기서 직접 클릭이란 다른 사람의 의견과 상관없이 사용자가 사이트에 직접 클릭한 경우로, 웹사이트나 배너 광고, 검색 광고, 블로그, 페이스북 등 온라인 마케팅 광고 노출에 대한 클릭이 모두 포함된다. 추천에 의한 클릭 수는 "지인들에게 추천하시겠습니까?"를 확인할 수 있는 수치이다.

스마트폰업체 팜Palm은 신제품 팜 센트로Palm Centro 출시에 맞춰 젊고 트렌디한 산타클로스를 모델로 한 '센트로를 선택한 산타' 광고를 시작했다. 총 1,200만 달러의 예산을 투입한 이 광고 캠페인에서 바이럴 동영상과 소셜미디어 마케팅도 큰 비중을 차지했다. 이는 크게 두 가지 영역으로 구성되었다. 첫째, 고객이 산타클로스와 실시간으로 문자를 주고받을 수 있도록 했다. 고객의 크리스마스 소망 리스트에 산타가 답을 해 주는 식이었다. 둘째, 산타클로스의 개인 페이스북을 만들었다. 이렇게 시작한 팜 센트로 통합 소셜미디어 마케팅 캠페인은 다음과 같이 세 단계로 진행되었다.

1 단계. 고객 참여 활성화
 페이스북을 통해 고객의 온라인 참여를 늘리고, TV, 인쇄물, 온라인, 전광판 유료 광고를 통해 문자 프로모션을 활성화시킨다.

2 단계. 공유할 콘텐츠 제공
 무료 음악 다운로드권이나 동영상, 산타가 등장하는 라이브 콘텐츠 등 고객들이 서로 공유할 수 있는 콘텐츠를 제공한다.

3 단계. 캠페인 성과 측정

문자 메시지 수와 산타 페이스북에 대한 친구 요청 수, 콘텐츠 공유 숫자 등을 통해 캠페인 성과를 측정한다.

팜 센트로 캠페인을 진행했던 크리쳐Creature 광고대행사 임원인 랍슨 그리브Robson Grieve는 이렇게 말했다. "소셜미디어 마케팅 초기에는 사용자 유인을 위해 일반적인 임프레션 광고가 필요합니다. 그런 다음 사용자들이 공유하고 싶을 만한 매력적인 콘텐츠를 제공하고, 마지막에 해당 활동들이 효과가 있었는지 그 성과를 측정해야 합니다."

크리쳐는 팜 센트로 캠페인 성과 평가를 위해 영화배우 조지 클루니George Clooney의 페이스북을 벤치마크로 삼았다. 팜 센트로 광고는 딱 일주일간 방영되었음에도 총 9만 8천 명 이상이 산타클로스 페이스북에 친구 신청을 했다. 이는 조지 클루니의 페이스북 친구 신청보다 3배나 많은 수치였다. 문자 메시지를 보낸 사람도 40만 명이 넘었다. 문자와 친구 신청 결과 모두 고객 참여도를 가늠하는 중요한 지수이긴 하지만, 가장 중요한 것은 팜 센트로 캠페인 결과 매출이 20퍼센트나 증가했다는 사실이었다.

〈표 7.12〉는 팜의 '센트로를 선택한 산타' 사례를 통해 광고 캠페인에 대한 입소문이 어떻게 확산되는지 설명하고 있다. 광고를 접한 제인은 센트로 산타의 페이스북 페이지로 이동해 마케팅 오퍼와 콘텐츠를 보았다. 그런 다음 그녀는 페이스북, 이메일, 문자, 트위터 등 다양한 채널을 통해 센트로 캠페인 관련 링크를 친구들과 공유했다. 그 친구 역시 다른 친구들과 같은 방식으로 공유했다. 이런 입소문 추적은 페이스북의 고유 분석 기법으로 가능하다. 미티어 솔루션즈Meteor Solutions 역시 인터넷 상의 전송 링크

【표 7.12】 팜 센트로 소셜미디어 캠페인의 입소문 사례

출처 : 크리쳐, 미티어 솔루션즈

시스템을 통해 입소문을 추적할 수 있다.

미티어 솔루션즈는 각 링크에 추적할 수 있도록 고유 식별자를 달아 놓는다. 제인의 친구들은 링크를 따라 페이스북에 들어가고 일부는 오퍼를 받아들인다. 물론 제인이 페이스북 밖으로 보낸 링크를 친구들이 클릭하면 고유 식별자를 통해 이를 추적할 수 있다. 만약 친구들이 링크를 클릭하지 않은 경우에는 링크에 새로운 식별자를 만들어 그런 경우가 제인과 친구들 사이에 얼마나 많이 일어났는지도 추적할 수 있다.

또 다른 사례를 살펴보자. 게임 개발업체 캡콤(Capcom)의 레지던트 이블 Resident Evil[1]은 총 6억 달러의 매출을 일으키며, 역사상 가장 성공한 게임 중 하나로 남았다. 레지던트 이블 5(RE5)의 출시에 맞춰 캡콤은 대규모 바이럴 마케팅을 진행했다.

〈표 7.13〉은 RE5의 바이럴 동영상을 보여주는 웹사이트이다. 웹사이트에 있는 동영상은 게임 캐릭터들을 기초로 헐리우드 전문 배우들을 기용해 만든 것으로, 총 다섯 편의 시리즈로 제작되었다. 사용자들이 동영상을

【표 7.13】 캡콤의 레지던트 이블 5 출시 웹사이트

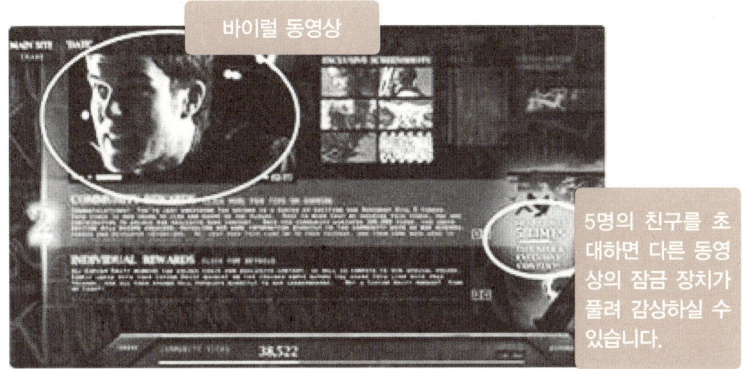

출처 : 미티어 솔루션즈

친구들과 공유하면 다음 편 동영상의 잠금 장치를 해제하는 방식으로 공유를 유도했다. 그 결과 총 10만 명의 사람들이 첫 번째 동영상을 본 후 친구들과 공유했다. 다음 동영상을 보기 위해 적어도 5명의 친구를 웹사이트에 초대한 사람들은 비밀 동영상, 리더 보드 등에 대한 특별 접속 권한도 받았다. 결국 캡콤은 추가 동영상을 보려는 사용자들이 동영상 URL 링크를 친구들과 공유하도록 유도함으로써 캠페인 참여도를 높였다.

〈표 7.14〉는 직접 클릭 기준으로 사이트별 클릭 데이터 순위를 매긴 것이다. 내부정보 보호를 위해 수치는 일부 변형했지만, 기본적인 틀은 유지했다. '직접 클릭' 기준으로 볼 때 애드레전드AdLegend와 더블클릭DoubleClick 같은 유료 임프레션 광고 사이트들이 상위에 올랐다.

반면 친구 추천을 통해 사이트에 접속한 '추천 클릭'은 인터넷 입소문 마케팅의 결과라고 할 수 있다. 이 경우 유료 광고에 의한 클릭 수보다 추천에 의한 클릭 수가 더 높은 사이트가 꽤 많다. 만약 WOM에 의해 발생

한 클릭 수를 포함시킨다면 웹사이트 순위가 완전히 바뀐다. 즉, 유료 광고 사이트들이 하위로 밀려날 것이다.

다음 열은 직접 클릭 수 대비 추천 클릭 수의 비율을 보여준다. 평균적으로 친구 추천에 의한 클릭 수는 직접 클릭 수의 93퍼센트 수준이었다.

마지막 열은 매트릭스 #15에 해당하는 WOM 지표이다. 이 숫자는 입소문의 영향력과 어떤 웹사이트가 직접 클릭과 추천 클릭을 가장 많이 발

【표 7.14】 직접 클릭 기준으로 본 RE5 접속 순위

순위	사이트	직접 클릭	추천 클릭	추천/직접 (%)	WOM
1	CAMPAIGN SITE	14,467	2,826	20	1.2
2	ad.adlegend.com (AD SERVER)	12,850	247	2	1.0
3	g.doubleclick.net (AD SERVER)	8,611	86	1	1.0
4	www.jeuxvideo.com	7,844	2,634	34	1.3
5	www.Youtube.com	5,412	1,287	24	1.2
6	FAN SITE	4,455	731	16	1.2
7	forums.gametrailers.com	3,678	11,958	325	4.3
8	es.wikipedia.org	3,630	1,005	28	1.3
9	FAN SITE	3,494	13,780	394	4.9
10	www.pornbb.org	2,251	13	1	1.0
11	www.meristation.com	2,247	131	6	1.1
12	answers.yahoo.com	2,064	11	1	1.0
13	mail.live.com	1,985	219	11	1.1
14	www.giga.de	1,906	16	1	1.0
15	www.2hsahre.net	1,531	48	3	1.0
16	www.spagiogames.jt	1,481	63	4	1.0
17	www.akiba-online.com	1,477	2	0	1.0
18	www.joystig.com	1,097	967	88	1.9
19	www.neogaf.com	1,045	7,112	681	7.8
20	FAN SITE	1,026	15,302	1,491	15.9
21	www.xbox360achievements.org	725	14,656	2,022	21.2
22	es.youtube.com	72	2,500	3,472	35.7
23	www.jeuxactu.com	61	2,171	3,559	36.6
	총계	83,409	77,765	93	1.9

출처 : 미티어 솔루션즈, 애자일 인사이트

생시켰는지 보여준다. 특히, 직접 클릭 수 기준으로는 19~23위에 랭크된 사이트들이 가장 높은 WOM을 일으켰음을 할 수 있다. 또한, 직접 클릭만을 기준으로 하지 않고 모든 트래픽을 감안했을 때에는 팬사이트Fan Site(20위)와 엑스박스360Xbox 360 Achievements(21위)이 사실상 2위와 3위를 차지했다.

:: #15 평가 지표 정리

나는 WOM 지표를 소셜미디어 멀티플라이어social media multiplier라고 부른다. 인터넷에서 입소문에 의한 사이트 클릭과 광고 임프레션의 실제 가치를 알려주기 때문이다. 즉, 소셜미디어에서 총 클릭 수는 다음과 같이 직접 클릭뿐만 아니라 추천 클릭까지 감안해 계산한다.

총 클릭 수 = WOM × 직접 클릭

예를 들어, 〈표 7.14〉에서 21위의 엑스박스360 사이트에 게재한 임프레션 광고를 1회 클릭하는 가치는 WOM 점수에 클릭수를 곱하기 때문에 1회 클릭이 아닌 21회 클릭임을 알 수 있다. 또 22위의 유튜브 사이트에서 클릭 한 번은 약 36회의 클릭 가치를 가진다.

결국 친구 추천을 유도하는 입소문 캠페인은 클릭당 비용이 직접 클릭 수를 기초로 비용을 지불하는 전통적 CPC보다 저렴할 수밖에 없다. 그럼 얼마나 저렴할까? 이는 다음과 같이 CPC를 소셜미디어 멀티플라이어에 해당하는 WOM으로 나누면 된다.

$$CPC_{WOM} = CPC/WOM$$

물론 링크 공유와 WOM 추천에 대해 인센티브를 주는 마케팅일 경우에만 입소문 효과가 발생한다는 점을 명심해야 한다. 그렇지 않으면 WOM의 가치는 그냥 1일뿐이며, 클릭 수든 CPC든 그 숫자 자체로 받아들여야 한다.

> **평가 지표 #15 인터넷 입소문을 측정하는 필수 지표**
> WOM = 인터넷상에서 지인들에게 추천하는 입소문을 측정하는 지표를 의미.
> (직접 클릭수 + 추천에 의한 클릭 수) / 직접 클릭 수

• • •

지금까지 5가지 인터넷 평가 지표에 대해 살펴보았다. 인터넷과 모바일 통신이 보편화된 요즈음, 이들 지표들은 기본이 되어버렸다. 혹시 인터넷과 상관없는 사업이라고 무시하지 말기 바란다. 인터넷과 무관한 사업은 이제 없으니까 말이다.

지금까지 15가지 평가 지표에 대해 알아보았다. 이들 평가 지표를 제대로만 활용한다면 당신의 마케팅 성과가 극적으로 개선될 수 있을 것이다. 물론 이는 다음 장에 소개할 데이터 기반 마케팅과 함께함으로써 그 효과를 배가시킬 수 있다.

Chapter Insights

- 광고에 필요한 특정 검색어를 관리하는 전통적 검색엔진 마케팅은 전체 온라인 마케팅 비용의 50퍼센트 정도를 차지한다. 이 검색엔진 마케팅의 효과를 측정하는 필수 지표로는 클릭당 비용인 CPC, 거래전환율인 TCR, 광고수익률인 ROAS가 있다. 이와 함께 클릭률인 CTR도 검색엔진 마케팅 캠페인 최적화에 유용한 지표이다.

- #13 평가 지표인 광고수익률은 검색엔진 마케팅에서 발생하는 클릭의 가치를 측정하며, 검색 사이트나 광고당 예산을 늘렸을 때 순수입에 어떤 영향을 미칠지 예측하는 데 유용하다.

- #14 평가 지표인 사이트 이탈률은 당신의 웹사이트가 얼마나 효율적인지 측정하는 필수 지표이다. 사이트 이탈률을 다른 인터넷 효과 측정 지표와 함께 사용하면 당신의 웹사이트 콘텐츠가 얼마나 효과적으로 고객의 관심을 받는지 확인할 수 있다. 또한, 검색, 이메일, 배너 광고 등 어떤 마케팅 채널이 가장 효과적인 트래픽을 창출하는지도 알 수 있다.

- 배너 광고의 CTR은 0.2퍼센트 이하로 매우 낮지만, 오퍼수락률에는 중요한 영향력을 행사한다. 이는 배너 광고가 핵심 클릭 매체가 아닌 경우에도 해당된다. 귀인모델을 사용하면 캠페인별 표적 고객에 대한 검색 키워드와 광고 효과를 추적할 수 있다.

- 표적 고객의 블로그나 소셜미디어 내용을 기초로 맞춤형 배너 광고를 기획하면 소셜미디어 CTR을 100퍼센트 이상 높일 수 있다.

- #15 평가 지표인 WOM은 "친구에게 추천하시겠습니까?"란 질문으로 측정하는 고객만족도의 인터넷 버전이다. WOM은 소셜미디어 멀티플라이어로 사이트 클릭과 광고의 가치를 WOM 수치만큼 곱하여 증식시킬 수 있다.

Data-Driven Marketing

Part 3

평가의 수준을 높이는 데이터 기반 마케팅

Chapter 8

재빠른 방향 전환을 위한
애자일 마케팅

마케팅 활동 종료 후 평가하는 것을 넘어,
활동 과정 중에 평가하여 피드백한다면
마케팅 성과를 극적으로 개선시킬 수 있다.

포춘 100대 기업에 속하는 한 B2B 회사가 3,500만 달러란 거액을 들여 인지 마케팅 캠페인을 기획했다. 캠페인의 일환으로 외부 기관의 데이터와 백서들을 국가별 웹사이트에 올리기로 했다. 또한 고객을 웹사이트로 유인할 수 있도록 글로벌 광고도 기획했다. 하지만 캠페인 출시 일자는 다가오는데, 국가별 웹사이트가 제대로 준비되지 않았다. 해당 국어로 번역한 백서들을 허가받는 과정에서 문제가 생긴 것이다. 그 결과 일본과 독일의 캠페인 웹사이트는 영어로 된 미국 사이트로 게재할 수밖에 없었다. 그럼에도 9개월 동안 진행된 해당 캠페인은 성공적으로 실행되었다고 발표했다.

어떻게 해당 캠페인이 성공적이라고 말할 수 있었을까? 이는 실패했다고 평가할 만한 결과가 없기 때문이었다. 캠페인의 주요 목표에는 브랜드 인지도를 5퍼센트 이상 제고시킨다는 항목도 포함되어 있었다. 캠페인은 1월에 시작했고, 글로벌 고객 설문 조사는 10월에 실시되었다. 조사 기간도 결과 분석까지 포함하여 3개월이나 소요되었다. 중간에 연말 휴가까지 겹쳐 결국 조사 결과는 다음 해 1월에야 나왔다.

9개월 동안 진행된 캠페인의 성과 측정 결과가 활동 종료 후 4개월이 지나서야 발표된 것이다. 이 데이터들은 캠페인 성과에 영향을 주지 못했을 뿐더러, 결과가 나왔을 때에는 마케터들은 이미 다른 업무를 하느라 정신이 없었다.

이 사례는 마케팅 활동과 평가가 분리될 경우 어떤 일이 벌어지는지 잘 보여주고 있다. 전통적인 마케팅 성과 평가는 캠페인 집행이 종료된 다음에 이뤄지기 때문에 이론적으로 캠페인 결과에 영향을 주지 못한다. 그렇다면 어떻게 해야 할까? 만약 캠페인 진행 중에 관련 데이터를 수집하여 성과를 평가해 피드백한다면, 마케팅 활동의 성과를 제고시킬 수 있지 않을까? 이것이 소위 내가 애자일 마케팅이라 부르는 개념의 핵심이다. 고객의 주요 사건에 맞춰 마케팅 오퍼를 제안하는 이벤트 기반 마케팅도 애자일 마케팅에 포함된다. 앞으로 논의하겠지만, 이벤트 기반 마케팅과 그 분석 또한 마케팅 성과를 극적으로 향상시킬 수 있다. 그럼 본격적으로 애자일 마케팅에 대해 살펴보기로 하자.

실패하려면 빨리 실패하는 게 좋다

애자일 마케팅을 적극적으로 실행하는 회사들은 마케팅 활동을 실시간으로 조정한다. 미국 TV방송사 QVC는 홈쇼핑 방송을 생방송으로 방영하며 실시간으로 해당 상품의 판매량을 추적한다. 진행자가 무언가를 말했을 때 판매가 치솟았다면, 담당 PD는 진행자에게 그 말을 더 자주 하라고 연락한다. 매년 온라인 광고에 1억 달러 이상을 집행하는 온라인 여행사들은 15분마다 구글 키워드 가격을 분석하여 최적의 시점에 구매한다.

물론 애자일 마케팅을 시작할 때는 반드시 실시간 데이터가 필요한 것은 아니다. 니어타임near-time 데이터로도 충분하다. 여기서 니어타임 데이터란 캠페인 전체 기간보다 짧은 시간 안에 수집한 데이터를 말한다. 개인적으로는 전체 캠페인 기간 동안 적어도 10번 정도 데이터를 수집해야 한다고 생각한다. 10개월짜리 캠페인이라면 1달이 되었을 때 관련 데이터를 확보해야 한다.

하지만 관련 데이터를 재빠르게 수집만 하면 되는 것은 아니다. 재빠른 수집도 중요하지만 수집한 데이터를 어떻게 활용할지가 더 중요하기 때문이다. 캠페인의 실효성이 떨어진다면 재빨리 방향을 바꾸어야 한다. 최악의 경우 캠페인을 중지하는 것도 고려해야 한다. 실패하려면 빨리 실패하는 편이 낫다.

마이크로소프트의 시큐리티 가이던스 캠페인

애자일 마케팅은 임기응변식으로, 혹은 즉흥적으로 캠페인을 변경하는 것을 의미하지 않는다. 애자일 마케팅은 계획에 따른 체계적인 활동이다. 그러므로 데이터를 수집하기 위해 사전에 미리 계획을 세워야 한다. 그리고 수집된 데이터를 분석한 결과에 따라 어떤 결정을 할지에 대해서도 미리 고민해두어야 한다. 그런 점에서 마이크로소프트의 애자일 마케팅 사례를 살펴보도록 하자.

마이크로소프트의 시큐리티 가이던스Security Guidance 캠페인은 애자일 마케팅의 좋은 사례라고 할 수 있다. 21세기 들어 마이크로소프트는 보안 문제로 어려움을 겪었다. 당시 세계적으로 유행한 아이러브유_{I Love You}나 블라스터_{Blaster}와 같은 해커의 바이러스 공격 때문이었다. 그중에서도 마이크로소프트 SQL 서버의 비즈니스 데이터베이스를 공격한 시퀄 슬래머_{Sequel Slammer} 바이러스가 가장 골치거리였다.[1]

이에 마이크로소프트는 전문가들을 총동원하여 최강의 보안 시스템을 개발했다. 마이크로소프트는 e위크_{eWeek} 후원으로 열린 오픈핵_{OpenHack} 경연대회에 출전해 해커들의 공격을 모두 물리쳤다. 마이크로소프트 보안 기술부문의 마케팅 커뮤니케이션 담당 임원인 조나단 페레라_{Jonathan Perera}는 이렇게 말했다.

"마이크로소프트가 개발한 시스템은 23일 동안 총 8만 2,500건의 공격을 받았지만, 100퍼센트 안전하게 작동했습니다. 이 경험을 통해 우리는 굉장히 중요한 사실을 알게 됐죠. 보안 분야에서는 저희가 샤킬 오닐_{Shaquille O'Neal}과 마이클 조단_{Michael Jordan}, 요다_{Yoda}를 다 가진 드림팀이었던 겁니다. 이에 마이크로소프트 내부 보안 전문가들의 지식을 사용자들을 위해서도 전파해야겠다는 결정을 내렸습니다."

마이크로소프트 마케터들은 소규모 조사를 통해 마이크로소프트 제품들의 보안 프로그램 설치 방법에 대한 무료 교육을 받은 기업 IT 담당자들은 마이크로소프트 제품과 보안 솔루션에 대한 인식이 매우 긍정적으로 바뀐다는 사실을 알게 되었다. 이에 마이크로소프트 B2B 사업의 핵심 고객인 기업 IT 담당자들의 인식을 바꾸는 마케팅 캠페인을 시작했다.

:: 시큐리티 가이던스 캠페인의 시작

1,700만 달러 규모의 시큐리티 가이던스 캠페인의 목표는 마이크로소프트 보안 솔루션을 주제로 한 오프라인 교육에 기업 IT 담당자들을 참가시키는 것이었다. 구체적으로, 마이크로소프트는 1년간 미국 대기업 및 중소기업에 재직 중인 IT 담당자들 중 5만 명이 교육을 신청하게 만드는 것을 목표로 삼았다. 캠페인은 처음부터 성과 측정이 가능하도록 기획되었으며, 캠페인 광고 매체는 인터넷과 연동돼 그 성과를 추적했다.

Chapter 7의 〈표 7.4〉에서 우리는 클릭률과 거래전환율을 기준으로 캠페인을 최적화하는 방법에 대해 논의했다. 마이크로소프트 사례도 거래전환율의 '거래량'을 교육 신청자 수로 바꾸면 이 방법을 적용해볼 수 있다. 시큐리티 가이던스 캠페인은 인터넷 광고를 통해 상당히 많은 IT 담당자들을 웹사이트로 유인했다. 그 결과 총 3천 4백만 임프레션에 약 1%의 CTR이 발생했다. 그런데 캠페인을 시작한 지 첫 일주일간 교육을 등록한 IT 담당자의 수는 고작 439명뿐이었다. 캠페인 시작 일주일 만에 마케팅 팀은 문제가 있음을 인식했다. 만약 이런 상태가 지속된다면 캠페인 목표를 달성하지 못할 것이 분명했다.

:: 무엇이 문제일까?

이 캠페인은 오퍼수락률(CTR × TCR)이 매우 낮았다. TCR이 낮았기 때문이다. Chapter 7에서 언급했듯이 클릭률은 괜찮은데 거래전환율이 낮다면 첫 화면인 랜딩 페이지에 문제가 있는 것이었다. 캠페인 초기 시큐리티 가이던스의 랜딩 페이지는 다음과 같이 고객 반응을 유도하는 4가지 콜투 액션 요소가 있었다.

- 오프라인 교육, 라이브 웹캐스트 live webcast, 온디맨드 웹캐스트 on-demand webcast 방식의 세 가지 교육 행사에 참가 신청 가능
- MBSA Microsoft Baseline Security Analyzer 와 SUS Software Update Services 프로그램 다운로드 가능
- 시큐리티 가이던스 키트가 담긴 CD롬 사전 주문 가능
- 컴퓨터 보안 관련 뉴스레터 신청 가능

마이크로소프트 마케팅팀은 웹사이트 랜딩 페이지가 가진 문제부터 파악했다. 이를 위해 먼저 웹사이트로 가는 중간 클릭 과정에서 어떤 일이 일어나는지 확인했다. 마케터들은 전체 TCR을 중간실행률 intermediate action rate 과 최종실행률 final action rate 로 나눠 분석했다. 중간실행률이란 랜딩 페이지에서 교육 신청이나 CD롬 주문, 뉴스레터 신청 등 최종 행동 페이지로 이동할 때의 클릭률을 말한다. 〈표 8.1〉은 마이크로소프트 마케팅팀이 캠페인을 시작한 지 일주일 후에 검토한 중간실행률 데이터이다. 내부정보 보호를 위해 실제 임프레션 수치는 도표에서 제외했다.

〈표 8.1〉에서 '프라임' 온라인 광고는 마이크로소프트 홈페이지에 실린 임프레션 광고들을 말한다. 여기서 중간실행률 결과를 살펴보자. 시큐리티 웹캐스트와 시큐리티 트레이닝은 각각 2.7퍼센트와 0.9퍼센트이지만, 오프라인 현장 교육인 시큐리티 서밋은 19.2퍼센트를 보였다. 이건 무슨 의미일까? 광고를 클릭해 시큐리티 가이던스 홈페이지를 찾은 IT 담당자들이

【표 8.1】 마이크로소프트 시큐리티 가이던스 캠페인 시작 일주일 후 성과 분석 결과

	보안프로그램	초기반응 건수	중간실행 건수	중간실행률 (%)
	프라임	**546**	**125**	**22.9**
	Call to Action Tracking			
	시큐리티 서밋		105	19.2
	시큐리티 트레이닝		5	0.9
	시큐리티 웹캐스트		15	2.7
	시큐리티 전략 로드쇼		0	0.0
	시큐리티 이벤트		0	0.0
온라인광고	**검색**	**58**	**0**	**0.0**
	Call to Action Tracking			
	시큐리티 서밋		0	0.0
	시큐리티 트레이닝		0	0.0
	시큐리티 웹캐스트		0	0.0
	시큐리티 전략 로드쇼		0	0.0
	시큐리티 이벤트		0	0.0
	태스크	**2,718**	**843**	**31.0**
	Call to Action Tracking			
	시큐리티 서밋		593	21.8
	시큐리티 트레이닝		168	6.2
	시큐리티 웹캐스트		67	2.5
	시큐리티 전략 로드쇼		7	0.3
	시큐리티 이벤트		8	0.3
	합계	**3,322**	**968**	**29.1**

출처 : 마이크로소프트 마케팅팀

시큐리티 서밋을 가장 많이 방문했다는 것을 의미한다. 앞서 거래전환율이 매우 낮았음을 상기해보면, 결국 그들은 광고를 본 후 여러 단계를 거쳐 들어가는 사이에 흥미를 잃고 교육 신청을 하지 않았음을 알 수 있다.

:: 재빠른 변경, 그리고 성공

이 결과에 따라 마이크로소프트 마케터들은 모든 임프레션 광고를 중간 실행률이 가장 높았던 시큐리티 서밋 신청 페이지로 직접 연결하기로 결정했다. 랜딩 페이지를 시큐리티 서밋 신청 페이지로 전환한 것이다. 캠페인 초기에 계획했던 성과를 얻지 못했기 때문에 그들은 캠페인 출시 후 둘째 주 말에 캠페인 방식을 근본적으로 수정했던 것이다.

〈표 8.2〉는 캠페인 초기 10주간 클릭 데이터를 정리한 자료이다. 이메일과 인쇄 광고, 온라인 광고 등 모든 매체별 클릭수가 주 단위로 측정된 것을 볼 수 있다. 도표에서 보듯이 아래에 교육 신청자 수가 표시되어 있다. 캠페인 출시 1주 차와 2주 차에 434명, 262명이었던 신청자 수가 위와 같이 수정한 후인 3주 차에 794명, 4주 차와 5주 차에는 1,272명과 1,528명으로 증가했다. 캠페인 성과가 불과 한 달만에 400퍼센트나 향상되었던 것이다. 이후에도 마이크로소프트는 애자일 마케팅을 지속적으로 적용함으로써 캠페인 성과를 5배 이상 올릴 수 있었다.

내가 이 사례를 특히 좋아하는 이유는 캠페인이 기획 단계에서부터 성과 측정을 염두에 두었다는 점이다. 이메일과 인쇄 광고, 온라인 광고 등 모든 매체의 성과가 추적되어, 주 단위로 결과를 확인했다. 이것이 바로 니어타임 데이터이다. 일주일 간격으로 측정한 성과 데이터는 총 12개월 동안 진행되는 캠페인에 매우 유용한 통찰력을 제공했다.

〈표 8.2〉는 좀 복잡해 보이기는 하지만, 이 양식은 중요하다. 1,700만 달러 규모의 마케팅 캠페인을 간단한 엑셀 양식으로도 관리할 수 있음을 보여주기 때문이다. 당신도 애자일 마케팅을 업무에 활용할 수 있다!

[표 8.2] 마이크로소프트 시큐리티 가이던스 캠페인의 매체별 성과 측정 결과

광고매체 / 총계 / 주간 데이터

Marketing Component	Start / Mail Date	Total Impressions	Delivered Impressions	21-Feb-04	28-Feb-04	6-Mar-04	13-Mar-04	20-Mar-04	27-Mar-04	3-Apr-04	10-Apr-04	17-Apr-04	24-Apr-04	Actual Clicks to Date	Actual Response Rate (%)
E-mail Tracked by FWLink															
New York (NY)	24-Mar-04	84,563	84,563						274	78	8		1	361	
New York	24-Mar-04	102,982	94,982						186	35	14			235	
Raleigh	24-Mar-04	2,105,265	2,105,265						410	24		1		169	
Washington	24-Mar-04	1,116,312	2,116,312						432	120	4		1	457	
Minneapolis	24-Mar-04	26,143,740	26,143,740						105	33	11	28		177	
Chicago	24-Mar-04	289,680	289,680						344	44	15	14		417	
Denver	24-Mar-04	456,820	456,820						180	80	15	11		296	
Phoenix	24-Mar-04	30,388,643	30,388,633						255	435	14	188	25	527	
E-mail Initial Response Subtotal										1,886	470	125	243	27	2,351	
Other (Direct Mail, E-mail & Misc)																
Event Flyers: RSA in February, CTA integrations	25-Mar-04				9	28	3	9	8	8	2	6	1	74	
Partner E-mail and Flyers				2			1	5	35	780	258	554	48	1,683	
Generic Field Sales Template URL		75	75	115	186	280	215	350	150	100	156	108	1,735	
Posters and Centralized URL		198	198	118	4,016	4,319	2,304	4,600	3,988	4,600	5,038	4,086	29,657	
Keyword Searches														2,941	
Other Initial Response Subtotal				277	242	4,230	4,603	2,533	793	4,920	5,006	5,871	7,578	36,053	
Microsoft Web Placements															
Microsoft Web Placements (from Security Program Guide to Security Summit Page)		84,563	84,563	1,305	1,351	1,012	2,938	4,715	3,779	3,572	3,022	2,210	2,372	26,276	31.1
www.microsoft.com/exchange/		102,982	194,982					225	427	518	680	559	425	2,835	1.5
msn.microsoft.com		2,105,265	2,105,265					5	254	255	519	266	176	1,475	0.1
www.microsoft.com/technet/default.mspx		1,116,312	2,116,312				1,024	4,648	5,940	5,497	10,069	8,072	8,723	42,955	3.9
www.microsoft.com		26,143,740	26,143,740				244	158	13,593	17,764	6,098	60		59,188	0.2
www.microsoft.com/windowsserver2003/default.mspx		289,680	289,680					545	847	791	864	785	752	4,583	1.6
www.microsoft.com/windowsserver/system/default.mspx		456,820	456,820					94	2,055	2,189	2,728	2,660	1,438	11,160	2.5
Microsoft Placements Initial Response Subtotal		30,388,643	30,388,633	1,305	1,351	1,012	2,938	25,175	36,697	38,488	24,380	14,832	13,795	160,354	0.5
Microsoft Newsletter Placements															
Business Newsletter		115,503	115,503									258		258	0.2
Microsoft for Partners		87,220	87,220							508	25	8	8	549	0.6
Microsoft Security Newsletter		103,085	103,085				0	0	39	12	9	522	1,370	1,870	0.6
Microsoft This Week!		2,136,388	2,136,388			70	244	158	181	180	180	166	166	1,235	0.1
MSDN Flash		38,355	38,355						420	38	337		48	843	0.5
TechNet Flash		788,955	788,955					94	9	3,463	129	159	4	4,103	0.5
Windows Platform News		813,805	813,805						620	1,621	705	629	32	2,110	1.6
Misc. E-newsletters Initial Response Total		4,357,751	4,357,751		70	1,268	436	620	5,821	1,490	533	10,041	0.3
Initial Response Total		34,746,394	34,746,394	1,582	1,593	5,312	8,809	28,124	41,896	48,199	30,216	22,436	21,933	210,099	0.6
Security Summit Site Activity (www.microsoft.com/seminar/security/summit/default.mspx)															
Web Site - Page Views				1,344	1,158	2,608	14,043	15,400	15,928	23,738	17,778	14,392	13,828		
Actual Registrations by Week				439	267	794	1,272	1,528	1,741	3,293	1,980	1,307	940		
Cumulative Registrations by Week				439	701	1,495	2,767	4,295	6,036	9,329	11,309	12,611	13,551		
% of Total Goal Achieved						10	15	22		33	40	45	48		
Misc. Program Guide Tracking															
External Newsletters to Program Guide					11	3	310	305	120	72	131	7		909	
External E-mail to Program Guide				1										2	
Direct Mail to Program Guide					2	7	7	18	367	236	181		989	
Misc. Program Guide Initial Response Total				12	5	317	312	138	90	367	171	171	1,900	

교육 참가 신청수

출처: 마이크로소프트 마케팅팀[1]

:: 온라인 조사 평가

마이크로소프트는 시큐리티 가이던스 캠페인을 진행하며 고객 인식의 변화를 측정하기 위해 인터넷도 혁신적으로 활용했다. 시큐리티 가이던스 웹사이트를 방문한 고객들에게 사이트를 나가기 전에 팝업창을 통해 다음의 문장들에 어느 정도 동의하는지 평가해 달라고 요청했다.

> 마이크로소프트는 제품 보안을 돕는 솔루션과 리소스를 제공한다.
> 마이크로소프트는 보안 문제에 적극적으로 대응하고 헌신한다.
> 마이크로소프트는 당신의 보안 유지에 필요한 정보를 제공한다.
> 마이크로소프트는 보안이 확실한 제품을 제공하기 위해 헌신한다.

3개월간 진행된 설문 조사의 결과 일부가 〈표 8.3〉에 정리되어 있다. 도표에서 보듯이 두 문항에 대한 고객 인식에서 '매우 부정'은 감소하고, '매우 긍정'은 증가한 것을 알 수 있다. 물론 이를 액면 그대로 믿을 수는 없다. 마이크로소프트 웹사이트를 방문한 고객들만을 대상으로 한 조사이기에 객관성을 담보할 수 없기 때문이다. 월별 응답자 수가 천 명 내외라는 점에서 조사 규모가 작은 편은 아니지만 말이다. 아무튼 완벽하게 신뢰할 수 있는 결과는 아닐지라도, 이런 결과는 고객 인식을 긍정적으로 바꾸려는 캠페인이 올바른 방향으로 진행되고 있음을 보여주고 있다.

일반적으로 매년 시행되는 브랜드 인지도 조사는 객관성이 중요하기에 웹사이트 조사는 대안이 될 수 없다. 대규모로 실행되어야 함은 물론이다. 그러므로 이런 대규모 브랜드 설문 조사를 캠페인이 진행되는 동안 실행

【표 8.3】 고객 인식에 대한 온라인 조사 결과

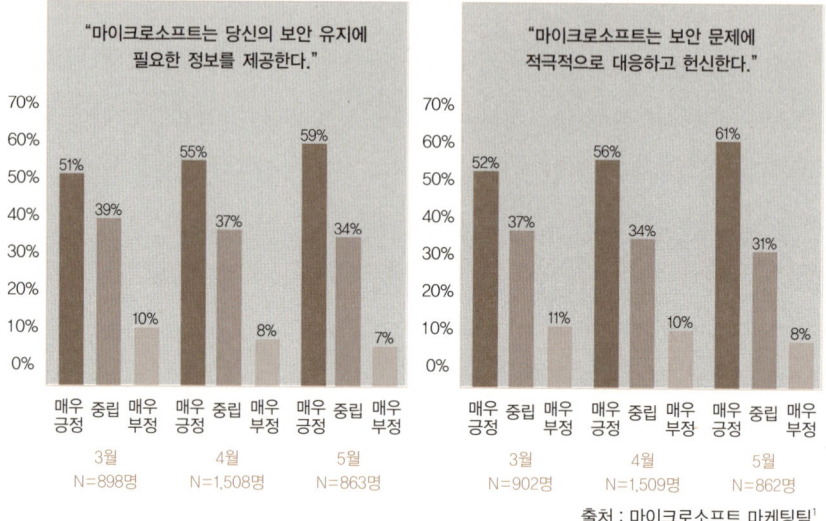

출처: 마이크로소프트 마케팅팀[1]

해 그 결과를 피드백하기는 어렵다. 그런 점에서 간단하지만 효과적인 온라인 조사 결과에 기초하여 확보한 니어타임 고객 데이터가 애자일 마케팅에서는 중요하다는 것을 명심하기 바란다.

어렵게만 여기지 말고 일단 시작하라

애자일 마케팅에 대해 말할 때마다 나는 "저희 회사에서는 불가능한 일입니다.", "저는 브랜드 마케팅 담당이라 그런 일은 하지 않습니다."와 같은 말을 종종 듣는다. 애자일 마케팅이 당신의 업무에 새로운 접근 방식을 요구한다는 것은 명확한 사실이다. 하지만 기존의 마케팅 방식을 답습하

【표 8.4】 제프 고든의 24번 레이싱카에 인쇄된 듀폰 퍼포먼스 얼라이언스 URL

출처 : 듀폰 마케팅팀[2]

는 것이 문제라는 것도 사실이다. 그러므로 다음의 듀폰 사례에서 보듯이 애자일 마케팅을 실행할 길을 찾도록 노력해야 한다.

Chapter 1에서 소개했듯이 듀폰은 나스카 경주에서 제프 고든을 후원하면서 이를 마케팅에 적극적으로 활용했다. 그런 활동 중 하나로 〈표 8.4〉에서 보듯이 듀폰은 제프 고든의 차 후미에 URL 주소를 넣었다.[2]

듀폰은 TV시청자들에게 퍼포먼스 얼라이언스Performance Alliance 웹사이트를 알리기 위해 이 URL을 레이싱 카에 인쇄했다. 듀폰 마케팅팀은 나스카 경주 팬들은 충성도가 매우 높기 때문에 차에 찍힌 URL만으로 유인할 수 있다고 믿었다. 실제로 나스카 경기가 진행되는 동안 제프 고든의 레이싱 카 뒷모습이 1분 30초 동안 방영되어 엄청난 TV 노출 효과를 낳았다. 물론 듀폰은 그 성과를 확인하기 위해 클릭 수를 측정했다. 사실 웹사이트를 접속하는 클릭 수를 추적하는 일은 그리 어렵지 않다. 그 결과 〈표 8.5〉에

【표 8.5】 시간대별 퍼포먼스 얼라이언스 웹사이트 클릭 수

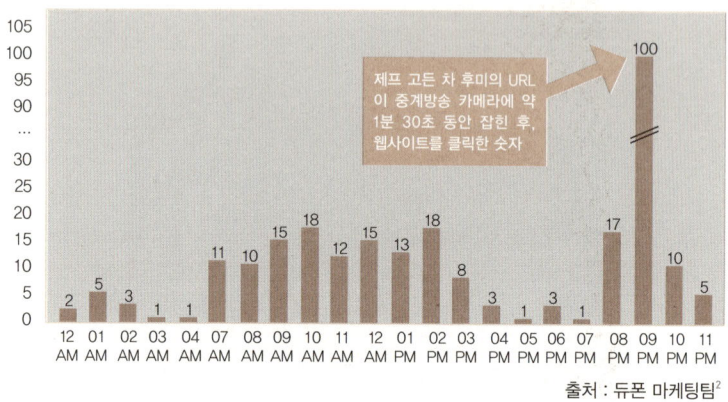

출처 : 듀폰 마케팅팀[2]

서 보듯이 URL을 넣은 것이 가치 있는 결정이었음을 증명했다.

마케팅 캠페인을 기획할 때에는 데이터 수집과 이의 활용 방안을 미리 정해야 한다. 그러기 위해선 수집된 데이터를 어떻게 활용할지 다음과 같은 질문을 던져야 한다. "어떤 결과가 나올까?", "어떤 기준으로 캠페인 중단 여부를 결정해야 할까?", "캠페인 성과가 정말 좋다면 마케팅 자원을 어떻게 재배치해야 할까?"

캠페인을 진행하는 도중에는 주기적인 점검이 중요하다. 만약 캠페인 기간이 9개월이라면 적어도 한 달에 한 번씩, 기간이 10주라면 매주 점검 미팅을 해야 한다. 그 결과 성과가 미흡하다면 어떻게 개선할 수 있는지, 개선에도 효과가 없다면 중단해야 할지 검토한다.

· · ·

당신이 진행하는 캠페인에 애자일 마케팅을 적용하는 것은 그리 어렵지 않다. 물론 IT 용어와 새로운 분석 기법을 배운다는 게 두려울 것이다. 그렇다고 지레 포기할 수는 없다. 어렵더라도 시작해보자. 한발 한발 나아가다 보면 애자일 마케팅을 능숙하게 다룰 수 있을 것이다.

다음 장에서 나는 데이터 기반 마케팅의 3가지 필수 분석 기법을 소개하고자 한다. 이 기법들은 올바른 고객에게 올바른 오퍼를 올바른 타이밍에 제공할 수 있도록 해준다. 어떻게 접근해야 하며, 어떤 식으로 성과를 향상시켜야 하는지 구체적인 방법을 제시하고자 한다.

Chapter Insights

- 마케팅 캠페인은 니어타임 데이터를 수집해 재빨리 피드백할 수 있도록 기획되어야 한다. 즉, 캠페인 관련 데이터를 캠페인 진행 중에 수집할 수 있어야 하며, 그 결과에 따라 캠페인 내용을 어떻게 수정할지 그 방향을 미리 정해 놓아야 한다.
- 목표했던 성과를 창출하지 못하는 캠페인은 빨리 실패를 인정하고 중단하는 것이 손해를 최소화하는 방법이다.
- 초기에 효과가 입증된 마케팅 캠페인은 더 많은 예산을 투입해서 성과를 확대한다.
- 마케팅 캠페인을 시작하기 전에 성공과 실패에 대한 기준을 명료하게 정해야 한다.
- 캠페인 실행 계획에는 단계별 의사 결정 항목들이 명시되어야 한다. 즉, 단계별로 주요 관리 항목들에 따라 어떤 행동을 취할지 정해 놓아야 한다.
- 애자일 마케팅을 실행하면 마케팅 캠페인 성과가 기존 대비 최소 5배 이상 향상될 수 있다.

Chapter 9

데이터 기반 마케팅의
3가지 필수 분석 기법

"와우, 내게 딱 맞는 상품이네!"
올바른 고객에게 올바른 오퍼를
올바른 타이밍에 제공할 수 있다.

P&G로부터 작은 상자 하나를 우편으로 받았다. 박스 포장에는 한 살쯤 돼 보이는 남자 아기 사진과 함께 이런 슬로건이 적혀 있었다. "걸음마를 시작한 아이의 기저귀는 달라야 합니다." 박스 안에는 팬티형 기저귀 샘플 하나가 담겨 있었다. 이런 P&G 마케팅이 내 흥미를 끌었던 이유는 마침 내 아들이 막 걷기 시작할 때 배달되었기 때문이었다.

이것이 내가 "와우, 내게 딱 맞는 상품이네!"라고 부르는 한 예이다. 즉, 올바른 오퍼를, 올바른 고객에게, 올바른 타이밍에 제공하는 것이다. 니즈가 있을 때 그에 적합한 오퍼를 제공하면 이를 받아들일 확률이 높다.

연매출 480억 달러 규모의 건축자재 및 가전제품 유통업체인 로우즈도 이를 적절히 활용했다. 로우즈는 매장 직원들이 자신의 집에 데크deck를 만들려는 고객들에게 원하는 디자인과 재료들을 선택할 수 있도록 도와준다.

그런데 고객 구매 데이터를 분석한 결과, 데크를 지으려는 사람들은 바비큐 그릴도 구매할 확률이 매우 높다는 사실을 발견했다. 데크의 기본 재료들은 목재, 볼트, 못 등 이윤이 낮은 소모성 제품들인데 반해, 바비큐 그

릴은 고이윤 제품이었다. 하지만 고객이 바비큐 그릴도 로우즈에서 구입한다는 보장이 없다는 게 문제였다.

이에 로우즈는 데크 재료들을 구입한 고객들에게 곧바로 바비큐 그릴 제품 광고 전단지를 보냈다. 전단지에는 고객 유형에 따라 600달러의 고가 스테인레스 그릴 제품을 전면에 선보이거나, 그보다 저렴한 모델들을 소개했다. 고객은 말할 것도 없이 "와, 지금 딱 필요한 거네!"로 반응했고, 많은 고객들이 바비큐 그릴을 구입하러 로우즈 매장을 다시 찾았다.

이렇듯 올바른 고객들에게 올바른 오퍼를 올바른 타이밍에 보내려면 다음과 같이 3가지 데이터 분석 기법이 필요하다. 첫째, 경향 모델, 둘째, 장바구니 분석, 셋째, 의사결정트리가 그것이다. 그럼 이제 이 세 가지 접근법을 메러디스와 어스링크 사례를 통해 하나씩 살펴보기로 하자.

▍분석 마케팅 기법 #1. 경향 모델

▍연매출 16억 달러 규모의 메러디스 출판사는 〈베터 홈스 앤 가든〉 등 미국 여성들을 대상으로 여러 유명 잡지들을 출간하고 있다. 또한 지역 방송국을 운영하고도 있으며, '메러디스 360°'를 통해 고객들과 대행사에게 자신의 방대한 미디어 포트폴리오에 접근할 수 있는 권리를 제공하고 있다.

메러디스의 초기 이메일 마케팅은 고객들에게 일괄적으로 이메일을 뿌리는 원샷 블라스트 one-shot blast 방식이었다. 하지만 고객들의 니즈와 상관없이 보내는 방식이기에 효과에는 한계가 있었다. 이에 25년 넘게 잡지 구독 홍보용 다이렉트 메일을 추진한 경험을 토대로 이메일 마케팅에 데이터 기반 마케팅을 접목하려 했다. 하지만 다이렉트 메일의 경우 고객은 여러 가지의 다른 광고물을 받아도 크게 꺼리지 않지만, 이메일은 그렇게 할 수 없다. 그러므로 이메일은 다이렉트 메일과 달리 짧고 명료한 하나의 오퍼로 전달되어야 했다.

이에 메러디스 e마케팅팀은 "고객이 원하는 단 하나의 잡지는 무엇일까?"라는 질문으로 시작했다. 이 질문에 답하려면 경향 모델이 필요했다.

메러디스는 로지스틱 회귀분석logistic regression[1]을 통해 20가지의 경향 모델을 개발했다. 이는 메러디스가 운영하는 잡지 하나당 한 개의 모델에 해당된다. 생각할 수 있는 모든 변수들을 고려해 분석했다. 거기에는 메러디스 회원 등록을 할 때 기입한 본인의 나이, 취미, 관심사, 자녀 나이, 구독 중인 다른 잡지, 주거 형태 등도 포함되었다. 이렇듯 천여 개의 기존 데이터를 토대로 모델을 만들어 고객이 어떤 잡지를 구독할지 그 경향에 대해 점수를 산정했다. 물론 가장 높은 점수를 얻은 잡지가 그 주의 '베스트' 잡지로 선정되었다.

〈표 9.1〉은 경향 모델링을 통해 도출된 결과 사례로, 메러디스가 보유한 잡지(P1~P12)별로 구매 가능 고객 수를 주별로 보여주는 자료이다. 즉, 경향 모델을 통해 고객별로 어떤 잡지를 구매할 가능성이 가장 높은지 점수를 매겨 이를 요약했다. 이 모델은 주기적으로 업데이트되었으며, 예측 수치와 실제 결과를 비교하여 분석했다.

최적의 경향 모델을 도출하기 위해 1,400만 고객에 대한 점수를 매주 분석했으며, 이메일에 대한 고객 반응을 전제로 고객 접촉 빈도를 정했다. 즉, 이메일을 클릭한 고객에게는 일주일 후에 신규 오퍼 메일을 보냈지만, 아무런 반응이 없었던 고객에게는 4주 후에 새로운 이메일을 보냈다.

【표 9.1】 잡지별 구매 경향 모델 분석 결과

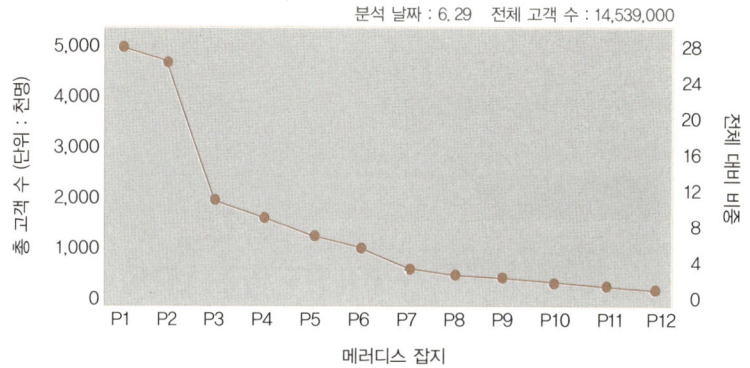

 〈표 9.2〉는 경향 모델 분석 결과에 따라 발송된 맞춤형 이메일 광고 사례이다. 여기에서 〈베터 홈스 앤 가든〉 2년 구독을 제안하면서《센세이셔널 그릴링Sensational Grilling》요리책을 무료 사은품으로 제시했다. 이런 고객 맞춤형 마케팅으로 오퍼수락률은 29~50퍼센트 상승했다. 또한, 맞춤형 이메일을 실행하지 않았던 전년도와 비교해 이메일을 통한 잡지 구독률이 20~40퍼센트 증가했다.
 〈표 9.2〉와 같은 이메일 마케팅을 위해 메러디스는 고객들의 관심사를 좀 더 세분화하기로 했다. 즉, 경향 모델링을 통해 제안할 잡지가 정해지면, 해당 고객에게 어떤 사은품을 제공할지 결정하기 위해 관심 사항이 추가로 분석되었다. 요리에 관심이 많다면 그릴 관련 제품을, 실내 인테리어에 관심이 많다면 인테리어 관련 소품을, 정원가꾸기가 취미라면 정원 관련 제품을 사은품으로 제안했다.
 그 결과는 놀라웠다. 경향 모델 분석을 통해 잡지 구독률을 1차적으로

평균 40퍼센트 상승시켰고, 여기에 고객의 관심 분야에 따른 사은품 선정으로 매출 15퍼센트를 추가적으로 높였다.

【표 9.2】 〈베터 홈스 앤 가든〉 이메일 광고

출처 : 메러디스 출판사

메러디스의 전자상거래 및 온라인 마케팅 담당 임원인 에린 호스킨스 Erin Hoskins는 어떻게 데이터 기반 마케팅을 해야 할지 모르는 상황에서 시작한 자신의 경험을 다음과 같이 말했다.

"저는 마케터로서 기존 이메일 캠페인에 개선 여지가 많다는 것을 알고 있었습니다. 그래서 일단 작업은 시작했지만, 온라인 마케팅에 할당된 예산과 데이터베이스, 분석 도구가 거의 없었습니다. 그래서 당시 회사에서 분석 작업을 주도하던 켈리 테그토우 Kelly Tagtow와 우선 친구가 되기로 했죠. 처음 분석 작업에 들어갔을 때는 켈리가 하는 말을 거의 이해할 수 없었습니다. 하지만 분석 결과를 이메일 마케팅에 적용한다면 좋은 결과를 얻으리라는 확신은 있었습니다."

당시 메러디스는 데이터가 전략적으로 중요하다는 사실을 알고 있었기에, 모든 고객 데이터를 신규 데이터웨어하우스로 통합하여 사내에 구축하고 있었다. 그 결과 고객 이메일 주소를 확보하고 있었지만, 맞춤형 이메일을 개발할 도구는 없었다. 메러디스의 비즈니스 인텔리전스 담당 임원인 켈리 테그토우도 이렇게 말했다. "캠페인 초기에는 맞춤형 이메일 광고를 개발하기 위해 거의 수작업으로 데이터를 추출했습니다. 이로 인해 엄청난 시간을 소비했습니다. 정말 고생이 많았어요. 하지만 경향 모델이 효과가 있다는 사실을 확인하자, 자동화 이메일 기법을 구축하기 위해 보다 많은 투자가 필요하다는 결론을 내렸습니다. 결국 오퍼수락률을 몇 배나 더 올릴 수 있었고, 이메일을 통한 잡지 구독률도 20퍼센트 상승시킴으로써 충분한 투자 효과를 창출했습니다."

분석 마케팅 기법 #2. 장바구니 분석

　메러디스의 이메일 마케팅은 고객의 구매 이력과 인구 통계적 특성을 회귀분석으로 모델링하여 차기 구매 제품을 예측한 사례이다. 이런 분석 기법을 경향 모델, 또는 차기 최적 상품 모델next-best product model이라 부른다. 이와 더불어 활용되는 분석 기법으로 장바구니 분석이 있다. 이 분석 기법은 특히 소매 마케팅에 잘 맞는다.

　장바구니 분석이란 고객이 쇼핑을 할 때 어떤 상품을 함께 구매하는지 파악하는 것을 말한다. 예를 들어 아마존Amazon은 이 기법을 웹사이트와 이메일 마케팅에 광범위하게 활용한다. 아마존에 로그인하면 항상 화면 아래쪽에 이런 글이 뜬다. "귀하께서는 A 상품을 찾아보셨습니다. 그렇다면 B 상품에도 흥미를 느끼실 겁니다."

　클러스터 분석은 장바구니 분석에 가장 많이 활용되는 데이터마이닝 기술이다.[2] 장바구니 분석을 제대로 하면 꽤 실용적인 제언 사항들을 그 결과로 얻을 수 있다. 이 제언 사항들을 연계 법칙association rules이라고도 부른다. 'PC를 새로 구입한 고객들은 전원 케이블도 함께 구매한다'처럼 말이다. 이 연계 법칙에 따라 오프라인과 온라인 판매 상품을 구성해야 고객들의 교차 판매를 유도할 수 있다.

　그런데 이런 연계 법칙을 직관적으로 정하려는 마케터들이 많다. 사람들의 구매 행동을 섣불리 예측하는 것이다. 호스킨스도 이렇게 말했다. "데이터를 두려워하지 마세요. 마케터들은 직관적으로 옳다고 생각하는 데 집착합니다. 하지만 분석 결과는 그와 다른 방향을 제시할 수 있습니다." 그러므로 직관에 따라 판단하지 말고 실제 데이터 분석 결과에 따라 결정하고 실행해야 한다.

분석 마케팅 기법 #3. 의사결정트리

고객에게 발생한 사건을 중심으로 한 이벤트 기반 마케팅은 데이터를 분석해 어떤 고객 사건과 구매 행동이 서로 연관되는지 확인하고, 시발이 되는 사건trigger event을 기초로 맞춤형 마케팅을 기획함으로써 가능하다. 즉, 고객의 행동과 구매 특성을 파악할 수 있는 예측 모델과 이러한 예측을 근거로 실행할 수 있는 마케팅 기획이 필요하다. 이와 함께 오퍼수락률, 이익, 고객이탈률과 같은 필수 지표로 마케팅 성과를 측정하는 작업도 병행해야 한다. 구체적인 사례를 통해 이 분석을 실제로 어떻게 하는지 알아보도록 하자.

미국 인터넷 서비스 업체인 어스링크는 수백만 명의 고객과 중소기업 가입자들을 대상으로 초고속 인터넷, 웹호스팅, DSL Digital Subscriber Line 등 인터넷 접속 서비스를 제공하고 있다. 어스링크도 처음에는 데이터 분석 기법과 이벤트 기반 마케팅을 활용하는 데 어려움이 많았다. 어스링크의 고객 인사이트, 분석 및 전략 부문 담당 임원인 스튜어트 로우셀Stuart Roesel은 이렇게 말했다.

"데이터 기반 마케팅이 성과를 내려면 데이터 분석 담당자들이 상품 기획자나 마케터들과 긴밀한 관계를 유지해야 합니다. 하지만 회귀분석 모델 중심의 초기 작업은 마케터들이 이해하기에는 어려웠습니다. 많은 마케터들이 분석을 불편해하다 보니, 점점 더 멀어질 수밖에 없었습니다. 결국 데이터 기반 마케팅을 추진하려면 좀 더 단순하게 만들어야 했습니다."

어스링크의 비즈니스 인텔리전스 부문 담당 임원인 샘 맥폴Sam McPhaul도 이렇게 덧붙였다.

"예전의 예측 모델들은 주로 로지스틱 회귀분석을 통해 개발됐습니다. 하지만 마케터나 상품 담당자들은 그 결과를 이해하기 어려워했고, 조직의 관심도 끌지 못했습니다. 그리고 분석 결과로 도출된 인사이트가 의미 있어 보이지도 않았기 때문에 실제 행동으로 연결되지 못했습니다. 하지만 의사결정트리를 모델링에 활용하기 시작하자 결론으로 도출된 인사이트를 이해하기 쉬웠고, 내부적으로 교육을 시행하고 파일럿 프로그램들을 시작하면서 예측 모델들은 비로소 조직 내부에서 주목받기 시작했습니다."

의사결정트리는 데이터로부터 유용한 정보를 추출하는 데이터마이닝의 세 가지 핵심 기법 중 하나이다. 나머지 두 가지는 클러스터 분석법과 신경망neural networks[3]이다. 이런 기법들의 세부 알고리즘은 정말 매혹적이다. 하지만 대부분의 마케터들에게는 이런 반응이 나온다. "무슨 말인지 모르겠어요." 하지만 걱정하지 않아도 된다. 의사결정트리만 정확하게 알면 훌륭하게 분석할 수 있기 때문이다.

그럼 데이터마이닝에서 의사결정트리란 무엇일까? 전체 모집단 데이터를 명확한 특징들을 가진 '순수'한 하부 그룹으로 연속해서 나누는 것을 말한다. 즉, 데이터를 체에 부어 체를 통과하는 그룹과 체 위에 남는 그룹으로 분리한다고 생각하면 된다.[4]

파란색과 검정색의 고객 데이터들이 섞여 있다고 가정해보자. 이 데이터들을 체에 넣고 걸러 검정색 데이터는 체 위에 남고 파란색 데이터는 아래로 걸러진다면, 분류된 두 그룹의 데이터는 원래 데이터보다 훨씬 더 '순수'해진다. 이런 식으로 다른 변수를 활용해 분류를 계속하다 보면, 전체 데이터는 나무 형태로 체계적으로 분류된다.

:: 어스링크 사례

그럼 구체적으로 어스링크의 사례를 살펴보도록 하자. 어스링크는 다이얼 접속 서비스 고객들을 SAS 엔터프라이즈 마이너[5] 소프트웨어로 의사결정트리를 분석했다. 〈표 9.3〉에서 보듯이 맨 먼저 "제가 브로드밴드 서비스에 가입할 수 있나요?"라고 전화를 걸었는지에 따라 두 그룹으로 분류했다. 여기서 고객이 서비스센터에 전화를 걸어 "가입 조건이 되나요?"라고 질문을 하는 상황이 시작 사건이 된다. 도표에서 박스 안의 통계 수치들은 60일 후 서비스를 이탈하지 않은 고객의 비중(0)과 이탈한 고객의 비중(1)을 나타내며, N은 해당되는 고객 수를 의미한다.

〈표 9.3〉 의사결정트리의 맨 위 데이터 박스를 보면 다이얼 서비스 가입 고객 중 5.2퍼센트가 60일 내에 서비스를 해약했다. 하지만 전화를 건 고객들의 이탈률은 달랐다. 전화를 걸지 않은 고객들의 이탈률은 4.2퍼센트인 반면, 전화를 건 고객들의 이탈률은 무려 12.8퍼센트에 달했다. 즉, 고객서비스센터에 전화를 걸어 브로드밴드 서비스에 대한 가입 자격을 물은 고객들은 전체 고객 대비 서비스를 이탈할 가능성이 246퍼센트(12.8% ÷ 5.2%) 더 높았다. 사전에 브로드밴드 가입 조건을 확인하지 않은 고객들은 전체 고객 이탈률 대비 20퍼센트(4.2% ÷ 5.2%) 더 낮았다.

이런 결과에 다음과 같은 질문이 떠오른다. "왜 두 그룹의 고객이탈률에

[표 9.3] 다이얼 접속 서비스 고객에 대한 어스링크의 의사결정트리 분석 결과

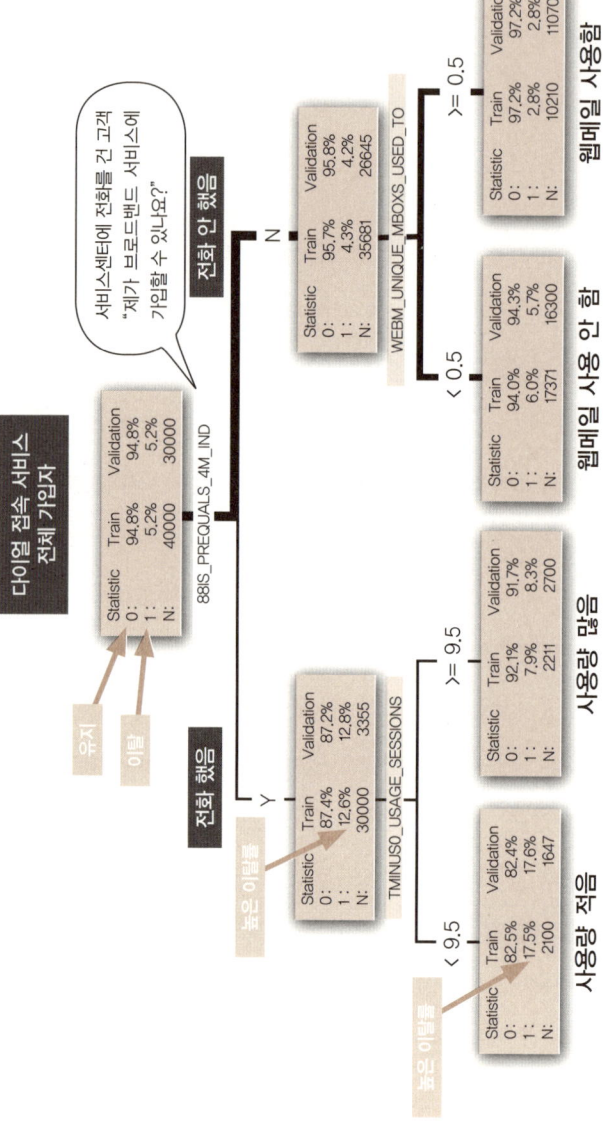

출처: 어스링크

302 마케팅 평가 바이블

차이가 생겼을까?" 브로드밴드 서비스 가입 조건을 전화로 문의한 고객들은 기존 다이얼 접속 서비스에서 초고속 서비스로의 업그레이드를 원했을지 모른다. 하지만 기대한 서비스가 제공되지 않자 이탈하게 된 것인지도 모른다.

〈표 9.3〉과 같은 의사결정트리의 장점은 복잡한 변수들 속에서도 매우 정교하게 세분화할 수 있다는 점이다. 어스링크의 의사결정트리에서도 한 번 더 세분화했다. 〈표 9.3〉의 3번째 열은 웹메일 활용 정도(전화를 하지 않은 고객)와 서비스 사용 비중(전화를 건 고객)을 변수로 분류했다. 이 분류에 따른 분석은 서비스 이탈과 관련된 고객 행동에 대해 중요하고도 의미 있는 통찰력을 제공한다.

하단 가장 왼쪽 박스는 전화를 걸었지만 월간 인터넷 접속 횟수는 9.5회 이하로 인터넷 사용량이 상대적으로 적은 고객들로, 전체 고객들보다 서비스를 이탈할 확률이 무려 338퍼센트(17.6% ÷ 5.2%) 더 높다. 이들은 브로드밴드 서비스 가입 조건을 확인하기 위해 전화를 걸긴 했지만, 다른 인터넷 업체들을 알아보며 다이얼 접속 서비스 이용량도 적다. 반면에 전화를 건 고객들 중 사용량이 많은 고객들의 서비스 이탈률은 전체 고객 대비 160퍼센트(8.3% ÷ 5.2%)만 높았다. 그러므로 사용량이 적은 고객들에게는 다른 상품 가입을 유도하거나 사용량을 높이는 마케팅, 충성도 제고 캠페인 등으로 공략해야 한다.

전화를 걸지 않은 고객들 중 웹메일을 사용하는 고객들은 2.8퍼센트의 이탈률로, 전체 고객 대비 54%(2.8% ÷ 5.2%) 수준이었다. 반면 웹메일을 사용하지 않는 고객들은 전체 고객들보다 이탈할 가능성이 5.2%에서 5.7%로 조금 더 높았다. 결국 여러 업체들을 알아보지 않고 가입한 후 웹메일을 적극적으로 사용하는 고객들의 이탈률이 가장 낮았다. 여기서 웹메일 사용 여부가 서비스 이탈에 영향을 준다는 사실을 알 수 있다.

그럼 여기서 또 다른 질문이 떠오른다. 그렇다면 고객 유지 마케팅에서 어떤 유형의 사람들을 집중적으로 공략해야 할까? 어스링크는 가장 높은 이탈률을 보이는 고객군인 사용량이 적으면서 전화를 건 고객들을 집중 공략했다. 스튜어트 로우셀은 이렇게 말한다. "고객들이 더 이상 브로드밴드 업그레이드를 하지 않는다고 여기게 해서는 안 됩니다. 그들에게 어스링크 상품과 웹메일 서비스를 더 많이 사용하도록 맞춤형 마케팅을 제공함으로써 이탈률을 낮춰야 합니다."

어스링크는 1, 2주에 한 번씩 의사결정트리 분석을 해 가장 높은 이탈률이 예상되는 고객군을 선정한다. 그런 후 이들을 대상으로 '서프라이즈 앤 딜라이트surprise and delight'라는 캠페인을 진행한다. 이 캠페인을 통해 스타벅스 기프트 카드 선물하기, 긴급 고객센터 전화번호 제공, 브로드밴드 인터넷 서비스 업그레이드 권한 부여 등을 제공한다. 〈표 9.4〉는 이런 마케팅 활동들이 고객들의 이탈률에 어떤 영향을 미치는지 보여준다. 참고로 오퍼를 받은 고객들의 이탈률은 대조군과 비교했을 때 30일 후는 44퍼센트, 120일 후는 20퍼센트 감소했다.

:: 어스링크의 조언

어스링크는 고객이탈률 감소가 이익과 고객생애가치에 미치는 영향력도 정량화했다. 단기적으로는 약 30퍼센트라는 고객이탈률 감소가 그리 대단해 보이지 않을 수 있다. 하지만 차츰 다른 서비스 고객들에도 적용이 확대

【표 9.4】 고객 유지 마케팅 집행 후 30~120일간 고객이탈률 분석 결과

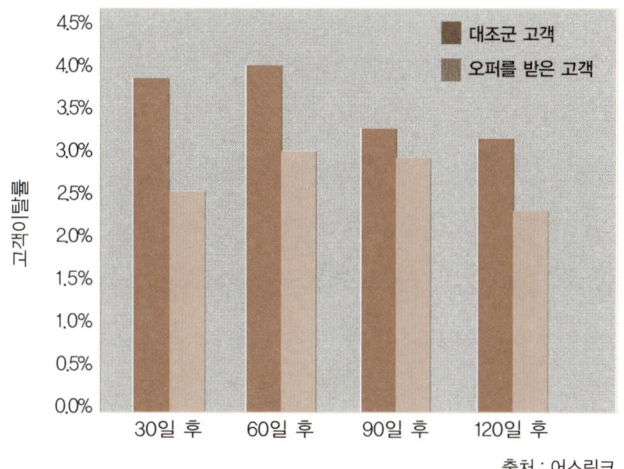

출처 : 어스링크

됨으로써 고객 유지 효과는 수익성을 20배나 높였다. 결국 시간이 지남에 따라 마케팅 성과는 보다 더 현저히 나타났다. 매달 순이익에 수백만 달러를 추가했으며, 미래 충성도로 연결될 고객 호감도도 훨씬 더 높였다.

오늘날에도 어스링크는 시간 소모가 많은 회귀분석 모델링 대신 훨씬 더 직관적인 의사결정트리 접근법을 활용하고 있다. 덕분에 몇 주에 걸쳐 반복했던 10여 개의 모델링을 이제는 며칠 만에 완성할 수 있다. 물론 이렇게 절약한 시간을 데이터 해석과 신규 시장 개척, 전략 개발과 실행 등에 투자한다. 하지만 여기서도 주의해야 할 것이 있다고 로우셀은 말한다.

"많은 마케터들이 의사결정트리를 분석할 때 마케팅 효과를 비교하는 대조군으로 전체 고객을 선정하는 실수를 저지르곤 합니다. 이렇게 되면 마케팅 오퍼를 받은 실험군과 매우 성향이 다른 고객들이 대조군이 되기에 오류가 발

생할 수 있습니다. 그러므로 실제 성과를 측정하려면 실험군과 비슷한 부류의 고객들 중 오퍼를 받지 않은 고객들을 대조군으로 정해야 합니다. 그래야만 마케팅 성과가 실제로 어느 정도였는지 정확하게 파악할 수 있습니다."

그럼 어스링크는 어떻게 의사결정트리 분석을 시작했을까? "4년 전에도 몇 가지 기초 평가 지표들이 있긴 했지만, 실제로 성과를 측정하는 활동들을 하지 않았습니다. 당시 어스링크에는 데이터 기반 마케팅 문화가 없었습니다. 마케터들도 분석은 하지 않은 채, 업무에 활용할 수도 없는 보고서만 계속 만들고 있었습니다. 그래서 우리는 처음부터 다시 시작하기로 했습니다. 좀 더 정교하게 접근하기로 했던 거죠."라고 로우셀은 말한다.

어스링크는 이 새로운 프로젝트를 내부적으로 "Today Is Another Day"의 약자인 TIAD라고 불렀다. 그들은 업무를 진행할 수 있는 실력 있는 분석가들을 모집했고, 분석 마케팅에 필요한 도구와 인프라를 마련했다.

새로운 도구를 활용하고 데이터를 이리저리 잘게 쪼개보면서 어스링크의 분석 마케팅 팀원들은 소기의 성과를 이뤄냈다. 고객 유지 마케팅을 통해 이탈 가능 고객의 서비스 해지율은 대조군보다 30퍼센트나 낮아졌다. 텔레마케팅이 비용 대비 성과가 낮은 채널이라는 사실을 밝혀내, 고객과의 주요 커뮤니케이션 채널을 이메일로 변경하게 했다. 더 나아가 올바른 오퍼를 올바른 고객에게 올바른 시점에 제안함으로써 오퍼수락률을 현저하게 상승시킬 수 있었다. 이런 성과들을 모두 합치면, 마케팅 운영비가 총 60퍼센트 감소한 동시에 마케팅 성과는 현격히 커졌다.

이런 성과를 경험하자 마케팅 구성원들의 태도도 변했다. 구체적으로 데이터 관련 질문부터 달라졌다. "서비스를 해지한 고객이 몇 퍼센트나 되나요?"와 같은 일차원적인 질문 대신에 "왜 이런 유형의 고객들이 서비스를 해지하는 걸까요?"나 "고객이탈률을 낮추기 위해 무엇을 해야 할까요?", "이런 마케팅 활동이 재무 성과에 어떤 영향을 미칠까요?"와 같이 고차원적인 비즈니스 관련 질문을 하기 시작했다.

이처럼 어스링크가 데이터 기반 마케팅 문화를 조성할 수 있었던 데는 고객경험위원회Customer Experience Council도 한몫을 했다. 이 위원회는 로우셀을 비롯한 마케팅 임원들과 상품 담당자들, 기타 약 40명의 마케터들로 구성된 경영 위원회 성격을 띠고 있다. 고객경험위원회는 매달 정기적으로 모여 이전에 실행한 마케팅 활동 결과와 모범 사례, 신규 분석 모델 등의 내용들을 공유했다. "파일럿 테스트를 꾸준히 하고, 마케팅 캠페인을 진행하며, 그 성과를 측정하고, 거기서 개선사항들을 배워 나갔습니다. 이런 선순환 사이클은 고객경험위원회를 통해 점점 더 강화됐죠." 로우셀은 말했다.

정리하자면, 의사결정트리 분석은 세분화를 통해 실무에 활용 가능한 통찰력을 얻을 수 있는 접근법이다. 이를 통해 "이 상품을 구매하는 고객들은 어떤 상품을 함께 구입합니까?"나 "고객이 신상품을 구매할지 예측하려면 무엇에 주목해야 하나요?", "고객의 이탈을 예측할 수 있는 행동이나 사건에는 무엇이 있나요?"와 같은 질문에 답할 수 있다. 모델링을 통해 도출된 분석 결과는 고객에 대한 통찰력을 제공하고, 고객별 주요 이벤트에 적합한 맞춤형 마케팅을 실시할 수 있게 한다. 이런 분석 모델링은 매일, 주간, 월간으로 진행할 수 있으며, 실시간으로도 진행할 수 있다.

물론 모든 마케터가 SAS 프로그램을 활용하고 데이터마이닝을 할 수 있는 것은 아니다. 필요하다면 전문 인력을 채용해야 할지도 모른다. 하지만 그보다 더 중요한 것은 분석의 힘을 이해하고, 데이터를 해석할 줄 알며,

그 결과를 실행에 옮길 수 있는 능력이다. 복잡해 보일 수도 있지만, 데이터마이닝의 결과는 실제로는 상당히 단순하고 해석도 쉽다.

> **참고사항**
>
> **회귀분석과 의사결정트리에 대하여**
>
> 회귀분석이야말로 모든 MBA 과정에서 다루는 의사 결정 분야의 핵심 과목인데 왜 이 책에서는 부차적인 주제로 삼았을까? 회귀분석은 데이터간의 선형 상관관계 linear model 를 보여주는 분석 방법으로, 변수들에 의해 매출이 어떻게 변할 것인지 예측하는데 유용하다. 데이터가 완벽하고 변수를 해석하는 데 문제가 없다면 회귀분석은 매우 강력한 분석 도구가 된다. 하지만 결손 데이터가 많거나 이상 데이터가 있는 경우 회귀분석은 별 소용이 없다. 회귀분석은 독립 변수들의 선형 모델을 기초로 하고 있기에 자칫하다간 전체 데이터가 쓰레기가 되기 때문이다.
>
> 반면 의사결정트리에서는 결손 데이터나 이상 결과치가 회귀분석만큼 심각한 문제가 되지 않는다. 의사결정트리는 데이터 분포를 미리 정하거나 모델을 특정하지 않고, 변수간의 관계에 따라 최선의 독립 변수를 선택해 분석하기 때문이다.
>
> 물론 의사결정트리에도 단점이 있다. 가장 큰 문제는 데이터에 '과적합 overfit'할 수 있다는 점이다. 즉, 특정 데이터에는 굉장히 잘 맞아 떨어지는 모델이지만, 새로운 데이터에는 작동하지 않을 수 있다. 이런 문제를 해결하기 위해서는 모델을 완성하기 전에 소량과 대량의 데이터 모두를 가지고 검증해야 한다. 물론 이 과정은 대부분 알고리즘으로 자동 처리된다.
>
> 또 다른 문제는 의사결정트리의 결과물이 예/아니오, 높음/낮음의 단순 분할 형태라 예측력이 낮아질 수 있다는 점이다. 결과물이 연속

적이라는 장점을 가진 회귀분석과 대비된다. 물론 대규모로 의사결정트리를 분석함으로써 회귀분석과 비슷한 결과를 도출할 수 있다. 즉, 의사결정트리를 여러 번 분기하면 선형 함수와 비슷하기 때문이다.

이상의 이유들로 대량의 데이터 세트를 분석할 때에는 의사결정트리가 더 효과적이다. 그렇다고 회귀분석이 나쁘다는 말은 아니다. 사실 앞서 논의한 사례 중 메러디스의 이메일 마케팅 경향 모델은 의사결정트리보다 회귀분석에 더 잘 맞았다. 의사결정트리만의 장점이 있다는 것과 데이터가 완벽하지 않아도 되며, 마케터가 그 결과를 시각적으로 설명하기에 훨씬 간편하다는 점이 회귀분석보다 의사결정트리를 추천하는 이유이다.

모든 것은 타이밍이 좌우한다

올바른 고객에게 올바른 마케팅 오퍼를 제공하면 엄청난 마케팅 효과가 뒤따른다. 경향 모델이나 장바구니 분석, 의사결정트리는 세분화 및 표적화에 유용한 도구이다. 하지만 이런 기법들의 진짜 묘미는 분석 결과에 따라 고객 맞춤형 마케팅을 시의 적절하게 구사할 때 나타난다. 갑자기 세탁기가 고장 난 사람은 이제 막 세탁기를 새로 구입한 사람보다 세탁기 신상품에 대한 마케팅 오퍼를 받아들일 확률이 훨씬 더 높다. 이제부터 소개하는 사례들은 적절한 타이밍의 이벤트 기반 마케팅을 통해 얼마나 성과를 높일 수 있는지를 보여준다.

:: 디렉티비

연매출 170억 달러의 디렉티비DIRECTV는 위성방송 서비스업체로 미국에서는 약 1,800만 명, 남미에서는 500만 명이 넘는 고객에게 서비스를 제공하고 있다. 디렉티비도 어스링크와 마찬가지로 서비스를 해지하려는 고객들 때문에 골치를 앓고 있었으며, 이들을 어떻게 회유할 수 있을지 고민하고 있었다.

분석 방법은 어스링크와 비슷했지만, 디렉티비는 자동화 시스템을 통해 실시간에 가까운 데이터를 수집, 분석함으로써 한 차원 더 높았다. 즉, 매일 5천만 건을 업로드하는 디렉티비의 자동화 시스템은 15분마다 '세이브save' 모델을 돌려 해지 가능성이 높은 고객들을 판별했다. 이 정보를 전달받은 세이브 팀Save Team은 3시간 이내에 고객에게 연락을 해 특별 패키지나 할인 서비스를 제안했다.

그러자 의미 있는 결과가 나왔다. 디렉티비는 서비스를 중단하려는 위기의 고객들 중 25퍼센트를 회유할 수 있었으며, 연간 고객이탈률도 19퍼센트에서 16퍼센트로 떨어져 업계 최저 수준을 기록했다. 연간 이탈률 3퍼센트 하락이 소소해 보일 수 있겠지만, 회사의 연매출이 170억 달러라는 점을 고려하면 매출에 끼친 영향은 무려 5억 달러가 넘는다!

:: 내셔널 오스트레일리아 은행

전통적으로 은행들은 고객별 니즈를 구분하지 않고 매스 마케팅을 추진했다. 그러나 IT 기술을 활용해 고객 이벤트에 맞게 대응하면 새로운 마케팅 기회를 포착할 수 있다. 일례로 한 대형 은행이 고객 계좌 정보를 분석하다가 16만 달러가 예치된 무이자 계좌 하나를 발견했다. 16만 달러면 일반 고객에게는 큰 금액이라, 곧바로 해당 고객에게 전화로 알려주었다. 사실 그 예치금은 고객이 벤처 사업을 하기 위해 지인들로부터 모은 돈이었다. 하지만 이 친절한 전화는 고객으로 하여금 중소기업 당좌예금 계좌와 신용카드를 추가로 신청하게 만들었다.

연간 수익 140억 달러의 내셔널 오스트레일리아 은행NAB, National Australia Bank은 오스트레일리아에서 개인금융 분야 1위 기업으로, 금융 업계에서 이벤트 기반 마케팅을 선도하고 있다. NAB는 탁월한 이벤트 기반 마케팅 활동으로 데이터베이스 마케팅 부문 내셔널 센터 플래티넘상National Center for Database Marketing Platinum Award을 수상하기도 했다. NAB는 '이벤트 탐정event detectives'을 통해 매일 2,700만 건에 달하는 고객 이벤트를 검색하고, 이 데이터를 통해 연간 300만 건 이상의 마케팅 기회를 포착한다. 이런 이벤트 기반 고객 정보들을 통해 매년 약 50만 명의 고객에게 맞춤형 마케팅 오퍼를 제안함으로써 40퍼센트 이상의 오퍼수락률을 달성하고 있다.

더욱 흥미로운 사실은 이런 원칙들을 새롭게 인수한 은행들에도 적용한다는 사실이다. NAB가 신규로 인수한 유럽계 은행들에는 영국의 요크셔 은행Yorkshire Bank과 클라이스데일 은행Clydesdale Bank이 있다. 이 은행들은 NAB에 인수되기 전에는 마케팅과 고객 관리 프로세스를 체계적으로 실행하지 않았다. 조직별로 담당해야 할 고객 기준이 명확하지 않아 여러 조직이 동일한 고객을 대상으로 제각기 다른 오퍼를 제안하기도 했다. 이런 중복된 마케팅 활동은 낭비로 이어졌고, 고객들에게는 혼란을 초래했다.

NAB는 그간 경험을 토대로 유럽계 은행들의 고객 데이터를 중앙 EDW

시스템에 통합한 후, 표적화와 이벤트 기반 마케팅을 수행할 수 있는 데이터마이닝 분석 작업에 돌입했다. 중복된 오퍼는 중지되었으며, 일관성을 유지하기 위해 마케팅 채널별로 고객을 대하는 메시지도 새롭게 정리했다. 고객 니즈와 고객 습성, 고객생애가치에 집중하기 위해 캠페인 목표도 변경했다. 고객의 인바운드inbound 요청에는 최대 24시간 이내에 고객과 재접촉했으며, 아웃바운드outbound 오퍼 역시 적절한 타이밍에 고객에게 필요한 맞춤형 오퍼를 제공했다.

그 결과는 놀라웠다. 마케팅 오퍼에 대한 응답률은 무려 30배(3천 퍼센트!)나 증가했다. 게다가 재빠른 테스트앤런 방식으로 분석 결과에 따라 조정함으로써 연간 오퍼 응답률은 15퍼센트나 더 향상되었다. 고객이탈률도 17퍼센트 감소했으며, 인바운드/아웃바운드 마케팅을 최적화함으로써 오퍼수락률도 추가로 20퍼센트나 더 향상되었다.

:: 핑 골프

핑 골프Ping Golf 사례는 우리에게 실시간 마케팅을 구사하는 조직은 마케팅 성과 이상의 혜택을 얻을 수 있다는 사실을 알려준다. 핑은 맞춤형 골프 클럽을 제조하는 중간 규모의 비상장 기업이다. 핑의 골프 클럽은 고객의 요구 사양에 맞춰 제작되며, 주문 후 48시간 내에 배송된다. 고객은 클럽의 색상과 길이는 물론, 클럽 손잡이의 탄력도와 그립 사이즈까지 모두 맞춤형으로 주문할 수 있다. 그런데 핑으로선 매일 3,000건의 맞춤형 주문을 일일이 응대한다는 게 쉬운 일이 아니었다.

하지만 실시간 데이터웨어하우스와 분석 기법들을 활용하면서 마법과 같은 일이 벌어졌다. 핑의 콜센터에서는 15~20명의 상담원이 하루에 1천~3천 건의 고객 전화를 응대하며, 하루 평균 2천 건의 주문을 받았다. 맞춤형 제작이라 고객 주문에 실시간 대응하기 어려울 법도 하지만, 핑의 데이터 시스템이 이를 해결해주었다. 데이터 시스템에는 1,200만 개 이상의 제품 시리얼 번호가 저장돼 있어, 고객은 콜센터나 온라인 사이트를 통해 원하는 제품을 바로 주문할 수 있었다. 그 결과 핑은 업계 최고 수준의 콜센터를 운영할 수 있었으며, 고객만족도 또한 경쟁사보다 월등히 높게 나왔다. 결국 핑은 데이터웨어하우스와 분석 마케팅을 통해 성과를 극적으로 개선할 수 있었으며, 콜센터의 업무 효율도 높일 수 있었다.

분석 마케팅 양식

분석 마케팅은 교차 판매나 상향 판매, 고객 유지 마케팅에 가장 많이 활용된다. 이런 마케팅 활동들은 신규 매출을 창출하거나 고객이탈률을 감소시키는 데 의미 있는 역할을 한다. 이처럼 분석 마케팅 활동은 매출과 직접 연결되기 때문에 마케팅투자수익률에도 크게 기여할 수 있다.

마지막으로 분석 마케팅을 실무에 활용할 수 있도록 분석 마케팅 양식을 소개하도록 하겠다. 이 양식은 고객 40만 명을 대상으로 한 가상의 상향 판매 마케팅 활동에 대해 투자 여부를 검토하기 위한 것이다. 전체 고객을 고객 가치를 기준으로 플래티넘, 골드, 실버의 3그룹으로 나눈 뒤, 실버 고객은 골드 고객으로, 골드 고객은 플래티넘 고객으로의 상향 판매를 목표로 마케팅을 진행하는 것을 목표로 정했다. 그리고 〈표 9.5〉에서 보듯이 여러 가설들을 설정한 후, 기존 방식대로 마케팅할 경우(기초 값)와 분석 마케팅 방식으로 접근할 경우 예상 결과들을 입력했다.

세부적으로 살펴보면, 상향 판매를 통해 (1)마케팅 오퍼수락률이 5퍼센트 증가하고, (2)상향 판매를 유도함으로써 고객의 지갑 점유율 share of wallet

【표 9.5】 분석 마케팅용 마케팅투자수익률 양식

(a) 마케팅투자수익률 산정을 위한 가설

가정	
총 고객 수(명)	400,000
플래티넘 고객 비중	5%
골드 고객 비중	10%
실버 고객 비중	85%
플래티넘 고객 연간 성장 목표	5%
골드 고객 연간 성장 목표	12%
신규 오퍼수락률	2%
오퍼수락률 예상 증가율	5%
잠재 고객 1인당 접촉비용	$0.50
플래티넘 고객 1인당 분기별 평균 지출액	$23,750
골드 고객 1인당 분기별 평균 지출액	$13,500
실버 고객 1인당 분기별 평균 지출액	$1,650
분기별 평균 지출액 예상 증가율	5%
플래티넘 고객층 마진율	70%
골드 고객층 마진율	50%
실버 고객층 마진율	2%
세율	38%
WACC(할인율 r)	14%
캠페인 빈도	분기별
시스템 비용	
하드웨어	$1,500,000
소프트웨어	$2,500,000
전문 서비스	$3,000,000
투자비용 = 감가상각 기준	$7,000,000

(b) 마케팅투자수익률 산정 양식

기초 값				
	0년	1년	2년	3년
플래티넘 신규 매출		35,625,000	96,781,250	101,620,313
골드 신규 매출		97,200,000	270,864,000	303,367,680
(−)플래티넘 고객 신규 매출원가		(10,687,500)	(29,034,375)	(30,486,094)
(−)골드 고객 신규 매출원가		(48,600,000)	(135,432,000)	(151,683,840)
(−)골드 고객 접촉비용		(25,000)	(26,250)	(27,563)
(−)실버 고객 접촉비용		(120,000)	(134,400)	(150,528)
세전이익		73,392,500	203,018,225	222,639,968
(−)세금		(27,889,150)	(77,146,926)	(84,603,188)
기존 현금흐름		45,503,350	125,871,300	138,036,780

분석적 마케팅을 통한 성과 개선				
	0년	1년	2년	3년
플래티넘 신규 매출		37,406,250	101,620,313	106,701,328
골드 신규 매출		102,060,000	284,407,200	318,536,064
(−)플래티넘 고객 신규 매출원가		(11,221,875)	(30,486,094)	(32,010,398)
(−)골드 고객 신규 매출원가		(51,030,000)	(142,203,600)	(159,268,032)
(−)골드 고객 접촉비용		(23,810)	(25,000)	(26,250)
(−)실버 고객 접촉비용		(114,286)	(128,000)	(143,360)
(−)유지 관리비		(1,166,667)	(1,166,667)	(1,166,667)
(−)감가상각비		(2,333,333)	(2,333,333)	(2,333,333)
세전이익		73,576,280	209,684,819	230,289,352
(−)세금		(27,958,986)	(79,680,231)	(87,509,954)
순이익		45,617,293	130,004,588	142,779,398
(+)감가상각비		2,333,333	2,333,333	2,333,333
신규 현금흐름	(7,000,000)	47,950,627	132,337,921	145,112,731
증분 현금흐름	(7,000,000)	2,447,277	6,466,621	7,075,951

마케팅투자수익률 분석	
순현재가치 NPV	4,898,655
내부수익률 IRR	45.8%

을 높일 수 있을 것으로 예상했다. 분석 마케팅에 의한 오퍼수락률과 매출 증대 효과는 업계별 벤치마킹 데이터를 통해 얻을 수 있다. 데이터웨어하 우스 구축과 소프트웨어 비용 등 분석에 투자되는 시스템 비용은 약 7백

만 달러로 예상했다. 이런 가설을 토대로 순현재가치와 내부수익률 등 마케팅투자수익률을 산정했다.

당신도 실제 수치를 〈표 9.5〉양식에 입력하면 마케팅투자수익률을 파악할 수 있다. 물론 당신 상황에 맞게 비용과 매출 수치 등을 수정하면 되며, 시스템 투자 비용 역시 보유한 고객 규모와 데이터 구조에 따라 달리 적용하면 된다.

투자 규모 등에서 부담이 된다면, 처음에는 전체 고객 데이터 중 일부를 대상으로 몇 십만 달러 정도를 투자하여 분석 작업을 시도하기 바란다. 처음에는 언제나 작은 규모로 시작하는 게 좋다. 적은 비용으로 소량의 고객 데이터로 작업해도 분석 마케팅에 따른 효과가 어느 정도인지 확인할 수 있기 때문이다. 또 다른 이점은 분석 경험이 쌓이면서 설정된 가설의 옳고 그름을 판별할 수 있다는 것이다. 이는 분석 결과에 신뢰감을 더해줄 수 있다. 분석 마케팅에 재무적 투자수익률을 활용하는 사례를 좀 더 알고 싶다면《GST의 CRM 이니셔티브용 ROI》를 참조하기 바란다.[6]

〈표 9.5〉의 사례에서는 IRR은 45.8퍼센트, NPV는 490만 달러, 회수기간은 2년 미만으로 나왔다. 이런 결과는 해당 마케팅 투자가 효과적임을 보여주고 있다. 하지만 chapter 5에서 언급했듯이 최상과 최악, 예상 수준의 3가지 시나리오로 민감도 분석을 추가 실시해야 한다.

• • •

지금까지 3가지 접근법에 따른 분석 마케팅에 대해 살펴보았다. 경향 모델, 장바구니 분석, 의사결정트리가 그것이다. 이를 통해 올바른 고객에게 올바른 오퍼를 올바른 타이밍에 보낼 수 있어, 마케팅 성과를 극대화시킬 수 있다. 그럼 이제 데이터 기반 마케팅의 토대가 되는 기술 인프라에 대해 알아볼 차례다. 즉, IT 담당자들과 함께 협력해 어떻게 인프라를 구축, 관리해야 하는지 알아보도록 하자.

Chapter Insights

- 이벤트 기반 마케팅은 애자일 마케팅 효과를 한 차원 더 높여준다. 분석 작업을 통해 올바른 고객에게 올바른 오퍼를 올바른 타이밍에 제공하라. 그러면 오퍼수락률을 5배 이상 높일 수 있다.

- 분석 마케팅에는 세 가지 필수 접근법이 있다. (1)경향 모델로 구매 확률을 예측하고, (2)장바구니 분석으로 교차 판매를 유도하며, (3)의사결정트리로 고객 이벤트와 특성을 기초로 세분화 및 표적화를 추진한다.

- 분석 마케팅의 효과는 오퍼수락률 상승과 이익 증대로 이어지기에, NPV와 IRR, 회수기간 등의 마케팅투자수익률로 정량화할 수 있다.

Chapter 10

마케터 관점으로 바라본 인프라 구축

"그럼 이제 무엇이 필요한가?"
크게 생각하되, 작은 규모로 시작하라.
그리고 재빨리 확장하라!

데이터 기반 마케팅을 시작하는 시점에는 수백만 달러를 투자해야 하는 IT 인프라 시스템이 필요하지 않으며, 마이크로소프트 엑셀로도 충분하다고 누차 주장했다. 지금도 이를 지지하지만, 상황에 따라선 대규모 인프라 투자가 필요할 수도 있다.

사실 브랜드 인지도나 고객만족도, 시험 사용, 마케팅투자수익률 등을 다루는 문제라면 엑셀로도 가능하다.[1] 하지만 좀 더 적극적으로 고객이탈률을 관리하고 고객생애가치에 따라 가치 기반 마케팅이나 이벤트 기반 마케팅을 하고 싶다면 데이터웨어하우스와 전문적인 분석 인프라가 필요할 수밖에 없다.

그럼 문제는 어느 정도의 규모로 인프라를 구축해야 하며, 얼마나 비용을 들여야 하는지에 있다. 그럼 이제부터 마케터 관점에서 이 질문에 대한 해답을 찾아보도록 하자.

정말 필요한 데이터는 무엇인가?

마케팅 데이터베이스와 기술에 대한 이야기를 시작할 때마다 마케터들에게 종종 듣는 첫 번째 질문은, "데이터웨어하우스에는 어떤 데이터를 넣어야 하나요?"이다. 하지만 이는 선후가 뒤바뀐 잘못된 질문이다. 어떤 데이터를 필요로 하는지 정해져야 데이터웨어하우스가 결정되기 때문이다. 그러므로 올바로 질문하려면 그보다 먼저 "비즈니스를 위해 어떤 데이터가 필요한가요?"이다. 당신에게 필요한 데이터(데이터 요구 조건)는 당신이 묻고 답해야 하는 비즈니스 관련 질문들에 의해 결정된다.

만약 당신이 항공사에 근무하고 있다면 다음과 같은 질문을 던져야 한다. "시카고와 워싱턴 사이를 자주 왕래하는 30~49세의 고객 중 지난 달부터 우리와 더 이상 거래를 하지 않는 고객은 몇 명이나 될까?" 이 질문에 답하려면 고객의 비행 내력과 인구 통계적 정보 등 정보 데이터가 필요하다. 이처럼 비즈니스 관련 질문을 통해 어떤 데이터가 필요한지 파악하는 것이다.

그런데 비즈니스 관련 질문들은 〈표 10.1〉에서 보듯이 또 다른 질문들로 연결된다. "지난 달 서비스 계정을 해지한 고객은 몇 명입니까?"라는 질문에는 "0.5퍼센트"라고 답할 수 있다. 그럼 바로 다음 질문이 던져진다. "그들은 왜 서비스를 해지했을까요?" 그리고 향후 일어날 일을 예측하는 질문도 던진다. "같은 이유로 향후 서비스를 해지할 가능성이 있는 고객은 몇 명이나 될까요?" 이 질문에 답하기 위해서는 데이터가 필요하다. 데이터를 얻기 위한 일련의 작업들이 진행되고, 결국 그 정보들을 근거로 취해야 할 행동 사항이 도출된다.

【표 10.1】 꼬리에 꼬리를 무는 질문들

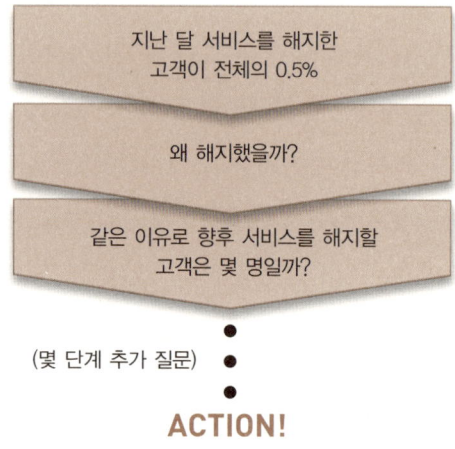

　일례로 고객생애가치를 파악하기 위해서는 해당 고객과 관계를 맺는 모든 접점에서 투입되는 마케팅 비용과 이를 통해 창출되는 매출 데이터가 필요하다. 소매 제품의 경우 관련 데이터를 매장, 웹사이트, 카탈로그 등의 고객 접점에서 얻을 수 있다. 비용의 경우에는 제품 제조, 품질 보증, 서비스, 반품, 신규 고객 유치, 기존 고객 유지, 할인에 들어가는 비용 등뿐만 아니라 다이렉트 메일이나 이메일, 웹마케팅을 포함한 마케팅 비용 전부를 산출해야 한다.

　이런 데이터들은 데이터마트라 불리는 개개의 데이터베이스 형태로 조직 전반에 흩어져 있을 가능성이 크다. 따라서 마케팅 질문들에 답하기 위해서는 흩어진 데이터베이스들로부터 데이터를 추출해 중앙 데이터베이스인 전사 데이터웨어하우스 EDW에 저장한 후, 분석을 시작해야 한다.

　〈표 10.2〉는 고객생애가치 분석을 위한 필요 데이터가 조직 안에 어떻게

【표 10.2】 고객생애가치 분석에 필요한 데이터 분포도

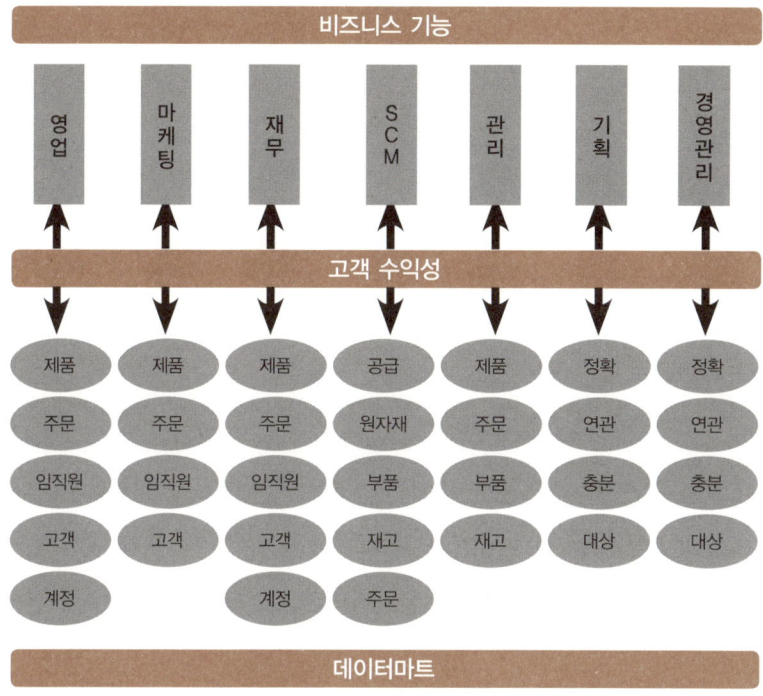

출처 : 윈터코프 WinterCorp

분포되어 있는지 도식으로 설명한 것이다. 도표를 보면 고객 수익성을 산출하기 위한 필요 데이터가 회사 여러 부문에 산재돼 있는 것을 알 수 있다. 때론 동일 데이터가 여러 곳에 흩어져 있는 경우도 있다. 따라서 분석을 시작하려면 이 데이터들을 통합해야 하는데, 그 과정이 매우 복잡하고 어려울 수 있다.

하지만 가장 중요한 것은 사고의 흐름과 과정이다. 즉, 마케팅 관점에서 해결해야 할 비즈니스 문제와 그 문제를 해결하기 위해 당신이 답해야 할

질문을 이해해야 한다. 이런 질문들에 답함으로써 당신에게 필요한 데이터와 인프라 시스템을 결정할 수 있다. 물론 전체 고객 수, 세부 데이터의 필요 정도, 분석과 질의어의 수준, 비상 상황에 대한 대응력 등도 고려하며 적절한 인프라를 구축해야 하지만 말이다.

단층 주택과 엠파이어스테이트 빌딩

일반적으로 데이터 기반 마케팅을 위한 데이터웨어하우스 인프라 시스템의 규모는 (1)고객 수와 (2)필요 데이터의 복잡성이라는 두 가지 요소에 의해 결정된다. 먼저 고객 수는 데이터웨어하우스 규모에 직접적으로 영향을 끼친다. 고객 데이터는 구매, 콜센터 전화, 반품 등 고객과 회사와의 상호 작용을 통해 생성되기 때문이다. 고객생애가치를 분석하려면 최소 3년에서 5년치 데이터가 필요하므로, 고객 수가 많을수록 데이터 양은 기하급수적으로 증가한다. 두 번째 요소인 필요 데이터의 복잡성은 데이터 구조가 복잡할수록 인프라 시스템 비용과 시스템 규모는 증가할 수밖에 없다. 이에 대해선 뒤에 좀 더 구체적으로 설명하도록 하겠다.

〈표 10.3〉은 규모가 다른 세 유통업체의 인프라를 건물로 비유해 비교한 도표이다. 일반적으로 각 조직의 사업 복잡성은 규모에 비례한다. 이에 따라 작은 소규모 기업의 인프라를 단층 주택으로 비유한다면, 중견 기업은 사무용 3층 빌딩, 거대 기업은 엠파이어스테이트 빌딩으로 비유할 수 있다.

소규모 유통업체는 지역 매장 10개에 고객 10만 명을 보유하고 있다. 이

【표 10.3】 규모가 다른 세 유통업체의 인프라 비교

	소규모 유통업체	중간 유통업체	거대 유통업체
비유	단층 주택	사무용 3층 빌딩	엠파이어스테이트 빌딩
면적(m²)	211 (미국 신축 주택 평균)	2,443 (미국 3층 빌딩 평균)	200,485 (엠파이어스테이트)
규모 비교	1×	12×	948×
고객 데이터 웨어하우스	10개 매장	400개 매장	5,000개 매장
고객 수(명)	100,000	1,000,000	100,000,000
데이터 양(TB)	1	10	1,000
시스템 구축 예상 비용	5만~25만 달러	50만~250만 달러	5천만~2억 5천만 달러

출처 : 윈터코프, 애자일 인사이트

업체는 어느 정도 규모의 데이터웨어하우스가 필요할까? 대략적으로 보면, 소규모 지역 유통에 필요한 데이터 양은 약 1TB 테라바이트이다. 일반적으로 고객 1명당 할당되는 데이터 양이 평균적으로 10MB이기 때문이다.[2] 데이터의 복잡성이 평균 수준이라고 가정한다면, 이 정도의 데이터 양을 저장하고 분석하기 위해 관련 하드웨어와 소프트웨어를 개발하는 데 5~25만 달러 정도가 필요하다.

다음으로 사무용 3층 빌딩으로 비유한 중간 규모의 유통업체에 대해 살펴보자. 이 업체는 400개의 체인 매장에 백만 명 정도의 고객을 보유하고 있다. 그러므로 필요한 데이터 양은 10TB이다. 즉, 중간 규모의 유통업체는 소규모 유통업체보다 10배 많은 데이터가 필요하다! 데이터의 복잡성에 따라 다르겠지만, 이 정도 규모의 데이터를 처리하기 위해서는 50만~250만 달러 정도가 예상된다.

마지막으로 5천 개의 전국 매장과 1억 명의 고객을 보유한 거대 유통업

체를 살펴보자. 이런 회사는 단층 주택보다 1,000배나 큰 엠파이어스테이트 빌딩에 비유할 수 있다. 이런 거대 유통업체에게는 1,000TB 이상의 데이터를 처리할 수 있는 시스템이 필요하다. 이런 방대한 데이터 양을 다루기 위해서는 업계 최고의 데이터웨어하우스 인프라 시스템이 필요하다. 그 비용은 대략 5천만~2억 5천만 달러로 예상된다.

이렇듯 어떤 비즈니스 질문을 갖고 있느냐에 따라 인프라 조건이 달라지며, 그에 따라 단층 주택을 지을지 아니면 엠파이어스테이트 빌딩을 세울지를 결정하게 된다. 윈터코프WinterCorp의 CEO이자 데이터웨어하우스 설계 및 개발 전문가인 리처드 윈터Richard Winter는 이렇게 말했다.

"빌딩에 투자할 때처럼 자신들에게 필요한 데이터웨어하우스의 규모와 복잡성에 대한 감각도 있어야 합니다. 개인 주택 정도면 되는지, 아니면 시어스 타워Sears Tower 정도로 대규모 투자가 필요한지 말이죠. 그에 따라 데이터웨어하우스의 디자인과 엔지니어링, 구축 방법이 달라지기 때문입니다. 데이터웨어하우스는 불행히도 실체가 없다보니, 작은 주택을 하나 더 짓는다고 상상하며 복잡하고 거대한 빌딩을 세울 때가 있습니다. 이는 결국 재앙의 씨가 되죠."

이런 위험한 상황은 내부 IT팀이 단층 주택만 만들어 봤을 때에도 발생한다. 옛말에 "가진 게 망치뿐이면 모든 게 못으로 보인다."라고 했다. IT에도 해당되는 말이다. 단층 주택을 짓는 데 필요한 지식이 전부라면 모든 IT 시스템이 단층 주택처럼 보이는 건 당연하다. 문제는 시스템의 확장성에 있다. 고객 데이터가 증가함과 동시에 자연스럽게 시스템 용량을 확대할 수 없기 때문이다. 즉, 소규모 고객 데이터를 위해 만든 시스템으로는 대량의 고객 데이터를 처리할 수 없다!

그런데도 이런 실수는 굉장히 흔히 일어난다. AT&T는 무선 모바일 서비스인 mLife를 출시하며 신규 캠페인에 착수했다. 이 캠페인의 일환으로 슈퍼볼Super Bowl 경기에 www.mLife.com이라는 글자만 보여주는 TV 광고를 집행했다. 광고비로만 무려 2천만 달러 이상 투자했다. 하지만 정작 문제는 다른 데서 벌어졌다. 광고를 본 시청자들이 한꺼번에 클릭하는 바람에 과부하가 걸려 아무도 mLife가 어떤 상품인지 알 수 없었기 때문이다. 광고주가 AT&T라는 사실도 몰랐다고 한다. 이야말로 마케터들이 IT 담당자들과 충분한 협의를 하지 않으면 어떤 일이 벌어지는지를 생생하게 보여주는 실패 사례라 할 수 있다.

또 다른 사례로 연매출 100억 달러에 500여 개의 매장을 가진 식료품 전문 체인점을 살펴보자. 이 회사는 시장 조사 결과 상품 품절률을 줄이는 것만으로도 이익과 고객만족도 모두 높일 수 있다는 사실을 알게 되었다. 이에 적정 재고 관리 시스템을 새롭게 구축했다. 각 매장의 POS Point-of-Sales 데이터를 분석해 재고를 보충해야 할 상품들을 확인했다. 이렇게 파악한 재고 보충 상품들을 저녁 9시 매장 영업 종료 후 자정부터 새벽 5시 사이에 물류센터 창고에서 배송 트럭에 실어 아침 6시까지 각 매장에 배달했다.

그런데 이 시도는 실패로 끝나고 말았다. 시스템은 구축했지만, 수백 개 매장의 POS 데이터를 분석하고 저장하기에는 용량이 턱없이 부족했다. 매장 한 개 데이터만 겨우 다룰 정도였다. 더구나 부족한 재고를 채우기 위해서는 저녁 9시부터 자정 전까지 데이터 분석 결과가 나와야 하는데, 실제 시스템은 다음날 아침이 되어서야 분석을 끝낼 수 있었다. 이 모든 문제는 경영진이 시스템의 필요 조건을 완벽하게 이해하지 못한 데서 기인했다. 논리적인 문제는 없었지만, 제대로 작동하지 않았다. 그 누구도 시스템의 용량에 대해 미리 생각하지 않았기 때문이었다. 윈터는 이렇게 말했다.

"데이터웨어하우스의 확장성 문제는 종종 최악의 타이밍에 발견되곤 합니다. 문제의 발단은 데이터베이스를 기획, 설계, 구축하는 과정에서 생기지만, 이때는 시스템의 필요 조건이 모호하기 때문에 플랫폼이 잘못됐다는 사실을 모른 채 채택하게 됩니다. 그러다 시스템에서 대량 데이터를 분석하게 되면 비로소 사고가 터집니다. 데이터 용량 문제는 조기에 발견되면 쉽게 고칠 수 있지만, 뒤늦게 터지면 해당 프로젝트는 물론 회사 전체에 심각한 문제가 됩니다."

마케팅 담당 임원으로서 전문 영역이 아닌 IT 업무를 다루는 것은 쉽지 않은 일이다. 데이터 기반 마케팅을 책임진다는 것은 어떤 면에서는 미식축구팀 하나를 소유하는 것과 같다. 구단주는 선수들을 직접 훈련시키거나 미식축구 전문가일 필요는 없다. 하지만 모든 책임은 구단주가 짊어지게 된다.

마케터라면 이런 도전을 어떻게 극복해야 할까? 만약 부하가 당신에게 마케팅 계획을 보고하는데 불가능해 보이는 판매 목표를 제시했다면 어떻게 하겠는가? 아마도 당신은 그 목표가 현실적으로 가능한지 판단하기 위해 구체적인 질문들을 쏟아낼 것이다. 어떤 가정을 하고 있는지, 시장 조사에서는 어떤 결과가 나왔는지, 단계별 업무 계획은 무엇인지 등 말이다. 데이터 기반 마케팅을 위한 인프라 구축도 마찬가지다.

만약 IT팀의 업무가 불안하게 느껴진다면 IT 담당자에게 어떻게 데이터 확장성 문제를 해결할 것인지 계획을 알려달라고 요청해야 한다. 예를 들어 앞서 언급했던 식료품 체인점의 경우 다음과 같은 질문이 사전에 나왔어야 했다. "저녁 9시부터 자정까지 전체 500개 매장에서 수집한 모든 POS 데이터를 EDW에 전송해 분석한 후, 그 결과에 따라 새벽 5시까지 모든 상품 배송을 마칠 수 있는가?" 이 요청 사항이 가능하다는 것을 기술적으로 증명해 달라고 말해야 한다. 때론 외부 전문가를 통해 IT팀이 세운 계획을 객관적으로 평가해보는 것도 필요하다.

결국 당신 스스로 해결해야 할 문제를 제대로 이해하는 게 중요하다. 당신에게 필요한 데이터 기반 마케팅 인프라가 아담한 단층 주택 정도면 되는지, 아니면 거대한 엠파이어스테이트 빌딩 정도는 되어야 하는지 직접 판단해야 한다. 데이터 기반 마케팅에 필요한 기술은 IT팀에게만 맡기기에는 너무 중요한 영역이기 때문이다.

데이터의 복잡성

고객 수와 더불어 데이터웨어하우스의 규모를 결정하는 두 번째 요소는 필요한 데이터가 얼마나 복잡하냐는 것이다. 〈표 10.4〉는 이 두 가지 요소를 축으로 데이터웨어하우스 인프라의 규모를 결정하는 방식을 보여준다. 앞서 언급했듯이 데이터의 복잡성은 데이터웨어하우스를 통해 당신이 답하고자 하는 비즈니스 관련 질문에 달려 있다.

【표 10.4】 고객 수와 필요 데이터의 복잡성에 따른 데이터웨어하우스 규모

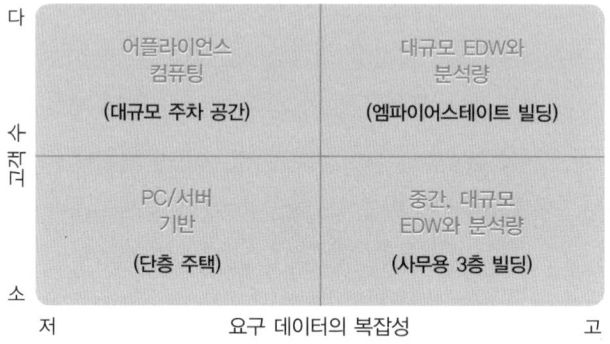

　식료품 체인점을 다시 생각해보자. 요구되는 데이터의 복잡성이 낮은 수준이라면 〈표 10.5〉의 데이터 모델 정도가 될 것이다. 그렇다면 해결해야 할 비즈니스 문제가 다음과 같이 비교적 단순할 것이다. 어떤 상품이 언제, 어디에서 판매되는가? 물론 이에 답하기 위해서는 상품, 고객, 매장, 날짜라는 4가지 요소를 기준으로 판매라는 한 가지 항목만 분석하면 된다. 분석은 매우 단순해서 하룻밤이면 마칠 수 있다. 만약 이 정도가 당신이 필요한 전부라면 고객 수도 적고 시스템도 단순하므로 저렴한 단층 주택이면 된다.

　그런데 데이터 복잡성은 낮은 수준이지만 고객 수가 늘어날 경우엔 어떻게 해야 할까? 단지 고객 수만 많아지는 경우라면 대량의 데이터를 처리할 수 있도록 〈표 10.5〉의 데이터 모델 수준인 인프라 시스템을 업그레이드하면 된다. 즉, 고객 수는 엄청나게 많지만 분석 모델은 여전히 단일 항목으로 단순하기 때문에 어플라이언스 데이터마트appliance data marts를 통해 쉽게 분석할 수 있다.

[표 10.5] 데이터 복잡성이 낮은 식료품 체인점의 판매 데이터 관계도

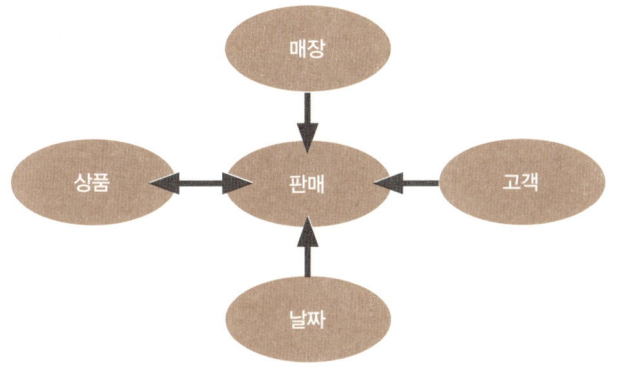

출처 : 윈터코프

　여기서 어플라이언스란 저비용 IT 시스템으로, 식품 데우기 등 단순한 일을 처리하는 주방의 전자레인지 같은 역할을 한다. 처리해야 할 식품이 많으면 그냥 전자레인지를 몇 대 더 두면 되듯이, 데이터의 복잡성은 낮지만 데이터 양은 많은 경우 계속 확장해나가면 된다. 그러므로 이는 단층 주택이 아니라 계속 넓혀 나갈 수 있는 대규모 주차 공간에 비유할 수 있다.

　데이터의 복잡성은 해결할 비즈니스 질문에 답하기 위해 데이터의 질의어queries가 복잡한 경우에 커진다. 〈표 10.6〉은 식료품 체인점의 고객생애가치 데이터 모델이다. 도표를 보면 분석해야 할 문제들도 많고, 관련 데이터 항목들도 다양하며, 항목들 간의 관계도 복잡하게 얽혀 있다. 이렇게 데이터 양도 많고 관계도 복잡한 고난이 데이터 모델은 흔히 볼 수 있다.

　이렇듯 데이터 요구 조건이 복잡하면 인프라 규모를 결정하는 데 있어 고객 수보다 더 중요하게 여겨질 수 있다. 〈표 10.4〉의 우측 하단처럼 고객

[표 10.6] 고객생애가치 관련 복잡한 데이터 관계도

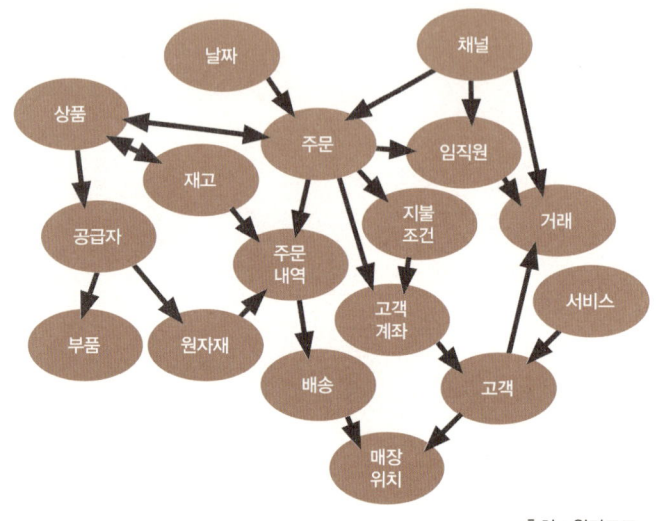

출처 : 윈터코프

수는 상대적으로 적지만 데이터 모델이 매우 복잡한 경우가 여기에 해당된다. 일례로 B2B 고객 백만 곳과 거래하는 포춘 500대 제조업체를 살펴보자. B2B 고객들과 관련된 데이터 양은 1TB 수준으로, 데이터의 복잡성이 낮은 수준이라면 단층 주택 규모의 인프라로 충분하다.

하지만 이 회사의 영업사원은 만 명이나 되었으며, 고객사 담당자가 조직 내에서 이동하거나 이직해도 그 사람을 계속해서 관리하는 독특한 철학을 가지고 있었다. 그러다 보니 업무 관계망은 점점 더 복잡해졌다. 결국 고객 데이터 양은 1TB면 충분했지만, 그 복잡한 관계를 처리하기 위해서는 10TB의 용량이 필요했다. 결국 데이터의 복잡한 구조로 인해 최종적으로 11TB의 시스템 용량이 산출됐다. 그 복잡함은 백만 고객사와 만 명의 영업사원, 10만이 넘는 인적 관계, 만 개가 넘는 거래 제품 등의 복합 작용

때문이었다.

 마지막으로 〈표 10.4〉의 우측 상단에 나와 있듯이, 고객 수도 많으면서 분석 조건도 까다로운 경우에는 엠파이어스테이트 빌딩 규모의 인프라 시스템이 필요하다. 실시간 데이터가 필요한 경우도 여기에 해당한다. 실시간으로 대응하려면 데이터의 복잡성이 약 10배 정도 늘어나기 때문이다. 즉, 앞서 살펴본 캐나다왕립은행의 경우처럼 콜센터 고객 전화에 대응하기 위해 실시간으로 고객생애가치 분석 데이터가 필요한 경우를 생각하면 된다.

 이렇듯 잠재적으로 수백만 달러의 비용이 소요되는 IT 기술에 대한 토론은 마케터를 주눅 들게 만든다. 그렇다고 포기할 수는 없다. 이제부터라도 어떤 데이터 모델이 필요한지 철저하게 고민해보도록 하자. 전문적인 기술 문제가 아니라 현재 당면한 비즈니스 문제에 답하기 위해서는 무엇이 필요한지에 대한 큰 그림 수준이면 된다. 인프라의 최종 형태가 단순한 단층 주택인지, 아니면 거대한 엠파이어스테이트 빌딩인지를 결정하는 것이다.

 물론 엠파이어스테이트 빌딩이라고 처음부터 모두 다 지으려고 하지 않아도 된다. 내가 본 가장 성공적인 사례는 작게 시작해 유연하게 확장해 나갔다. 즉, 필요한 인프라의 최종 형태가 어느 정도인지 파악했음에도 전체 인프라 중 일부를 하나씩 구축해 나갔다. 처음에는 80퍼센트의 가치를 낳을 20퍼센트의 데이터만 시스템에 넣었다. 이렇게 구축한 시스템으로 성과를 보여준 다음, 단계별로 증축해 나갔다.

 여기서 중요한 점은 미리 엠파이어스테이트 빌딩이란 계획을 세워놓고 확장했다는 것이다. 아마존은 온라인서점으로 시작해 거의 모든 상품을 다루는 글로벌 유통업체로 성장했음에도 모든 IT 시스템을 새로 구축할 필요가 없다고 한다. 이렇게 확장할 가능성을 염두에 두고 초기부터 시스템을 구축했기 때문이었다.

:: 포크리프팅과 리아키텍팅의 차이

각기 다른 데이터베이스를 하나의 전사 데이터웨어하우스로 모으는 것을 데이터마트 통합data mart consolidation이라 부르는데, 이를 통해 비용 절감이라는 성과를 얻을 수 있다.[3] 하지만 이 과정 중에 종종 빠지기 쉬운 함정이 있다. 이는 데이터를 포크리프팅forklifting할지, 아니면 신규 시스템으로 리아키텍팅rearchitecting할지 선택하는 결정에서 벌어진다.

데이터를 포크리프팅한다는 것은 작은 데이터베이스에 있었던 기존 데이터를 전사 데이터웨어하우스로 그대로 옮기는 것을 말한다. 이 경우 하나의 통합시스템으로 존재하는 것처럼 보이지만, 실은 기존에 독립적으로 산재해 있던 데이터마트가 EDW 안에 그대로 있는 형태일 뿐이다. 따라서 관리비와 인건비는 줄었지만, 데이터 자체는 궁극적으로 기존과 동일하기에 이 상태로는 복잡한 비즈니스 관련 질문에 답하기 어렵다.

마케터로서 이런 내용까지 알아야 할까? 많은 고위 마케팅 임원들이 새로운 EDW 시스템을 가지고도 기본적인 마케팅 문제를 해결할 수 없다는 좌절감을 나에게 토로했다. 그렇게 된 이유는 IT팀이 데이터를 포크리프팅 방식으로 EDW로 통합시키는 바람에 비즈니스 문제를 해결할 수 없었기 때문이다. 비즈니스 관점에서는 데이터를 리아키텍팅하는 편이 낫다.

개념적으로 리아키텍팅이란 조직 전반에 걸친 중요한 마케팅 문제들을 해결하기 위해 복잡한 데이터 질의어들과 변수들의 관계를 고려해 데이터 모델을 최적화하는 것을 말한다. 데이터를 리아키텍팅할 경우 시스템 구축에 들어가는 초기 비용은 매우 높지만, 그 성과는 월등하다. 일전에 나는 대형 금융기업을 대상으로 데이터 포크리프팅 비용과 리아키텍팅 비용을 비교했던 적이 있었다.[4] 그 결과 리아키텍팅 방식이 포크리프팅 방식보다 무려 300퍼센트 더 높은 NPV를 산출했다!

아는 길도 헤맬 수 있다!

대규모 투자가 이루어진 IT 과업이 실패로 끝나는 경우는 흔하다. 데이터 기반 마케팅을 위한 EDW도 예외는 아니다. 매년 수천 개의 IT 과제 성과를 측정하는 스탠디쉬 그룹Standish Group에 따르면 전체 IT 과제 중 72퍼센트는 처음에 계획했던 일정과 비용을 맞추지 못한다고 한다. 또한 바바라 윅섬Barbara Wixom과 휴 왓슨Hugh Watson은 55퍼센트의 기업이 새로 개발한 EDW시스템으로부터 의도했던 경영 성과를 얻지 못한다는 사실을 발견했다.[5]

이런 우울한 통계 결과를 고려하면, 마케팅용 EDW 과제에 착수하기 전에 다른 방법을 알아보고 싶을지도 모른다. 하지만 이런 실패가 왜 일어나는지 그 이유 또한 유형별로 잘 정리되어 있다. 윅섬과 왓슨이 발견한 주요 실패 요인은 다음과 같다.

- 시스템 구축 목적이 명확하지 않는 등의 비전과 초점 부재

- 고위 경영진의 지원 부족
- 프로젝트 추진을 촉진하고, 정보 및 자원, 정치적 지원 등을 끌어낼 수 있는 성공 사례 결여
- 조직 내 정치적/문화적 요인
- 예산, 시간, 인력 등 자원 부족
- 단층 주택을 지었지만 거대 빌딩이 필요한 경우와 같은 시스템 확장성 문제
- 잘못된 기술이 적용되는 등의 기술 개발 문제
- 시스템을 구축하는 IT 담당자들의 스킬 부족
- 기존 데이터베이스의 품질 수준
- 외부 IT 업체로의 지나친 의존(구축 후 시스템 유지 관리에도 문제가 많음)
- 담당 전문 인력의 이동과 교체
- 마케터의 참여 부재(마케터가 관여하지 않은 EDW는 유명무실)
- 시스템 개발 후 사용 교육 부재 등의 문제

위 항목들은 IT 인프라 구축시 체크리스트로 활용해도 좋다. 위에 언급된 항목들 중에서도 비전 부재와 경영진의 지원 부족, 정치적 요인, 자원 부족, 시스템 확장성 문제, 기존 데이터의 품질은 특히 더 중요하다. 비전 부족은 나로서는 상당히 당황스럽지만, 이런 경우가 놀랍도록 많다. 예전에 EDW 시스템 구축에 3천만 달러가 넘는 예산을 투입한 포춘 500대 기업 임원을 만난 적이 있었다. 그런데 그 회사는 개발 완료 후 신규 시스템을 어떻게 활용할지 구체적인 계획을 갖고 있지 않았다! 결과는 뻔했다. 비즈니스 요구 사항에 부합되지 않는 EDW가 개발되었고, 실패로 귀결되

었다.

   데이터의 품질 역시 치명적인 위험 요소가 될 수 있다. 만약 당신이 많은 데이터마트가 있는 대기업에서 근무하고 있다면 해당 데이터들은 다양한 형태로 개별 데이터베이스에 저장되어 있을 가능성이 높다. 즉, 고객별로 기준과 형태가 다른 수많은 데이터가 존재하는 것이다. 같은 데이터에 다른 이름을 붙였을 때에는 사태가 더욱 심각해진다. 이런 경우라면 데이터를 클리닝하고 각 데이터베이스에서 추출한 데이터를 하나의 EDW로 통합하는 작업만도 복잡하고 시간이 상당히 소요된다. 일례로 한 회사는 사내의 70개 시스템을 분석하던 중 전체 고객 수는 2천만 명인데, 고객 ID는 2억만 개라는 사실을 발견했다!

   고객 데이터의 품질 문제는 생각지도 못한 곳에서도 발생한다. 콘티넨털 항공의 마케터들은 고가치군에 속한 고객들에게 생일날 감사 편지를 보내자는 아이디어를 냈다. 하지만 이를 위해 고객 데이터를 정리하는 과정은 만만치 않았다. 미국과 유럽의 생년월일 표시형식이 달랐기 때문이다. 또한 고객 데이터도 1990년대 후반 이후에 신규 유치한 고객 데이터만 존재했다.

   당신을 두려움과 공포로 몰아넣는 게 이 장의 핵심은 아니다. 하지만 데이터 기반 마케팅을 위한 인프라 구축을 준비하려면 정말 눈을 크게 뜰 필요가 있다. 이 모든 문제들을 단번에 해결할 수는 없다. 어렵더라도 차근차근 전진해 나가야 한다. 어떤 문제가 있는지부터 확인한 후, 문제를 하나씩 처리해 나가는 게 좋다. 3가지 문제를 6개월 동안 처리한다는 식의 목표를 세우자. 물론 당신이 가고자 하는 방향에 대한 명확한 로드맵은 반드시 필요하다.

숙련된 IT 전문가들은 데이터를 매우 논리적이고 순차적인 방법으로 통합한다. 문제는 논리적이고 기술적인 방식이 최선이 아닐 수도 있다는 데 있다. 만약 당신의 고객사 중 위스콘신에 위치한 한 회사가 적자에 허덕이고 있다면, 다른 어느 지역보다 먼저 위스콘신 데이터마트를 통합하고 분석하는 게 필요할지 모른다.

정치적인 요인도 피할 수 없는 난관이다. 시스템의 성격상 EDW는 조직 전반에 영향을 미친다. 그 동안 각 부문이 조용히 관리하던 데이터를 공유해야 하는 상황이므로 부문별 이해당사자의 협조가 필요하다. 이 과정에서 부문간 갈등이나 저항이 생길 수 있다. 결과적으로 데이터 통합 자체가 어려워지기도 한다. 그런 이유에서라도 EDW 구축에 최고 경영진의 지지와 후원이 필수적이다.

Chapter 2에서 데이터 기반 마케팅을 진행하는 데 방해가 되는 5가지 요인을 다뤘다. 또한 어떻게 조직의 정치적 장애물을 극복하고 경영진의 지원을 받을 수 있는지도 살펴보았다. 이번에도 그 해법은 같다. 다시 요약하자면 재빨리 성과를 창출해 데이터 기반 마케팅이 가져올 놀라운 변화를 보여줌으로써 경영진의 후원을 이끌어내야 한다.

그럼 이제 구체적으로 사례를 한번 살펴보도록 하자. 하라스 엔터테인먼트가 카지노 사업을 위해 어떻게 데이터 기반 마케팅용 인프라를 구축했는지 알아보도록 하겠다.

하라스 엔터테인먼트 사례

하라스 엔터테인먼트는 세계 최대의 카지노 기업으로, 50여 개의 카지노 시설을 소유하고 있다. 그런데 빠르게 성장하던 하라스는 업계의 경쟁이 심화되자 고전하기 시작했다. 이에 따라 하라스 경영진들은 데이터 기반 마케팅과 고객 충성도를 중심으로 새로운 전략 개발에 돌입했다.[6]

하라스의 CEO인 필 사트르Phil Satre와 수석부사장 존 보쉬John Boushy는 지역을 넘나드는 크로스 마켓cross-market 활동에 엄청난 기회가 있음을 깨달았다. 즉, 미국 성인 4명 중 1명은 일 년에 한 번 이상 카지노에서 게임을 하는데, 그중 4분의 1은 다른 지역에서 카지노를 즐긴다고 한다. 필라델피아에 사는 사람이 1년에 2, 3번씩 애틀랜틱시티나 뉴저지에 놀러가 하라스 카지노장에서 게임을 즐기는 식이다.

문제는 이들이 꼭 하라스 카지노장을 방문한다는 보장이 없다는 데 있었다. 이에 나는 chapter 9에서 언급한 로우즈 사례를 들며, 고객 맞춤형 마케팅을 제안했다. 이에 하라스는 데이터 기반 마케팅을 하기 위해 인프라에 투자하기로 결정했다. 각 고객의 가치와 고객들이 어느 도시에서 카지노를 즐기는지 안다면 맞춤형 마케팅을 진행할 수 있기 때문이었다.

∷ 첫 성공 사례를 만들다

하라스는 업계 최초로 '토털 리워드Total Rewards'라 불리는 회원 로열티 카드를 만들었다. 그리고 2천만 달러를 들여 구축한 인프라 시스템에 모든 카지노 게임기와 POS 시스템의 네트워킹 정보, 고객의 거래 데이터를 통해 얻은 고객별 토털 리워드 점수 등이 저장되었다. 이를 토대로 하라스는 '하우스 어드밴티지house advantage'에 기반한 고객생애가치를 업계 최초로 산출했다.

하우스 어드밴티지란 카지노업체에게 돌아가는 기대 수익으로 업체 승률이라고도 한다. 사실 카지노 특성상 고객의 승패 여부에 따라 수입은 달라진다. 하지만 승률을 통해 평균적으로 '이론적 수입theoretical win'을 기대할 수 있다. 여기서 이론적 수입이란 하우스 어드밴티지를 바탕으로 고객 1명으로부터 얻을 수 있는 기대 매출을 의미한다. 그러므로 고객생애가치는 이 이론적 수입을 기초로 산정할 수 있다.

이렇게 산정한 고객생애가치에 따라 고가치 고객에게는 하라스 카지노장 방문 직후, 다른 지역의 하라스 카지노장 방문 시 혜택을 받을 수 있는 맞춤형 마케팅 오퍼가 제공되었다. 물론 고객생애가치가 높을수록 오퍼의 가치 또한 높아졌다. 결과는 매우 성공적이었다. 크로스 마켓 활동을 통해 하라스의 매출은 5년간 68퍼센트나 상승했다. 데이터 기반 마케팅 투자비도 24퍼센트의 투자수익률을 기록했다. 이 경험은 하라스에게는 데이터 기반 마케팅의 최초 성공사례이자, 향후 추진하는데 긍정적인 모멘텀으로 작용했다.

:: 성공을 확산시키다

이렇게 데이터 기반 마케팅을 시작한 하라스는 이후 3년 동안 축적한 고객 데이터를 활용해 하라스를 한 차원 더 성장시킬 수 있는 놀라운 기회를 발견했다. 고객별 계층화를 통해 충성도를 제고시키는 방안을 떠올린 것이다.

하라스는 토털 리워드 점수를 바탕으로 고객들을 다이아몬드, 플래티넘, 골드의 세 그룹으로 구분했으며, 이에 따라 제공되는 서비스에도 차별을 뒀다. 예를 들어 다이아몬드 회원들은 카지노장에 입장할 때 다른 줄로 들어올 수 있었으며, 무료 혜택에도 큰 차이가 있었다. 그 결과 많은 고객들이 더 높은 등급으로 올라가기 위해 되도록 모든 게임을 하라스 카지노장에서 했다. 결과적으로 하라스는 고객 계층화 충성도 프로그램을 위해 기존 인프라에 추가로 140만 달러만 투자했음에도 무려 35퍼센트라는 높은 투자수익률을 얻을 수 있었다.

두 번째로, 고객들의 호텔 예약을 온라인으로 유도함으로써 콜센터를 통한 예약을 줄여 비용을 대폭 낮출 계획을 세웠다. 이에 990만 달러를 투자해 회사 공식 웹사이트를 통한 신규 고객 유치와 셀프 서비스 예약 시스템을 구축했다. 그러기 위해 카지노와 슬롯머신 네트워크를 호텔과 인터넷 시스템에 통합했다. 또한 고객들이 웹사이트에서 자신의 토털 리워드 점수와 마케팅 오퍼를 확인할 수 있게 했으며, 이메일로 '플레이포펀Play for Fun' 마케팅도 진행했다. 그 결과 18퍼센트의 투자수익률을 기록하며 성공을 이어갔다.

세 번째로, 하라스는 호텔 객실료 산정을 최적화한다는 목표를 세웠다. 카지노의 호텔 객실료는 동일하지 않다. 고객 수익률과 시장 상황, 공실률 등에 따라 변동되기 때문이다. 즉, 해당 고객에게 기대되는 수익을 기초로 최적의 객실료를 도출해야 한다. 때론 '올바른' 고객에게 객실을 '무료'로 제공하는 게 최고의 수익으로 이어지기도 한다.

이에 하라스는 고객생애가치와 호텔 관리 시스템을 통합해 새로운 객실 매출 관리 시스템을 구축했다. 〈표 10.7〉에서 보듯이 여러 변수들을 분석

[표 10.7] 수익을 극대화하는 객실료 최적화 모델

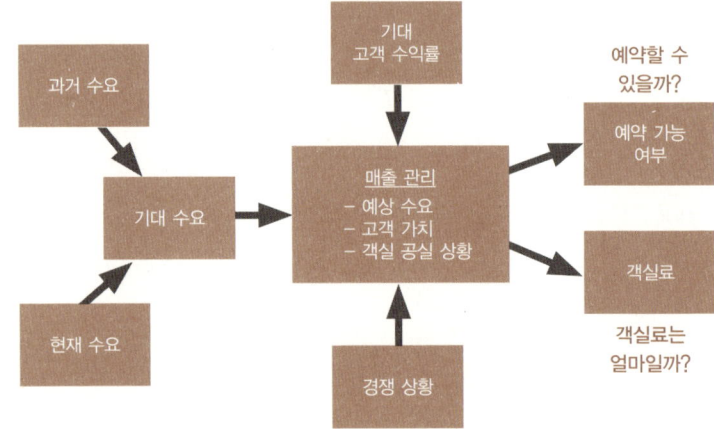

출처 : 하라스 엔터테인먼트

하여 실시간으로 가격을 책정한 것이다. 즉, 고객이 예약을 시도하면 시스템을 통해 4초 만에 객실 가격을 책정하여 제시했다.

그 결과 또 한 번 더 놀라운 결과가 나왔다. 객실당 매출이 172달러에서 224달러로 30퍼센트 증가했으며, 총 매출도 4천만 달러나 늘었다. 추가로 800만 달러를 투자한 시스템 구축은 18퍼센트의 투자수익률을 기록했다.

:: 데이터 기반 마케팅 문화를 정착시키다

이제 어느 정도 인프라 기반을 갖추게 되자, 스스로 추가 기회들을 창출하기 시작했다. 하라스가 보유한 풍부한 고객 데이터가 수익으로 연결된 것이었다. 그 대표적인 사례가 〈표 10.8〉에 나와 있는 히트맵이다.

먼저 〈표 10.8(a)〉는 게임기별 수익 분포를 보여주고 있다. 여기서 검을

【표 10.8】 게임기별 수익을 나타내는 히트맵과 고객 연령 분포

(a) 게임기 수익 히트맵

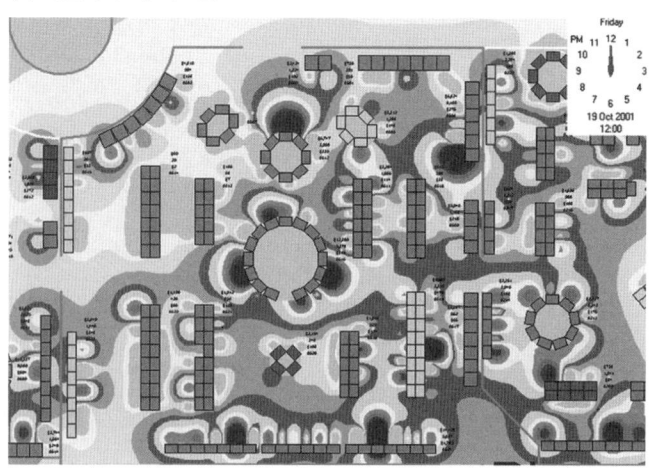

(b) 게임기 이용 고객 연령 분포

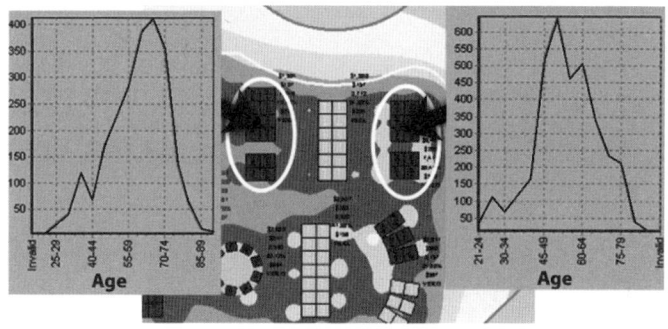

출처 : 하라스 엔터테인먼트

수록 수익 규모가 큰 게임기를, 힐수록 거의 수익이 발생하지 않는 게임기를 표시한다. 그 결과 아래쪽과 왼쪽 상단에 위치한 게임기들이 문제라는 게 밝혀졌다. 즉, 그 게임기들은 고객들이 이용할 만한 다른 종류의 게임기

로 교체할 필요가 있었다.

〈표 10.8(b)〉는 2가지 게임기를 이용한 사람들의 연령대를 보여준다. 오른쪽 게임기는 50대 사람들이, 왼쪽 게임기는 70에 가까운 사람들이 주로 이용했음을 알 수 있다. "50대 고객들이 70대 고객들 옆에서 게임을 해야 할까?" 아마도 그건 아닐 것이다.

하라스의 게임기 배치를 슈퍼마켓처럼 할 수는 없다. 슈퍼마켓에 가 보면 우유가 항상 맨 끝에 진열되어 있다. 고객들을 우유를 구입하기 위해 매장 끝까지 들어갔다가 나오게 함으로써 다른 상품도 구매하도록 유인할 수 있기 때문이다.

하지만 카지노는 다르다. 그보다는 디즈니월드Disney World처럼 같은 연령대별 게임기를 한 곳에 모아 두는 게 낫다. 그렇게 함으로써 특정 연령대 고객들이 좋아하는 게임이 어떤 것인지도 파악할 수 있다. 하라스가 발견한 흥미로운 사실 중 하나는 75세 이상 고객들이 게임을 할 때 곁에 두고 싶은 필수품이 바로 화장실이라는 점이었다.

하라스는 이런 히트맵 분석을 위해 350만 달러를 투자했다. 물론 그 결과는 무려 104퍼센트의 투자수익률로 돌아왔다.

지금까지 설명했듯이 하라스는 데이터 기반 마케팅용 인프라를 점진적으로 구축해 나갔다. 각 단계별로 필요한 비즈니스 목표를 사전에 정확히 규명한 후, 인프라 시스템을 증설해 나갔다. 물론 그 과정에서 역량을 키우고 수익 창출 기회도 지속적으로 창출했다. 물론 그 성과는 투자수익률로 측정해 관리했다.

:: 새로운 시작

하라스의 이런 점진적인 접근법은 안전한 방식으로 보이지만, 설계 측면만 보면 위험 요소가 도사리고 있다. 점진적으로 시스템을 보강해 나가는 접근법은 빠른 성과를 내는 데는 효과적이지만, 그 기반이 확고하지 않은 경우에는 시간이 지남에 따라 시스템 관리가 어려워지기 때문이다.

〈표 10.9(a)〉에서 보듯이 점진적으로 시스템 인프라를 구축한 결과, 시스템 인프라 구조가 엄청 복잡해질 수밖에 없었다. 이는 시스템의 유지 관리와 용량의 확장성의 어려움이라는 문제로 귀결되었다.

보쉬도 이렇게 말했다. "저희의 강점은 비즈니스 성과에 초점을 맞춰 IT 역량을 키워나갔다는 데 있습니다. 물론 그 결과도 매우 성공적이었습니다. 하지만 동시에 예기치 못한 부작용도 발생했습니다. 시스템 구조가 너무 복잡해져 프로젝트 기간이 지체됐으며, 유지관리비가 계속 늘어났습니다." 이에 하라스는 〈표 10.9(b)〉에서 보듯이 1억 달러를 투자하여 인프라 시스템을 아예 엠파이어스테이트 빌딩 규모로 새롭게 구축하기로 결정했다.

물론 이와 더불어 기존의 활동을 강화하는 일도 잊지 않았다. 그 결과 인프라 업그레이드의 투자수익률은 60퍼센트를 기록했다. 전국 규모의 카지노 시설을 갖춘 하라스는 강력한 IT 인프라와 이에 기반한 탁월한 마케팅 활동이라는 경쟁 우위를 갖출 수 있게 되었다.

【표 10.9】 하라스의 IT 인프라 구조

(a) 점진적 증설 방식의 이전 IT 인프라 구조

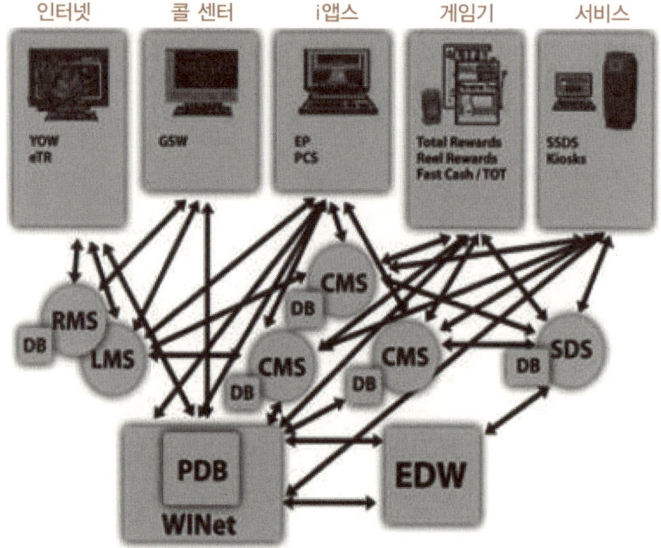

(b) 엠파이어스테이트 빌딩 타입의 IT 인프라 구조

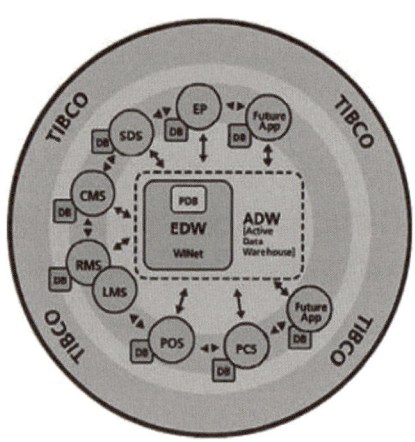

출처 : 하라스 엔터테인먼트

:: 하라스의 교훈

지금까지 하라스 엔터테인먼트의 데이터 기반 마케팅과 인프라 투자에 대해 알아보았다. 사실 하라스의 사례는 많은 것을 시사하고 있다.

첫째, 초기 인프라 투자를 기획할 때에는 확실한 재무 성과를 창출할 활동들에 초점을 맞추어야 한다는 점이다. 물론 이는 마케팅투자수익률 등의 지표로 명확하게 측정되어야 한다. 하라스 역시 지속적으로 마케팅 캠페인에 대한 투자수익률을 측정, 관리하고 있다.

둘째, 새로운 비즈니스 가치 창출에만 집중하다 보면 IT 시스템 자체가 복잡해지는 것을 간과할 수 있다는 점이다. 그러다 보면 인프라 유지 비용이 기하급수적으로 늘어나 결국엔 기존 시스템을 날려 버리고 '리아키텍트' 작업에 들어가야만 한다. 보쉬도 이렇게 말했다. "만약 같은 작업을 다시 할 기회가 주어진다면, 프로젝트 설계에 가장 많은 시간과 고민을 투자할 겁니다."

셋째, 경영진의 지원과 후원의 중요성이다. 보쉬는 나에게 이렇게 말한 적이 있다. "만약 경영진이 이 프로젝트를 적극적으로 후원하지 않았다면, 전 시작도 하지 않았을 겁니다."

하라스의 사례는 데이터 기반 마케팅 인프라를 성공적으로 구축하는 4가지 핵심 요소를 그대로 보여준다. (1)정량적으로 측정 가능한 비즈니스, (2)IT와 협력 작업을 가능케 하는 경영진의 후원, (3)투자수익률을 높이기 위한 헌신, (4)IT 설계와 로드맵이 그것이다.

이는 비단 하라스에게만 적용되는 것은 아니다. 업종과 사업 분야는 다르다 하더라도 데이터 기반 마케팅을 시작하기 위해 인프라를 구축하는 작업은 대동소이하기 때문이다. 그러므로 인프라 구축에 나서려는 당신이라면 하라스의 경험을 타산지석으로 삼아야 한다.

· · ·

지금까지 인프라 구축에 대해 살펴보았다. 사실 IT 인프라는 마케터들에게는 버거운 이슈이다. IT 전문 영역이기에 IT 담당자에게 일임하는 경우가 많다.

하지만 앞서도 말했듯이 이는 IT 담당자에게만 맡겨 두기에는 너무 중요한 사안이기에, 마케터인 당신이 직접 나서야 한다. 그래야 마케팅 성과 창출에 기여할 인프라를 구축할 수 있다.

지금까지 마케팅 평가 지표에서부터 데이터 기반 마케팅에 이르기까지 평가 관리에 대해 전반적으로 살펴보았다. 이제 마케팅 캠페인 관리를 종합적으로 살펴보며, 어떻게 최적화해야 할지 알아보기로 하자.

마지막으로 처음에 언급한 말을 떠올리기 바란다. 크게 생각하되, 작은 규모로 시작하라. 그리고 재빨리 확장하라. 이를 명심한다면 언제나 성공은 당신의 편에 설 것이다.

Chapter Insights

- 마케팅 성과표, 마케팅투자수익률 분석, 인터넷 데이터 분석은 엑셀로도 시작할 수 있다. 하지만 고객이탈률 관리나 고객생애가치 기반 마케팅, 이벤트 기반 마케팅을 수행하기 위해서는 인프라 투자가 필요하다.

- 마케터는 데이터 기반 마케팅을 통해 해결하고자 하는 문제를 정확하게 이해해야 한다. 그래야만 데이터 기반 마케팅을 통해 얻고자 하는 목표가 무엇이며, IT팀에게 무엇을 요청해야 하는지 명료하게 알 수 있다.

- 데이터 기반 마케팅을 위한 인프라의 규모는 고객 수와 데이터 복잡성에 달려 있다. 물론 이에 대한 답은 마케터가 가지고 있어야 한다.

- 인프라의 수준 차이는 단순한 단층 주택과 거대한 엠파이어스테이트 빌딩 차이와도 같다. 전자를 구축하는 데는 몇 십만 달러면 되지만, 후자는 수억 달러의 예산이 소요된다.

- 데이터 기반 마케팅 인프라를 구축하는 데 따르는 위험 요인은 잘 알려져 있다. 그중에서도 가장 주의해야 할 요인으로는 비전 부재, 경영진의 지원 미흡, 정치적 요인, 자원 부족, 시스템 확장성 문제, 기존 데이터베이스의 품질을 들 수 있다.

- 크게 생각하되, 작은 규모로 시작하라. 그리고 재빨리 확장하라. 그러기 위해선 확장 가능한 인프라와 로드맵이 필요하다. 먼저 목표 지점을 명확히 정의한 후, 필요한 역량들을 점진적으로 보강하며 나아가라. 물론 단계별로 성과를 투자수익률로 측정하는 것은 기본이다.

- 데이터 기반 마케팅 기술은 IT팀에게만 맡겨 두기에는 너무 중요한 사안이다.

Chapter 11

경쟁 우위를 창출하는
마케팅 캠페인 관리 최적화

"선도자와 낙오자의 결정적 차이는 무엇일까?"
마케팅 캠페인 관리의 최적화가
탁월한 경영 성과를 창출한다.

작은 차이가 좋은 것과 위대한 것을 가른다. 좋은 와인과 최고의 와인, 올림픽 100미터 경주에서의 0.01초 차이처럼 말이다. 이는 마케팅에도 적용 가능하다. 좋은 마케팅과 위대한 마케팅을 가르는 차이는 마케팅 성과를 측정, 평가하는 내부 프로세스 여부에 달려 있다!

마케팅 캠페인 관리의 중요성

사실 평가 지표들을 정하고 관리 도구들을 마련한다고 마케팅 성과가 곧바로 개선되는 것은 아니다. 데이터 기반 마케팅을 효과적으로 실행하기 위해선 MCM Marketing Campaign Management, 즉 마케팅 캠페인 관리가 필수적이다. 이런 사실은 '참고사항'에서 서술한 조사 방식에 따라 총 530억 달러의 연간 마케팅 예산을 집행하는 252개 기업들을 대상으로 실시한 조사 결과에서도 확인할 수 있다.

> 참고사항

조사 방식에 대하여

■ **가설**

본 조사는 다음의 4가지 가설을 검증하는 목적으로 진행되었다.
1. MCM, 즉 마케팅 캠페인 관리를 위한 최적 모델이 존재한다.
2. 최고 수준의 MCM 역량을 가진 기업들은 실제 경영 성과에서도 우위에 있다.
3. 최고 수준의 기업들은 중앙집중식 고객 데이터와 분석 기법들을 활용한다. 즉, 성과 창출을 위해 선진 마케팅 관리 역량과 EDW 활용 능력을 결합한다.
4. 기업의 가치 창출을 저해하는 반복적인 장애물들을 제거해야만 비로소 마케팅 가치를 창출할 수 있다.

이와 동시에 조사팀은 어느 분야에나 광범위하게 적용할 수 있는 MCM 단계가 있는지 파악하고자 했다. 조사에서 언급된 MCM 실행을 가로막는 요인들과 MCM 적용 데이터를 비교함으로써 일반적인 MCM 도입 과정을 파악했다. 또 조사를 통해 기업들의 MCM 실행 속도를 높이는 모범 사례도 발굴할 수 있었다.

■ **설문 조사와 인터뷰 방식**

상기의 가설을 검증하기 위해 대규모 설문 조사와 표적화된 인터뷰를 통해 데이터를 수집했다. '전략적 마케팅 ROI : 신화와 현실'이라는 제목의 설문지를 포춘 1,000대 기업의 고위 마케팅 임원들에게 우편으로 보냈으며, 웹사이트에도 설문지를 띄웠다. 설문지를 보내기 전에 조사팀은 MCM 실행을 가로막는 장애물의 세부 유형들과 MCM 모범 사례들을 수집하기 위해 설문 대상 기업들 중에서 10명의 고위 마케팅 임원들을 대표 샘플로 추출해 별도 인터뷰를 진행했다.

- **조사 샘플 : 설문 응답자의 특성**

  조사팀은 250여 명의 마케팅 임원들로부터 완성된 설문지를 돌려받았다. 이 응답자 중 92퍼센트는 자신을 회사의 CMO, 마케팅 부사장, 마케팅 임원이라고 밝혔다. 응답자들은 평균 12년의 마케팅 경영 경력을 갖고 있었다. 응답자들이 소속된 기업들의 평균 매출 규모는 50억 달러였으며, 매출의 약 8퍼센트를 마케팅 예산으로 할당하고 있었다. 결국 설문 응답자들은 총 530억 달러의 연간 마케팅 비용을 책임지고 있었다.

- **조사팀**

  인터뷰, 가설 구성, 설문 조사는 켈로그 경영대학원의 마크 제프리와 사라 미슈라Saurabh Mishrah가 진행했다. 뒤에 합류한 알렉스 크라스니코브Alex Krasnikov는 미슈라 박사와 함께 MCM 역량과 경영 성과와의 상관 관계를 분석했다.

뒤에서 자세히 살펴보겠지만, 설문 조사 결과와 인터뷰를 보면 고위 마케팅 임원들이 마케팅 활동의 투명성을 강화하기 위해 노력하고 있음을 알 수 있다. 이들은 재무적/전략적인 용어로 소통해야 할 필요성을 자각하고 있었으며, 마케팅 부문이 사업 전략과 목표에 부합되게 활동하려고 노력하고 있음을 증명하려고 했다. 하지만 이들이 마케팅 관리를 최적화하는 데 어려움을 겪고 있다는 사실도 알 수 있었다.

MCM 사이클은 〈표 11.1〉에서 보듯이 캠페인 선정과 투자 결정으로 시작해, 캠페인 집행, 성과 평가로 마친다. 물론 캠페인 완료 후 평가를 통해

【표 11.1】 마케팅 캠페인 관리 사이클

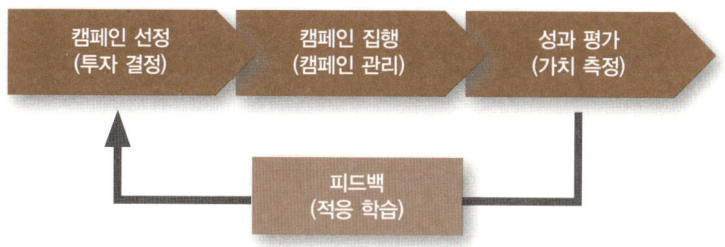

피드백하는 과정이 추가된다. 그런데 이 MCM 사이클에 따른 마케팅 관리 실태를 적나라하게 보여주는 설문 결과가 있다.

1 단계. 캠페인 선정

- 기업들 중 73퍼센트는 캠페인 투자를 결정할 때 핵심 사업 목표에 비추어 평가하지 않았다.
- 68퍼센트는 올바른 캠페인을 선정하기 위한 파일럿 마케팅 캠페인을 실행하지 않았다.
- 61퍼센트는 마케팅 캠페인을 선별하고, 평가하고, 우선순위를 정하는 프로세스를 문서화하지 않았다.
- 57퍼센트는 투자 여부를 결정하기 위해 마케팅 캠페인 효과를 평가하는데 비즈니스 사례를 활용하지 않았다.
- 53퍼센트는 마케팅 캠페인을 선정할 때 캠페인 투자수익률이나 고객생애가치, 고객만족도와 같은 성과 평가 지표에 따른 예측 수치를 고려하지 않았다.
- 44퍼센트는 마케팅 캠페인을 선정할 때 캠페인 간의 시너지 효과를

고려하지 않았다.

2 단계. 캠페인 집행

- 63퍼센트는 마케팅 캠페인을 각 단계별로 나누지 않고 실행했으며, 단계별 캠페인 성과를 평가 지표에 따라 측정하지도 않았다.
- 53퍼센트는 진행 중인 캠페인 성과를 측정해 성과가 저조한 경우, 진행 단계와 상관없이 캠페인 방식을 수정하거나 중단하는 조치를 취하지 않았다.

3 단계. 성과 평가

- 43퍼센트는 마케팅 캠페인 종료 후, 캠페인 성과를 적극적으로 모니터링하거나 (목표 대비) 비교하지 않았다.
- 40퍼센트는 캠페인을 기획할 때 성과 측정을 고려하지 않았기에, 캠페인 성공 여부를 판단할 수 있는 평가 지표조차 없었다.

4 단계. 피드백

- 43퍼센트는 향후 마케팅 캠페인 선정 및 관리에 지침을 줄 수 있는 평가 지표를 활용하지 않았다.
- 36퍼센트는 캠페인 종료 후 향후 마케팅 캠페인 선정 및 관리를 보다 효과적으로 하기 위해 캠페인의 성공/실패에 대한 담당자들의 의견을 수집하지 않았다.
- 34퍼센트는 캠페인 성과 분석을 통해 얻은 통찰력을 향후 경영 혁신에 활용하지 않았다.

이런 충격적인 조사 결과들은 대다수의 기업들이 마케팅 캠페인 관리를 소홀히 하고 있음을 여실히 보여준다. 이는 역으로 마케팅 캠페인 관리를 최적화함으로써 개선할 여지가 크다는 것을 반증한다. 당신의 회사도 마찬가지라고 너무 걱정하지 말기 바란다. 이제라도 바꾸면 된다. 그럼 어떻게 마케팅 캠페인 관리를 최적화해야 하는지 구체적으로 살펴보자.

마케팅 캠페인 관리 최적화에 필요한 4가지 역량

설문 조사를 시작하기 전에 마케팅 임원들과 인터뷰를 가졌었다. 인터뷰 결과는 마케팅 캠페인 관리의 최적화를 어떻게 해야 하는지 통찰력을 제공했다. 다음은 인터뷰에서 마케팅 임원들이 언급한 내용들이다.

> "훌륭한 경영 전략과 마케팅 전략이 전부가 아닙니다. 이 전략들이 실제 성과로 이어지기 위해서는 모든 마케팅 활동들이 목표에 부합하는지 모니터링할 수 있는 업무 프로세스가 필요합니다."

> "모든 마케팅 캠페인들은 서로 연계되어야 합니다. 제가 말하는 연계란 여러 캠페인을 동시에 집행할 때 각 캠페인 담당자들이 동일한 고객들에게 동일 지역에서 동일한 방식으로 마케팅 활동을 수행하는 상황을 피해야 한다는 말입니다. 그러기 위해서는 전체를 바라보는 포트폴리오 접근법과 업무 조정 능력이 필요합니다."

"우리 회사에서는 모든 프로젝트를 글로벌 포트폴리오 차원에서 진행합니다. 즉, 전체 비즈니스 관점에서 프로젝트를 바라보며, 최적의 고객 경험을 제공하기 위해 각 조직이 연계해 프로젝트를 관리합니다."

"저희의 공식적인 업무 프로세스는 지속적으로 개선 사항을 도출하는 데 집중합니다. 예산을 할당한 다음, 업무를 진행하는 도중에도 계속해서 그 일이 합당한지 확인합니다. 그 누구도 9개월 뒤에나 나올 캠페인 결과를 정확하게 예측할 수 있는 사람은 없으니까요. 물론 마케팅 성과를 측정하는 데에도 정교한 분석 기법이 활용됩니다. 특히 작년/재작년에 예산을 투입한 마케팅 활동들과 현재의 경영 전략, 시장 반응 등에 근거하여 여전히 유효한 것과 변화한 것, 우리가 간과하고 있는 것들을 파악하려고 노력합니다."

인터뷰를 통해 마케팅 캠페인 관리 능력을 결정짓는 다음의 4가지 필수 역량을 확인할 수 있었다. 즉, (1)캠페인 선정 프로세스, (2)포트폴리오 관점, (3)모니터링 역량, (4)적응 학습 능력이 그것이다.

:: 4가지 필수 역량

마케팅 캠페인 관리, 즉 MCM은 마케팅 투자에 대한 개별적/통합적 수익률을 높이기 위해 마케팅 캠페인을 개발, 추적 관찰, 측정, 통제하는 프로세스와 방법, 도구들로 구성된다. 여기서 마케팅 캠페인이란 프로모션, 광고, 애널리스트와의 관계, 고객 관계 관리 등 조직이 행하는 모든 직간접적인 마케팅 활동을 말한다. 구체적으로 4가지 MCM 역량에 대해 살펴보자.

1. 캠페인 선정Selection 프로세스

   마케팅 캠페인을 선정하고 예산 투입을 결정하기 위해 문서화된 프로세스를 말한다. 캠페인 관련 비즈니스 사례와 캠페인을 비즈니스 전략과 부합시키는 성과표가 여기에 포함된다.

2. 포트폴리오 관점Portfolio view

   마케팅 캠페인을 선정할 때 전체적인 포트폴리오 관점으로 바라보는 것을 말한다. 여기서 '포트폴리오 관점'이란 캠페인 선정 과정에서 가치의 시너지 효과를 고려하는 전략을 의미한다. 즉, 캠페인 A의 가치가 캠페인 B와 결합했을 때 더욱 확대될 수 있는지 검토한다.

3. 모니터링Monitoring 역량

   마케팅 캠페인의 진척 정도를 측정, 평가하는 능력을 말한다. 간단하게 말해 이 책에서 설명한 평가 지표들을 통해 '수치를 관리'할 수 있는 역량을 뜻한다.

4. 적응 학습Adaptive learning 능력

   집행한 캠페인과 마케팅 활동을 통해 통찰력을 얻고, 이를 향후 마케팅 캠페인에 적용하는 능력을 말한다.

이 4가지가 마케팅 캠페인 관리의 필수적인 역량이다. 하지만 여기에 부가적으로 필요한 지원 역량이 하나 더 있다. 바로 기술 역량이다. 여기서 기술 역량이란 마케팅 의사 결정에 필요한 기술적 역량과 인프라를 통칭

한다. 인프라로는 EDW, MRM, 기타 분석에 필요한 도구를 들 수 있다.

우리는 조사를 통해 이 5가지 역량들의 상관 관계를 연구했고, 그 결과를 도식화한 것이 바로 〈표 11.2〉이다. 이 도표는 구조 방정식 모델로, 스테로이드 구조의 회귀분석 방정식이라 생각하면 된다. 이 도표를 보면 개별 역량들이 어떻게 MCM 역량으로 연결되어 기업의 경영 성과로 이어지는지 알 수 있다.

:: MCM 역량과 경영 성과와의 관계

〈표 11.2〉에서 보듯이 4가지 MCM 구성 역량들은 경영 성과와 통계적으로 연계되어 있음을 알 수 있다. 구체적으로 설문 조사를 통해 수집된 1차 데이터를 기초로 기업 재무 성과와 비교 분석했다. 기업 성과 측정 지표로는 매출 성장률과 기업 ROI, 장기 주주가치를 사용했다. 그 결과 4가지 MCM 역량을 보유한 기업들은 경쟁사 대비 더 좋은 실적을 내고 있었다. 결국 이런 역량을 통해 마케팅 캠페인 관리를 제대로 관리하는 기업들이 더 좋은 시장 성과, 더 강력한 브랜드 자산과 고객 자산을 가질 수 있었다.

그런데 날카로운 독자라면 내가 아직 데이터 기반 마케팅을 지원하는 기술에 대해 언급하지 않았다는 사실을 눈치 챘을 것이다. 사실 〈표 11.2〉에서 흥미로운 사실을 하나 더 찾을 수 있다. 기술 역량과 경영 성과를 연결하는 선이 점선으로 되어 있다는 점이다. 즉, 마케팅 지원 기술은 경영 성과에 직접적으로 영향을 주지 않는다. 대신 MCM 역량과는 통계적으로 유의미한 관련성을 보여준다.

[표 11.2] MCM 역량과 경영 성과와의 연계 분석

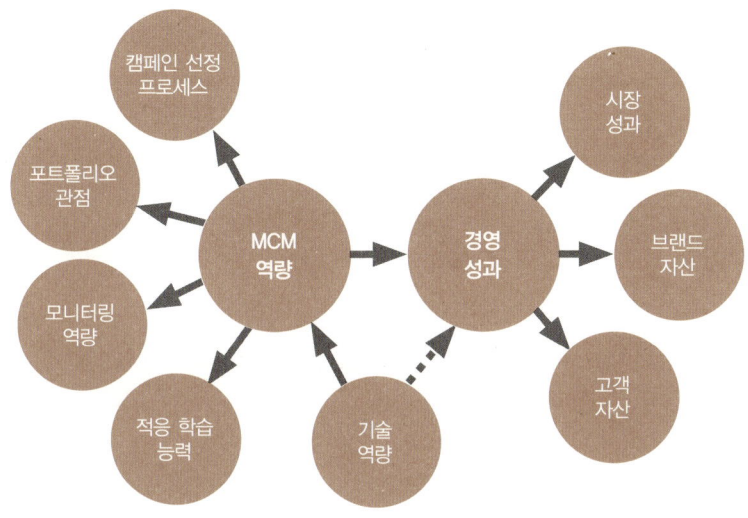

* 실선 화살표는 통계적으로 유의미(p<0.05), 점선 화살표는 통계적 무의미

이는 마케팅 지원 기술에 투자한다고 경영 실적이 높아지는 것은 아님을 의미한다. 결국 마케팅 지원 기술 투자를 통해 경영 성과를 높이려면 4가지 MCM 역량들을 확보해야만 한다. 흥미로운 점은 이런 결과가 업종이나 기업 전략 등과 상관없었다는 사실이다. MCM 역량은 모든 조직들이 마케팅 성과를 개선하기 위해 꼭 갖춰야 할 보편적인 역량임을 의미한다.

조사를 통해 기업마다 MCM 역량의 성숙도 수준이 다양하다는 사실도 추가로 알게 됐다. 〈표 11.3〉은 MCM 역량의 분포도인데 오른쪽으로 갈수록 회사가 4가지 MCM 역량을 완전히 체득했음을 의미하고, 왼쪽으로 갈수록 MCM 도입 초기라 기초 수준의 능력을 갖고 있음을 의미한다. 물론

【표 11.3】 기업별 MCM 역량 분포도

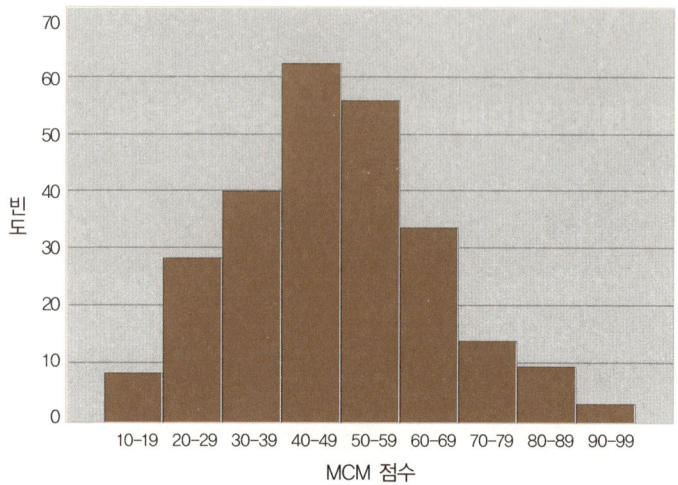

오른쪽으로 갈수록 재무 성과, 브랜드 자산과 고객 자산, 장기 주주가치에서 더 좋은 성과를 기록했다.

우리의 조사 결과를 정리해 보면, 캠페인 선정 프로세스와 포트폴리오 관점, 모니터링 역량, 적응 학습 능력이라는 4가지 역량과 이를 지원하는 기술 역량의 중요성을 확인했다. 물론 이런 결과는 업종과 무관했다. 더 나아가 15가지 필수 평가 지표에 집중함으로써 MCM 활동 전반에 걸친 마케팅 성과를 얼마나 극적으로 개선할 수 있는지도 확인했다. 즉, 최선의 마케팅 캠페인을 '선정'하고, 캠페인이 제대로 진척되고 있는지 '모니터링'하며, 시행착오를 통해 '적응 학습'을 하는데 마케팅 평가 지표는 반드시 필요하다.

마케팅 투자 포트폴리오 분석

MCM 역량과 경영 성과와의 상관 관계는 모든 업종에 동일하게 존재하지만, 마케팅 투자 포트폴리오 측면에서는 기업마다 차이가 있다. 나는 chapter 1에서 마케팅 포트폴리오를 구성하는 5가지 주요 구성 요소를 설명했다. 구체적으로 단기 매출을 견인하기 위한 수요 창출 마케팅, 브랜드 인지도를 높이는 브랜딩, 고객 자산을 구축하려는 고객 관계 관리 마케팅, 표적 고객 수용도를 높이기 위해 기획된 시장 형성 마케팅, 마케팅 활동을 지원하는 인프라 및 기술 역량, 이 5가지가 마케팅 포트폴리오를 구성한다.

그리고 마케팅 선도자와 낙오자 사이에 마케팅 포트폴리오별 예산 할당 방식에 차이가 있다는 사실도 살펴보았다. 즉, 낙오 기업들은 수요 창출 마케팅에 더 많은 비중을 두는 반면, 선도 기업들은 브랜딩과 고객 관계 관리, 기술 인프라에 더 많은 예산을 할당했다.

이를 B2B 기업과 B2C 기업으로 세분하여 조사해보았다. 그 결과 〈표 11.4〉에서 보듯이 마케팅 투자폴리오에 차이가 있긴 했지만, 선도자와 낙오자간의 구분은 동일했다. 즉, 〈표 11.3〉에서 MCM 점수를 기준으로 상위 20퍼센트와 하위 20퍼센트를 나눈 후 마케팅 예산 포트폴리오를 분석한 결과, B2B와 B2C 상관없이 낙오 기업들은 수요 창출 마케팅에, 선도 기업들은 브랜딩과 고객 관계 관리, 기술 인프라에 더 많은 예산을 할당했다. 물론 선도 기업들은 평균 대비 14~25퍼센트 더 많은 예산을 마케팅에 투자했다.

그런데 B2B 기업과 B2C 기업은 마케팅 포트폴리오별 예산 비중에서 차이를 보였다. 상위 성과 기업만을 살펴보면, B2C 기업들은 브랜딩과 인프라에 상대 비중이 더 높은 반면, B2B 기업들은 고객 관계 관리에 더 비중을 두고 있었다.

시장 형성 마케팅은 마케팅 포트폴리오 중 흥미로운 항목이다. 이 항목은 내 동료 중 한 명인 켈로그 경영대학원 교수 모한 서니Mohan Sawhney가 제안했다. 시장 형성이 선도자들에게 더 중요하리라 기대했지만, 결과는 반대로 나왔다. 특히 B2B 기업의 경우 비중이 큰 폭으로 줄었다. 일반적으로 B2B 기업들은 애널리스트나 전문가의 긍정적 평가를 유도하기 위해 시장 형성 마케팅에 공을 들이는 것으로 알려져 있다. 그런데 조사 결과 선도 기업들은 평균 대비 14퍼센트나 더 많이 마케팅에 투자하면서도 시장 형성 투자에는 인색했다. 그 대신 고객 관계 관리와 브랜딩에 더 많은 노력을 기울였다.

그럼 선도 기업들의 마케팅 예산 비중을 그대로 따라야 할까? 그렇게 할 필요는 없다. 단지 이 데이터들을 참고자료로 사용하기 바란다. 현재 브랜딩과 인프라 비중이 낮다면, 제대로 하고 있는지 〈표 11.4〉에 비추어 자문해 보라. 역으로 5가지 항목 중 한 가지에 편중되어 있다면 이 역시 검토해야 할 사항이다.

〈표 11.4〉에서 한 가지 주의할 점이 있다. 데이터들이 실제 회계 자료를 토대로 얻은 결과가 아니라는 사실이다. 여기에 언급된 데이터들은 각 기업의 마케팅 임원들에게 전체 마케팅 예산을 5가지 항목에 각각 어느 정도씩 할당하는지 그 비중을 물어 얻은 결과물이다. 물론 250명이라는 응답자 수는 통계적으로 매우 유의미하기에, 방향성에서는 사실에 근접했다고 볼 수 있다.

【표 11.4】 마케팅 선도자와 낙오자간의 마케팅 포트폴리오 차이

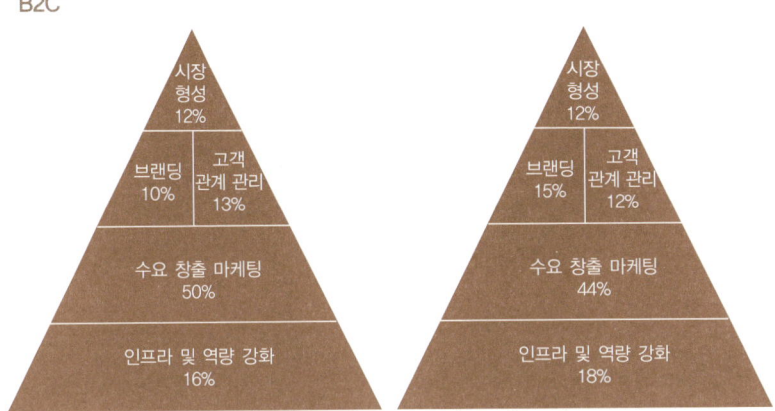

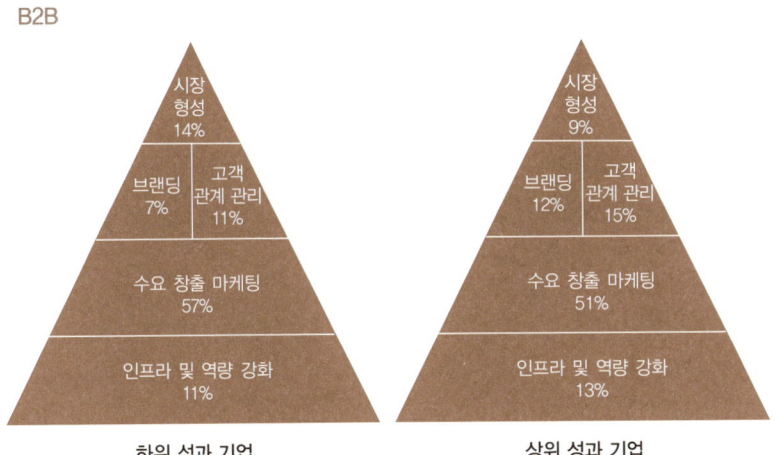

마케팅 캠페인 관리를 저해하는 4가지 장애물

연구 결과에서 가장 흥미로운 점은 마케팅 캠페인 관리의 중요성에도 불구하고 실제로 이를 최적화한 기업이 별로 없다는 사실이었다. 그렇다면 마케팅 캠페인 관리를 최적화하지 못하는 이유는 무엇일까? 조사에 따르면 설문 응답자들은 다음과 같이 4가지 장애물을 그 이유로 제시했다.

1. 경영진의 지원 결여
- 응답자의 69퍼센트는 경영진들이 주로 자신의 직관과 느낌으로 마케팅 캠페인별 예산을 결정한다고 답했다.
- 69퍼센트는 재무적 투자수익률이 모든 마케팅 캠페인의 성과를 측정할 수 있는 건 아니라는 사실을 경영진이 납득하지 않는다고 답했다.
- 50퍼센트는 경영진이 ROMI와 같은 평가 지표를 통해 마케팅 캠페인의 전략적 목표를 제시하지 않는다고 답했다.
- 49퍼센트는 CEO가 마케팅을 전략적 우위를 선점할 핵심 요인으로 간주하지 않는다고 답했다.

2. 부서 간 존중의식 결여
- 56퍼센트는 고위 관리자들이 마케팅을 '필요악'으로 인식한다고 답했다.
- 54퍼센트는 마케팅 임원과 타 부문 임원들 간에 상호 존중의식이 없다고 답했다.
- 32퍼센트는 경영 전략을 결정하는 임원들에게 마케팅 지식이 부족

하다고 답했다.

3. 부서 간 업무 협조 부족
   - 48퍼센트는 마케팅 예산을 캠페인별로 할당하는 과정에서 여러 관련 부서 임원들의 의견을 구하지 않는다고 답했다.
   - 25퍼센트는 회사가 마케팅을 비즈니스의 필수 요소로 간주하지 않는다고 답했다.
   - 21퍼센트는 회사가 마케팅을 통합적 업무 기능으로 인식하지 않는다고 답했다.

4. 직원의 스킬 부족
   - 64퍼센트는 캠페인 성과를 추적해 복잡한 마케팅 데이터를 분석할 수 있는 자질을 갖춘 직원이 부족하다고 답했다.
   - 47퍼센트는 마케팅 직원들이 전반적으로 ROMI나 NPV, CLTV 등을 다룰 재무 지식이 부족하다고 답했다.

그럼 먼저 어떻게 해야 경영진의 지원을 받을 수 있을까? 경영진의 지원은 신뢰와 이해를 토대로 만들어진다. 신뢰는 약속을 꾸준히 지키는 데서 싹튼다. 앞서도 말했듯이, 작은 규모로 시작해 재빨리 성과를 창출하여 눈에 보이는 결과를 보여줌으로써 경영진의 지원을 얻어내야 한다. 또한 경영진들과의 커뮤니케이션을 원활히 하기 위해 경영과 재무 관련 용어들을 적절하게 구사하고, 필요한 경우 데이터를 효과적으로 활용해야 한다. 이런 접근법은 두 번째 장애물인 부서 간 존중의식 결여도 극복할 수 있게 해 준다. 세 번째 장애물인 업무 협조 문제에 대해선 이 장 말미에서 다루도록 하겠다. 마지막 장애물인 직원의 스킬 부족을 해결하려면 교육과 훈련이 필요하다. 물론 새로운 접근법과 도구, 기술을 지원하는 건 당연하다.

사실 마케팅 캠페인 성과를 측정, 평가하는 일은 여간 어려운 일이 아니다. 하지만 보다 효율적으로 관리할 수 있는 선진 기술과 기법들도 꾸준히 등장하고 있다. 그러므로 복잡한 데이터를 수집하고 분석할 수 있는 도구들의 활용도를 높일 필요가 있다. 중앙집중형 데이터베이스, EDW, CRM 시스템, MRM 시스템 등이 여기에 포함된다.

하지만 다음의 조사 결과에서 보듯이, 오늘날 가용할 수 있는 훌륭한 도구들을 실제로 활용하는 기업들이 별로 없다는 쓸쓸한 사실이 현실이다.

- 57퍼센트는 마케팅 캠페인 성과를 추적, 분석하는데 중앙집중형 마케팅 데이터베이스를 활용하지 않는다.
- 70퍼센트는 회사나 마케팅 캠페인에 대한 고객 반응을 추적하기 위해 EDW를 활용하지 않는다.
- 71퍼센트는 최선의 마케팅 캠페인을 선정하기 위해 EDW를 사용하지 않는다.
- 79퍼센트는 자동화된 이벤트 기반 마케팅을 수행하기 위해 통합 데이터 소스를 활용하지 않는다.
- 82퍼센트는 MRM과 같은 자동화 소프트웨어를 통해 마케팅 캠페인 성과 및 기업 자산을 추적, 관리하지 않는다.

이런 문제들을 해결하려면 고도의 기술 도구들을 활용하도록 계속해서

자극할 필요가 있다. 물론 이런 시스템을 구축했다고 모두 활용하는 것은 아니다. 그러므로 시스템을 구축하고 신규 프로세스와 도구를 활용하는 작업은 단계적으로 접근하는 것이 좋다. 기존의 마케팅 관리 방식에서 좀 더 최적화된 MCM 방식으로 전환하는 것 역시 단계적 접근법이 효과적이다.

마케팅 캠페인 관리를 최적화하는 3단계 접근법

단계적 접근법이야말로 실행의 모멘텀을 계속해서 강화시켜 나갈 수 있는 현명한 접근법이다. 이를 통해 경영진의 확신을 높여주고, 마케팅 활동에 대한 예산 지원 가능성도 높일 수 있다. 또한 연관 부서와의 협력을 유도할 수 있으며, 직원들도 자질 개발에 충분한 시간을 가질 수 있다.

그럼 마케팅 캠페인 관리 최적화는 단계적으로 어떻게 접근해야 할까? 〈표 11.5〉에서 보듯이 MCM의 성숙도 측면에서 조직의 역량을 초급, 중급, 고급으로 나눌 수 있다. 그런데 〈표 11.6〉에 나와 있듯이 조사 대상 기업의 11퍼센트만이 고급 수준이었고, 90퍼센트 가까운 대다수 조직들은 초급이나 중급 수준에 머물러 있었다.

:: 초급 단계

'초급' 단계에 있는 기업들은 일반적으로 마케팅 캠페인 선정과 관리에 지침을 줄 수 있는 일반적인 목표를 제공하는 프로세스를 개발하는 데 집

【표 11.5】 단계별 마케팅 캠페인 관리 역량

	성숙도 수준		
	초급	중급	고급
역량	- 일반적인 목표 수립 - 중앙집중형 캠페인 감독 - 마케팅 데이터베이스	- 구체적 목표 수립 - 투자 캠페인 선정을 위한 프로세스 규정 - 캠페인 성공 여부를 평가하는 지표 선정 - 데이터웨어하우스 구축	- 전략에 맞춰 마케팅을 평가하는 성과표 개발 - 포트폴리오 관점에서 캠페인 선정 - 적극적인 캠페인 관리 - 캠페인 진행 중 성과를 추적하는 애자일 마케팅 - 향후 캠페인 선정에 활용하기 위해 피드백 - 분석 마케팅과 CLTV 측정 - 이벤트 기반 마케팅 - MRM, EDW, 분석 도구 적극 활용

중한다. 이들도 모든 마케팅 성과를 추적할 수 있는 중앙집중형 데이터베이스는 갖추고 있다. 미약하지만 조직 내 학습 문화가 형성되어 있으며, 기존 캠페인의 성공과 실패에 대한 담당자의 의견과 직관이 향후 캠페인 선정과 관리에 활용된다.

간단히 말해 '초급' 단계는 조직의 모든 마케팅 활동들을 단순하게 관리한다. 이 과정의 장점은 간단하다. 모든 마케팅 자산과 투자, 자원 활용에 대한 의사 결정이 포괄적인 하나의 관점에서 단순하게 처리될 수 있다는 점이다. 검토되지 않은 마케팅 비용은 없애고, 자원 활용도는 향상되며, 일반적인 목표를 세움으로써 기획과 관리 과정에서 중복 업무를 줄일 수 있다. 또한 마케팅 관리자는 과거 시행착오로부터 보다 쉽게 학습할 수 있기

【표 11.6】 MCM 성숙도에 따른 마케팅 조직별 비중

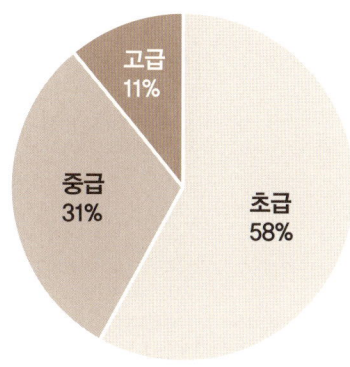

때문에 시간이 지남에 따라 마케팅 관리 능력은 향상된다.

:: 중급 단계

중급 단계의 기업들은 마케팅 캠페인을 선정, 관리하는 데 방향성을 제시하고, 과거 잘못된 마케팅 활동에서 얻은 교훈을 반영한 구체적 목표를 세울 수 있는 체계를 구축했다. 이 단계에서는 마케팅 투자를 통해 어떤 최종 결과가 나와야 하는지 그 목표를 구체적으로 정하고, 마케팅 활동을 평가하는 평가 지표들에 집중한다. 중급 단계의 기업들은 회사나 마케팅 캠페인에 대한 고객 활동과 반응을 추적할 수 있는 데이터웨어하우스를 활용한다. 또한 이들은 향후 마케팅 캠페인을 선정할 때 캠페인 담당 직원들의 의견뿐만 아니라 데이터 분석 결과도 함께 고려한다.

정리하자면 '중급' 단계는 반복적인 정규 프로세스를 통해 마케팅 활동을 효율적으로 통제한다. 잘못된 마케팅 투자 확률을 낮출 수 있으며, 재무

지표라는 공통 언어를 통해 재무팀이나 경영진과 좀 더 효과적으로 커뮤니케이션할 수 있다. 물론 그 결과를 동종 업계 경쟁사들과도 쉽게 비교할 수 있다. 이렇듯 정기적인 캠페인 검토 시스템을 구축함으로써, 캠페인 실행 중 계획한 목표와의 간극을 줄이고 일이 잘못될 경우 조기 수정도 가능하다.

:: 고급 단계

고급 단계의 기업들은 MRM과 같은 자동 소프트웨어를 통해 마케팅 캠페인을 추적할 수 있다는 점에서 앞서의 초급이나 중급 단계 기업들과 구별된다.

캠페인 선정 단계에서는 주요 경영 목표에 비추어 각 캠페인을 평가하는 성과표를 활용한다. 또한 통합적인 관점에서 시너지 효과 등을 검토할 수 있도록 포트폴리오 관리 기법을 적용한다.

캠페인 진행 중에는 해당 캠페인의 성과와 경영 성과를 계속 추적, 관리하며, 마케팅 활동에 융통성을 발휘할 수 있도록 이벤트 기반 마케팅과 애자일 마케팅을 적극적으로 활용한다. 이들은 조직 차원에서 학습 문화가 정착되어 있으며, 캠페인 평가 결과를 향후 캠페인에 반영한다.

이들의 장점은 마케팅 투자 가치를 보다 정확하게 평가할 수 있으며, 포트폴리오 관점에서 경영 전략에 부합된 마케팅 캠페인을 진행할 수 있다는 점이다. 고도의 인프라 시스템과 프로세스, 수준 높은 MCM 조직 인재들이 진정한 애자일 마케팅을 실행할 수 있다.

:: 어떻게 접근해야 할까?

MCM 성숙도에 따른 3단계는 설문 조사 결과와 인터뷰를 통해 도출했다. 물론 이 3단계 중 어느 하나에 완벽하게 일치하는 회사는 별로 없을 것이다. 일반적인 회사라면 이 세 단계에서 일부 요소들을 동시에 갖고 있을 가능성이 높지만, 그럼에도 가장 비슷한 단계가 있을 것이다. 거기서부터 시작해야 한다.

이 3단계를 목표 결과물이나 목표 역량으로 바라보는 사람도 있다. 그렇다면 단계별로 상향 이동은 어떻게 해야 할까?

그러려면 위의 내용을 기준으로 실행 업무를 관리할 성과표를 준비해야 한다. 또한 핵심적인 문제가 무엇인지 규정한 후, 이를 해결하기 위한 활동 로드맵을 만들어야 한다.

물론 당신 회사가 처한 상황이나 현실에 따라 해결해야 할 활동들이 다를 수 있겠지만, 가장 좋은 로드맵에는 다음과 같은 항목이 반드시 포함되어야 한다. 고급 도구들과 기법들을 단계적으로 도입하기 위한 목표, 일정에 대한 명확한 기술, 직원들이 이런 변화를 수용할 수 있게 만드는 교육 프로그램이 반드시 필요하다. 또한 목표 달성에 필요한 자원을 어떻게 조달할 것인지도 포함해야 한다. 그래야만 말로만 그치는 게 아니라 구체적으로 실행할 수 있기 때문이다.

복잡성을 관리하는 방법

마케팅 관리자들은 마케팅 업무의 복잡성 때문에 골치를 앓는다. 마케팅 예산이 큰 경우 1년에 집행하는 캠페인 수가 수백에서 수천 개에 이르기도 한다. 그러므로 예산 관리에 대한 체계적인 접근법이 없다면, 근시안적인 판단으로 마케팅을 진행하고, 중복 업무로 엄청난 비효율이 발생할 수밖에 없다. 그렇다면 이런 복잡한 상황에서 효율적으로 마케팅하기 위해선 어떻게 해야 할까?

무엇보다도 먼저, 성과표를 사용해 프로세스를 통합하는 작업부터 시작한다. 성공적인 MCM은 마케팅 캠페인을 경영 전략에 정렬시킨다. 또한 엄격한 관리를 가능하게 하고, 우선순위를 분명하게 한다. 캠페인의 성공 기준을 미리 정하고, 성공 여부를 측정할 수 있는 마케팅 평가 지표를 규정한다.

둘째, 기술적으로 진보된 도구와 역량을 활용하는 것은 더 이상 선택의 문제가 아니라 필수 조건이다. EDW와 MRM, 기타 분석 기법들을 활용하면 수치를 효과적으로 관리할 수 있다. 그렇다고 인프라 구축부터 요구해서는 안 된다. 선도 기업들은 먼저 프로세스를 규정하고 성과를 보여준 후, 이를 자동화할 수 있는 인프라에 투자했다.

셋째, 마케팅 리더들이 직접 나서서 MCM 프로세스와 평가 지표를 정립해야 한다. 이를 통해 부하 직원들이 새로운 프로세스와 기법을 적극적으로 수용할 수 있도록 동기 부여할 수 있다.

마지막으로, 신뢰할 만한 능력 있는 사람들로 MCM 프로세스 관리팀을 꾸리는 것이 중요하다. 성공하는 CMO들은 직원 교육에 충분히 투자한다.

동시에 적절한 보상 시스템을 구축하는 것 역시 인재들을 확보하는 방편이 된다.

　나는 지금까지 MCM과 데이터 기반 마케팅 역량을 개선하려는 많은 기업들의 과제에 참여했다. 작업을 시작할 때 나는 항상 문서화된 프로세스부터 보여 달라고 요청한다. 그런데 이 요청에 대한 반응은 두 가지로 구별된다. 첫 번째 유형은 직원에게 지금 바로 파워포인트 작업을 시키겠다고 말한다. 이 행동 자체가 조직의 특성을 대변해준다. 마케팅 조직도 잘 모르는 프로세스라면 이미 표준 프로세스라고 할 수 없다.

　두 번째 유형은 본인들의 마케팅 프로세스를 정리한 두꺼운 서류철을 우리에게 준다. 이 경우 두꺼운 서류뭉치는 외부 컨설팅업체에서 내놓은 결과물일 가능성이 높다. 이는 직원들과의 인터뷰에서 바로 확인된다. 어느 누구도 그 프로세스를 따르지 않고 있으며, 그런 프로세스가 존재한다는 사실조차 잘 모르고 있기 때문이다.

　마케팅 관리 프로세스는 단순하고 이해하기 쉬운 문서 형태로 작성되어 모두가 공유할 수 있어야 한다. 캠페인 선정 프로세스뿐만 아니라, 성과표, 필수 평가 지표, 마케팅투자수익률 양식도 문서화해야 한다. 내가 권하는 양식은 마케팅 팀원들이 쉽게 이해할 수 있는 필수 프로세스들로만 구성된 10~15페이지 분량의 문서이다. 특히 캠페인별 가치를 산정하는 투자수익률 양식은 매우 간단하고 직관적으로 셀을 채울 수 있도록 서식화해야 한다.

창조적 X인자와 데이터 기반 마케팅

지금까지 살펴본 평가 지표에 따른 성과 측정과 관리 접근법은 마케팅이 아닌 다른 분야에도 적용할 수 있다. 하지만 마케팅이 다른 업무와 구별된 근본적인 차이점은 크리에이티브, 즉 창조성이란 측면이다.

조사 작업을 완료한 후, 나는 크래프트푸드Kraft Foods의 CEO였던 마케팅 전문가 벳시 홀든Betsy Holden을 만났다. 작업 중인 마케팅 평가와 데이터 기반 마케팅에 대해 말하자, 그녀는 마케팅 성과를 높일 수 있는 또 하나의 주요 영역을 언급했다. 바로 창조적 X인자creative X-factor였다. 사실 위대한 마케팅 캠페인에는 창조적 X인자가 핵심 요소로 자리잡고 있다.

일례로 블렌드텍Blendtec의 '이걸 갈 수 있을까요?Will It Blend?' 캠페인[1]을 생각해보자. 톰 딕슨Tom Dickson이 설립한 블렌드텍은 믹서기를 만드는 중소기업이다. 딕슨은 블렌드텍의 믹서기로 어떤 물건들을 갈 수 있는지 보여주는 바이럴 마케팅을 개발했다. 광고에서 그는 "이걸 갈 수 있을까요?"라는 질문을 했다. 그리고 그 결과를 보여주는 동영상을 유튜브에 올렸다. 골프공뿐만 아니라, 대리석, 커다란 갈퀴, 큐빅 지르코늄cubic zirconium까지 믹서기로 갈았다! 개인적으로는 딕슨이 아이폰을 갈 때가 가장 재미있었다. 이 캠페인이야말로 창조적인 X인자를 보여주는 사례라 할 수 있다. 딕슨도 이렇게 말했다.

"동영상을 처음 인터넷에 업로드한 지 불과 며칠 만에 동영상 조회 수가 수백만 명을 기록하더라고요. 그 즉시 캠페인에 착수했죠. 캠페인이 매출에도 긍정적인 영향을 주리라 확신했습니다. '이걸 갈 수 있을까요?' 캠페인은 저희의 상업용 제품은 물론 가정용 제품에도 굉장한 성과를 냈습니다. 캠페인 목적은 전적으로 브랜드 인지도를 높여 저희 제품을 고객의 최초 상기 브랜드로 만들고, 블렌드텍을 최고의 믹서기 제조업체로 인식시키는 것이었습니다."[2]

블렌드텍의 사례는 단순한 방식으로도 창조적 X인자 마케팅을 할 수 있음을 보여준다. 블렌드텍은 별난 동영상을 회사 로고와 URL과 함께 유튜브에 포스팅했을 뿐이었다. 물론 창조적 X인자를 세련되게 데이터 기반 마케팅과 결합할 수도 있다. 그 대표적인 사례로 바로 닛산 캐시카이 Qashqai 출시 마케팅을 들 수 있다.

닛산은 시장 조사를 통해 유럽 시장에서 소형 SUV 자동차의 사업 기회를 발견했다. 이에 닛산은 젊은 세대를 목표로 닛산 캐시카이라는 신규 SUV를 선보였다. 도시의 마천루 속에서도 위풍당당한 '도시 속의 강자 urban-proof'라는 콘셉트로 출시했다. 그런데 닛산만의 기발함은 마케팅 캠페인에서 찾을 수 있었다.

닛산 캐시카이 출시에 맞춰 제작된 TV 광고는 스케이트보드처럼 생긴 캐시카이 위에 올라탄 커다란 발 하나를 보여줬다.[3] 이와 함께 출시 마케팅은 총 22개국에서 450명의 기자들이 참석한 기자 간담회로 시작했다. 이 행사는 '닛산이 해치백을 재발명하다' 등의 헤드라인으로 기자들의 열광적인 논평으로 이어졌다. 뒤이어 캐시카이는 파리 모터쇼에서 일반 대중에게 공개됐다. 총 1,400만 명이 모터쇼를 방문했으며, 2만 2천 명이 캐시카이 모터쇼 동영상을 다운받았다. 또한 출시 전 발송한 다이렉트 메일을 통해 유럽 전역에서 총 3만 9,444명이 사전 판매 행사에 등록했다. 출시 전 웹사이트 트래픽은 기대한 수치보다 200퍼센트를 상회했다.

하지만 이런 닛산의 출시 마케팅이 특별했던 이유는 창조적 X인자 때문이었다. 닛산은 출시에 맞춰 캐시카이 게임이라는 새로운 형태의 도심 스포츠를 발명했다. 이 게임들은 '램프 마운트ramp mount', '애리얼 바나나aerial banana', '악셀 360 플립axel 360 flip' 등의 이름으로 굉장한 스케이트보드 묘기를 구사하는 캐시카이 '아마추어' 동영상들로 구성되었다. 묘기는 사실처럼 보였지만, 실은 특수 효과를 사용한 것이었다.4 팀 안드로메다Team Andromeda 란 이름의 괴짜팀이 동영상에 등장했다. 캐시카이 게임의 팬 사이트도 제작되었으며, 고객들이 온라인에서 T셔츠와 캐시카이 게임 관련 소품들을 구입할 수 있었다. 캐시카이 게임 홍보 차량도 운영했고, 일부 주요 도시에서는 BMX 자전거 스턴트 행사도 개최했다.

이 동영상들은 2,200개가 넘는 웹사이트에 업로드되었다. 그 결과 천 백만 뷰를 기록했다. 이런 관심은 판매로 이어졌다. 캐시카이는 출시 6주 만에 무려 7만 대가 판매되었다. 오히려 수요를 따라가지 못할 정도였다. 캐시카이는 출시 후 약 2년 동안 유럽에서 총 33만 대가 팔렸고, 닛산 제품 중 글로벌 시장에서 가장 성공한 모델 중 하나로 남았다.

닛산의 캐시카이 출시 캠페인은 데이터 기반 마케팅과 결합된 창조적 X 인자의 전형적 사례를 보여준다. 내가 특히 좋아하는 이유는 캠페인의 모든 요소가 목표를 향해 효과적으로 통합되었다는 점이다. 웹사이트를 통한 바이럴 마케팅과 오프라인 마케팅, PR 등을 함께 진행함으로써 입소문 효과를 제고시켰다. 더구나 닛산은 탁월한 크리에이티브와 데이터 기반 마케팅이 결합하면 적은 예산으로도 성과를 극대화시킬 수 있다는 사실을 증명했다. 실제로 캐시카이 출시 마케팅 비용은 자동차 디자인 및 제조 비용의 약 1퍼센트에 불과했다.

이처럼 마케팅 캠페인을 기획할 때에는 당신도 창조적 X인자를 활용할 줄 알아야 한다. 엄청난 성공은 탁월한 크리에이티브 아이디어를 통합적인 데이터 기반 마케팅과 연계함으로써 만들 수 있다.

・・・

이 책에서 나는 15가지 마케팅 필수 평가 지표들이 무엇인지 정의했다. 이들은 10개의 전통적 지표와 5개의 뉴에이지 인터넷 지표들로, 대다수 마케팅 활동의 성과를 정량화하는 데 활용된다. 이 평가 지표들을 활용한다면 마케팅 성과를 극적으로 높일 수 있다. 이제 마무리하기에 앞서 마지막으로 평가 지표들을 실무에서 어떻게 활용해야 하며, 데이터 기반 마케팅을 어떻게 추진해야 하는지 정리해보기로 하자.

먼저 성과를 측정할 수 있는 성과표를 개발해야 한다. 그래야만 성과 측정 활동을 통해 마케팅 활동을 관리할 수 있기 때문이다. 그런 후, 애자일 마케팅 접근법을 취함으로써 캠페인 진행 중에도 성과를 관리해야 한다. 즉, 성과 평가를 통해 실패의 조짐이 보이면 중단하는 등 재빨리 실패하며, 성과가 높을 때에는 그 성과를 더욱 확대해 나간다. 이렇듯 캠페인을 기획할 때 미리 평가를 염두에 두며, 애자일 마케팅까지 결합한다면 마케팅 캠페인 성과를 5배 이상 높일 수 있다.

물론 분석 마케팅은 이런 평가와 실행상의 유연성 외에도 세분화와 표적화를 가능하게 해 준다. 가치 기반 세분화를 이벤트 기반 마케팅과 결합함으로써 올바른 고객에게 올바른 제품을 올바른 타이밍에 제공할 수 있다. 이를 통해서도 캠페인 실적을 다시 한 번 5배 이상 상승시킬 수 있다.

이런 데이터 기반 마케팅을 추진하려면 인프라 투자가 필요하다. 그러므로 당신에게 필요한 인프라의 규모가 단층 주택인지, 엠파이어스테이트 빌딩인지를 고객 수와 데이터의 복잡성에 따라 결정해야 한다.

하지만 이런 인프라를 구축하고 분석 도구들을 마련했다고 마케팅 성과가 저절로 향상되는 것은 아니다. 마케팅 캠페인 관리 역량이 최적화되어 있지 않다면 무용지물이기 때문이다. 그런 측면에서 캠페인 선정 프로세스, 포트폴리오 관점, 모니터링 역량, 적응 학습 능력이라는 4가지 역량이 중요하다. 또한 데이터 기반 마케팅을 지원하는 기술 역량도 필요하다.

복잡성을 통제하고 관리하려면 체계적인 관리가 필요하다. 또한 마케터들이 새로운 기법과 접근법을 수용할 수 있도록 충분한 교육과 훈련도 제공해야 한다.

마지막으로 창조적 X인자를 데이터 기반 마케팅과 결합시킨다면 업무 성과를 5~100배나 더 높일 수 있다.

지금부터 당장 시작하자. 평가 지표와 데이터 기반 마케팅은 복잡하고 어렵게 보여 당신을 위축시킬지도 모른다. 하지만 성패는 명확하다. 이를 수용하고 적극적으로 실행하는 마케터만이 성공을 거머쥘 수 있다. 그러므로 작게 시작해 재빨리 성과를 보여준 후, 확대해 나가라. 그러면 장밋빛 성공은 여러분의 것이 될 것이다.

Chapter Insights

- MCM 역량은 선도 기업들이 마케팅을 통해 경쟁 우위를 얻을 수 있는 원천이 된다.
- MCM 역량은 캠페인 선정 프로세스, 포트폴리오적 관점, 모니터링 역량, 적응 학습 능력이라는 4가지 역량을 말한다. 여기에 이를 지원하는 기술 및 인프라가 필요하다.
- MCM 역량을 갖춘 조직들은 탁월한 경영 성과를 창출한다.
- 마케팅 지원 기술 및 인프라는 경영 성과에 직접적인 영향을 주지는 않는다. 이는 기술에 투자하는 것만으로는 성과를 창출할 수 없음을 보여준다.
- 선도 기업들과 낙오 기업들이 마케팅 예산을 집행하는 데에는 차이가 있다. 선도 기업들은 브랜딩과 인프라에 더 많이 투자하고, 수요 창출 마케팅에는 적게 투자하는 경향이 있다. B2B 분야의 선도 기업들은 고객 관계 관리에 가장 많이 투자한다.
- MCM 역량을 개발하려면 초급 단계로 시작해 중급 단계를 거쳐 고급 단계로 나아가는 단계적 접근법이 필요하다.
- 창조적 X인자를 데이터 기반 마케팅과 결합시키면 마케팅 성과를 100배 높일 수 있다.

덧붙이는 말

머리말에서도 언급했듯이, 이 책은 교과서가 아니다. 하지만 일반 MBA 과정이나 최고경영자 과정, 학부 수업에서 마케팅 평가 지표나 데이터 기반 마케팅을 다룰 때 참고도서로 활용할 수는 있다. 나는 켈로그 경영대학원에서 이 내용을 일반 MBA에서는 10주 과정으로, 최고경영자 과정에서는 5번의 특강으로, 3일짜리 공개강좌로도 가르치고 있다. 이 수업들의 강의 개요나 수업 보조자료, 참고도서 목록은 www.agileinsights.com/instructor에서 확인할 수 있다.

수업 내용과 순서는 이 책을 구성하는 각 장들과 상응한다. 따라서 각 장의 내용들을 통해 강의 내용을 보충할 수 있다. 수업 중에 학생들은 복잡하고 난이도 높은 실제 사례를 해결해 나간다. 이를 통해 강의에서 배운 이론적 개념들을 실제 경영 환경에 적용해 본다. 강의에서 다룬 사례들은 하버드 경영대학원 출판부에서 출간하기도 했다. 필요할 경우 cases@kellogg.northwestern.edu로 이메일 요청하면, 공개 가능한 사례들은 받을 수 있다.

그리고 이 책에 소개된 평가 양식들은 마케팅 평가 실무에 유용하게 사용할 수 있다. 일부 수치들은 내부정보 보호를 위해 변형되었으며, 논의하고자 하는 목적에 맞게 단순화하기도 했다. 양식이 필요하다면 www.agileinsights.com/ROMI에서 다운받아 사용하기 바란다.

주석

Chapter 1

1. Mark Jeffery and Justin Williams, DuPont-NASCAR Marketing (Harvard Business School Press, Prod. #: KEL166-HCB-ENG, 2007).
2. This Sears example is from 2001, prior to the acquisition by Kmart, and may or may not be representative of Sears marketing in 2009.
3. Philip Kotler and Kevin Keller, Marketing Management, 13th ed. (Upper Saddle River, NJ: Prentice Hall, 2008).
4. Michael Porter, Competitive Strategy: Techniques for Analyzing Industries and Competitors (New York: Free Press, 1998).
5. The astute reader will note that "Shaping Markets" is trending in the opposite direction, comparing high and low performers. We will see that this is dependent on direct versus indirect sales model for the firm, and we will look at the breakout of B2B versus B2C firms' marketing investment portfolio mix in more detail in Chapter 11.
6. McGraw-Hill Research, Laboratory of Advertising Performance Report 5262(New York: McGraw-Hill, 1986).
7. Recession Study, Penton Research Services, Coopers & Lybrand, and Business Science International, 2003.
8. Matt Kinsmann, "Defying downturn, Hanley Wood continues to invest," Folio B2B, November 6, 2007.

Chapter 2

1. Mark Jeffery, "Return on investment analysis for e-business projects." In Hossein Bidgoli (ed.), The Internet Encyclopedia, 1st ed., vol. 3(Hoboken, NJ: John Wiley & Sons, 2004), 211–236.
2. Mark Jeffery and Ingmar Leliveld, "Best practices in IT portfolio management," Sloan Management Review, 45(3) (Spring 2004, Reprint 45309): 41–49.
3. Gordon Bethune, From Worst to First: Behind the Scenes of Continental's Remarkable Comeback (New York: John Wiley & Sons, 1999).
4. For every rule there is an exception. Chapter 4 discusses how to approximate the value of a brand using financial metrics.
5. In Excel 2010 there is no official limit to the number of rows in a spreadsheet— the limitation is set by the amount of RAM in your PC. However, I want to caution the reader that Excel alone is not designed to be a marketing database.
6. John Kotter, "Leading change: Why transformation efforts fail," Harvard Business Review, March–April 1995.

Chapter 3

1. Robert Kaplan and David Norton, The Balanced Score Card: Translating Strategy into Action (Cambridge, MA: Harvard Business School Press, 1996).
2. This example is adapted from Arnold and Lane, MasterCard International: World Championship Soccer Sponsorship (HBS Case 500036, 1999).

Chapter 4

1. To hear the radio ad, visit www.agileinsights.com/ROMI.
2. This example is for illustrative purposes, assumes a static market, and makes high-level assumptions. The details of your business and customer base will drive the specific churn reduction impact for your firm.
3. Lasik is not for everyone. I highly recommend thoroughly checking it out with your doctor if you are considering the procedure.
4. Frederick F. Reichheld, "The one number you need to grow," Harvard Business Review, December 1, 2003.
5. Customer lifetime value (CLTV) includes the customer acquisition cost and is the best metric for figuring out if a customer is profitable and if/ how that customer should be marketed to; see Chapter 6.

Chapter 5

1. See, for example: Morris Engleson, Pricing Strategy: An Interdisciplinary Approach (Portland, OR: Joint Management Strategy, 1995); and Thomas Nagle and John Hogan, The Strategy and Tactics of Pricing: A Guide to Growing More Profitably, 4th ed. (Upper Saddle River, NJ: Prentice Hall, 2005).
2. Students often say that they will take the $520K today and invest it, since this could be more than $614K. However, when making financial decisions, one should assume the investing and discount rate are the same. If the rates are the same, then the relative value in the future will always be the same, and the $614K will be worth more than the $520K in 10 years if you invest at r = 10%.
3. This is the textbook answer. In reality, funding is always limited or rationed. We discuss capital rationing and the importance of a marketing portfolio view in

Chapter 11.

4　Richard Brealey, Stuart Meyers, and Franklin Allen, Principles of Corporate Finance, 9th ed. (New York: McGraw-Hill, 2009).

5　If the firm has debt, to calculate the share price subtract the debt from the value of the firm before dividing by the number of shares outstanding.

6　This example is completely hypothetical and the numbers were chosen for illustrative purposes only.

7　For the interested reader, multiply both sides of the NPV = 0 equation by $(1+IRR)^n$ and you will see that indeed the IRR is the rate the profit, Bn Cn, in each time period is compounding.

8　To be rigorously correct $r_{monthly} \sqrt[12]{(1+r)} -1$, where r is the annual return. I want to keep things simple, though, and for decision making, $r_{monthly} = r/12$ is close enough. A similar argument applies to IRR calculated on an annual versus monthly basis.

9　See, for example, Mark Jeffery and Saurabh Mishra, Sony-FIFA Partnership Marketing Program: The Value of Sponsorship (Harvard Business School Press, Prod. #: KEL195-PDF-ENG, 2006); and Mark Jeffery and Justin Williams, DuPont-NASCAR Marketing (Harvard Business School Press, Prod. #: KEL166-PDF-ENG, 2007).

10　For the detailed case study, see Mark Jeffery, James Anfield, and Tim Ritters, B&K Distributors: ROI for a Web Based Customer Portal (Harvard Business School Press, Prod. #: KEL149-PDF-ENG, 2006).

11　Clyde Stickney, Roman Weil, Jennifer Francis, and Katherine Schipper, Financial Accounting: Introduction to Concepts, Methods and Uses(Florence, KY: Cengage Learning, 2009).

12　If the CFO wants to see the financial ROMI of a branding campaign, then some education is necessary to explain that nonfinancial metrics don't work (see Chapter 4).

13 For detailed instructions, see Mark Jeffery and Chris Rzymski, How to Perform Sensitivity Analysis with a Data Table (Harvard Business School Press, Prod. #: KEL151-PDF-ENG, 2006).

Chapter 6

1 Traditionally, this topic falls under customer relationship management (CRM). However, CRM has fallen out of vogue in the last few years, and I believe value-based marketing is a more accurate description.

Chapter 7

1 As we will see later in the chapter, for rapid test and response SEM campaigns, you will most likely need to automate the analysis process with tools such as Omniture or Covario.

2 Today, the Google page rank algorithm includes multiple variables, such as bounce rate, essential metric 14, discussed later in this chapter.

3 Overture was originally named GoTo and was purchased by Yahoo! in 2003.

4 For natural search optimization, see The Professional's Guide to PageRank Optimization, available at www.seomoz.org.

5 For a detailed example of SEM click data analysis and optimization in Excel, see Mark Jeffery, Lisa Egli, Andy Gieraltowski, et al., Optimizing Google, Yahoo!, MSN, and Kayak Sponsored Search (Harvard Business School Press, Prod. #: KEL319-PDF-ENG, March 06, 2009). The click data set is available at www.

agileinsights.com/ROMI, and you can actually do the analysis described in this section in Excel.

6   Ibid.

7   This discussion of bounce rate is adapted from Avinash Kaushik, Web Analytics an Hour a Day (Indianapolis, Indiana: Sybex, an imprint of John Wiley & Sons, Inc., 2007).

8   Gian M. Fulgoni and Marie PaulineM€orn, How Online Advertising Works: Whither the Click? Empirical Generalizations in Advertising Conference for Industry and Academia, Philadelphia: The Wharton School, December 4–5, 2008.

Chapter 8

1   Adapted from Mark Jeffery, Ichiro Aoyagi, and Ed Kalletta, Marketing @ Microsoft: The Value of Customer Perception (Harvard Business School Press, Prod. #: KEL189-PDF-ENG, 2006).

2   Mark Jeffery and Justin Williams, DuPont-NASCAR Marketing (Harvard Business School Press, Prod. #: KEL166-HCB-ENG, 2007).

Chapter 9

1   For details on how to build logistic regression models for direct marketing, see Bruce Ratner, Statistical Modeling and Analysis for Database Marketing: Effective Techniques for Mining Big Data (Boca Raton, FL: Chapman and Hall/CRC 2003), 32–86.

2   For the details, see Michael J. A. Berry and Gordon Linoff, Data Mining Techniques, 2nd ed. (Hoboken, NJ: John Wiley & Sons, 2004), 287–320.

3   Ibid., pp. 165–209.

4   Tree data mining algorithms are more sophisticated than a simple filter(a sieve), since they split the data in all possible ways and then figure out the best order to split to give the purest components.

5   A sample data set for this analysis is available online, and you can play with the analysis in SAS JMP on a PC. For the data and instructions, see www.agileinsights.com/ROMI.

6   Mark Jeffery, Robert J. Sweeney, Robert J. Davis, ROI for a Customer Relationship Management Initiative at GST (Harvard Business School Press, Prod. #: KEL232-PDF-ENG, January 1, 2006).

Chapter 10

1   Large organizations will most likely need to automate this process of campaign tracking and execution monitoring. The software to do this is called Marketing Resource Management (MRM), discussed in the next chapter on key marketing processes. Internet search engine marketing(SEM) will require more advanced tools also, such as Omniture or Covaro, but you can absolutely get started with Excel.

2   Data are stored in ones and zeros, the on and off of transistors. Asingle "1" or a "0" is called a bit; 8 bits are a byte, so 1 terabyte = 1 TB = 1,000,000,000,000 bytes = 8,000,000,000,000 bits of data.

3   See, for example, Mark Jeffery, Robert J. Sweeney, and Robert J. Davis, Teradata Data Mart Consolidation Return on Investment at GST (Harvard Business School Press, Prod. #: KEL196-PDF-ENG, 2006).

4   Michel Benaroch, Mark Jeffery, Robert Kauffman, and Sandeep Shah, "Option-based risk management: A field study of sequential information technology

investment decisions," Journal of Management Information Systems 24 (2) (2007): 103–140.

5　Barbara Wixom and Hugh Watson, "An empirical investigation of the factors affecting data warehousing success, MIS Quarterly 25(1) (March 2001): 17–41.

6　Gary Loveman, "Diamonds in the data-mine," Harvard Business Review, May 1, 2003.

Chapter 11

1　"Will It Blend" videos: www.youtube.com/watch?v=qg1ckCkm8YI; accessed August 7, 2009.

2　Kate Klonick, "Will it blend?" Esquire, May 3, 2007.

3　The Qashqai TV ad: www.youtube.com/watch?v=El6OVFhipwM; accessed August 7, 2009.

4　Qashqai games videos: www.youtube.com/watch?v=xuVB_dLNu3k& feature=fvw; accessed August 7, 2009.

색인

ㄱ

가상 거울　140-142
가치 기반 마케팅　74, 205, 208-210, 214, 217, 219-220, 230
감가상각　180-181, 192
거래전환율　99, 139, 142, 240-241, 246-247, 280
검색엔진 마케팅　234-242
검색엔진 마케팅 최적화　243-249
경향 모델　77, 293-295, 297, 298, 309
고객 관계 관리　41-43, 75, 358, 363-365
고객 획득비용　154, 205-206
고객만족도　101, 104, 148-153, 194, 263
고객생애가치　103-104, 204-214, 220-225, 322-324, 340
고객생애주기 관리　227-230
고객유지율　206-207
고객이탈률　100, 102, 143-148, 206, 250, 304-312
고객 충성도　25, 41, 100, 143, 148
광고수익률　104, 242-243
교차 판매　107, 211-212, 298, 313
구매 퍼널　93, 260
귀인모델　249, 253, 255-258, 260
기술 역량　359, 360-363, 380

ㄴ

나비스타　131, 140
나스카　32, 34, 94-95, 130, 287
내부수익률　98, 104, 173-175, 193-194, 196, 198-199
내셔널 오스트레일리아 은행　310-311
녹색학교 선발대회　133-136
뉴미디어 마케팅 평가 지표　27
니베아 면도기　122-123, 125-127, 129, 136
니어타임　278, 283, 286
닛산　182, 377-378

ㄷ

데이터 기반 마케팅 전략 프레임워크　47-49
데이터 복잡성　330-331
데이터마이닝　25, 37, 76, 261, 298, 300
데이터마트　48, 322-323, 330, 334
데이터마트 통합　334
델　39, 96, 163
듀폰　31-34, 95, 130, 287-288
디렉티비　310

ㄹ

레이벤	140-141
레지던트 이블 5	266-267
렉서스	143-144, 149
로우즈	39, 292-293
로지스틱 회귀분석	294, 300
룩소티카	140-141
리아키텍팅	334-335

ㅁ

마스터카드	106-108
마이크로소프트	24, 39, 70, 110-114, 193, 278-286
마케팅 낙오자	39, 43, 363-365
마케팅 사이언스	50
마케팅 선도자	23, 43, 363-365
마케팅 성과표	25, 102-109, 359, 372-375
마케팅 캠페인 관리	352-353, 357-359, 366-367, 369-370
마케팅 캠페인 관리 사이클	355-356
마케팅 투자 포트폴리오	42-43, 363-365
마케팅투자수익률	98, 102, 104, 162, 176-178, 183, 187, 192
마케팅투자수익률 분석 프레임워크	177-179

매치 타입	240
머서경영컨설팅	211
메러디스	25, 77, 293-297
모니터링 역량	358-359, 361
몬테카를로 분석법	197
몬테카를로 시뮬레이션	198-199
미디어 컨텍츠	237, 253-256, 258-259
미티어 솔루션즈	265-268
민감도 분석	177-178, 195-197

ㅂ

배너 광고	257-260
베스트바이	19-21, 39, 212
베터 홈스 앤 가든	295-296
보조인지도	95, 102, 123, 132
분석 마케팅	293-299, 313-316, 370
브랜드 인지도	41, 55, 95, 101, 104-106, 120, 122-130, 136, 285
브랜드 자산	121, 130, 360
블렌드텍	376-377
비보조인지도	95, 102, 132, 136

ㅅ

사용 마케팅	93, 98, 102
사이트 이탈률	27, 249-253
사이트 체류시간	249
산토리	69
상향 판매	211-212, 214, 225, 227, 313-314
생각 실험	165, 169
서킷시티	19-20
세인스버리	214-216
소비자 행동 모델	93
소셜미디어	260-269
소셜미디어 도달률	26
소셜미디어 마케팅	27, 260, 263-265
소셜미디어 멀티플라이어	269
수요 창출 마케팅	20, 40, 42-43, 66, 98-99, 107, 163, 183, 248, 363, 365
순추천 고객지수	101, 149
순현재가치	21, 98, 104, 165, 169-172, 176, 198, 205
스탠디쉬 그룹	335
스튜어트 로우셀	299, 304
스폰서 검색	237-238
스폰서십 마케팅	184-186
시스코 시스템	67, 68
시어스	35-38, 49
시큐리티 가이던스 캠페인	278-285
시험 사용	98, 102, 104, 137-142
신제품 출시 마케팅	98, 162, 177, 187

ㅇ

아르테미스	255-256
아마존	298
애자일 마케팅	277-278, 279-288, 370, 372
애플	94, 96
어스링크	25, 145, 299-307
어플라이언스	331
어플라이언스 데이터마트	330
에어프랑스	248
엑셀	24, 74, 175, 196, 221, 234, 243, 320
연계 법칙	298
오버추어	236-237
오퍼수락률	99, 102, 104, 154-158, 241, 245
오픈마인드	261-263
운영 평가 지표	104-105
월그린	59-61
윈터코프	323, 325-326, 331-332
유기적 검색	237
유료 검색	237-238

의사결정트리	25, 224-226, 300-309
이벤트 기반 마케팅	277, 299, 311-312
이익	163-165, 173-175
인지 마케팅	93-94, 101-102, 128, 184
인지도 제고	20, 41-42, 55, 105-106, 133
인터넷 검색 마케팅	253-257
인텔	45, 130, 139
임프레션	240, 262-263, 265, 269, 281
입소문	263-270
입소스	123-128
입찰 전략	240
잉여현금흐름	192

존 워너메이커	26
죽음의 악순환	19-20, 164
지갑 점유율	314
질의어	331, 335

ㅊ

차기 최적 상품 모델	298
창조적 X인자	376-378, 380
최초상기도	95, 102, 136
충성 마케팅	93, 100-102, 144

ㅈ

자본비용	167
자연 검색	237-238
장바구니 분석	77, 215-216, 298, 309
적응 학습 능력	358-359, 361
전략적 평가 지표	104
전사 데이터웨어하우스	22, 75-76, 322, 334, 338, 368
전술적 평가 지표	104
접촉비용	154-155, 157-158
제프 고든	32-34, 94, 287-288

ㅋ

카니발 코퍼레이션	227-230
캐나다왕립은행	48, 57-58, 221-226
캐시카이 출시 마케팅	377-378
캠페인 선정 프로세스	358-359, 361
캡콤	266-267
컴스코어	257
켈로그 경영대학원	21, 54, 82, 354, 364
코카콜라	70-71
콘티넨털 항공	39, 61-64, 213, 217-220
콜투액션	136, 281-282

크로스 마켓	339, 340
크리쳐	265-266
클러스터 분석	215-216, 298, 300
클릭당 비용	235-237, 248, 269
클릭률	99, 240-241, 246-247, 257-258, 260, 281

ㅌ

테스트앤런	247, 312
투자수익률	26, 173, 183, 360

ㅍ

파레토의 법칙	48, 210
팜	264-266
페이지뷰	249, 252
펩시코	46
평가 마케팅	93, 96-97, 102, 110, 140-142, 252
평가 문화 정착 로드맵	86-87
포르쉐	29-30, 137-138
포르쉐 퍼스트 마일 캠페인	137-138
포크리프팅	334
포트폴리오 관점	358-359, 361, 370
피터 드러커	200
필립스	122-129, 136
필립스 메디컬시스템스	139
핑 골프	312-313

ㅎ

하라스 엔터테인먼트	65, 83, 339-347
할인율	167, 170, 175, 193
허들수익률	167
현금흐름	177-181, 190, 192-193
현재가치	166-167, 172
회귀분석	298, 305, 308-309, 360
회수기간	98, 104, 176, 193
히트맵	238-239, 342-343

A / Z

3M	216-217
AT&T	327
Bounce Rate	27, 249-253
Brand Awareness	41, 55, 95, 101, 104-106, 120, 122-130, 136, 285

Churn	100, 102, 143-148, 206, 250, 304-312	KBO, Key Business Objectives	109
CLTV, Customer LifeTime Value	103-104, 204-214, 220-225, 322-324, 340	MCM, Marketing Campaign Management	352-353, 357-359, 366-367, 369-370
CPC, Cost Per Click	235-237, 248, 269	MCM 성숙도	369-373
CPM, Cost Per Mille	125-126, 236	MCM 역량	358-362
CRM, Customer Relationship Management	41-43, 75, 358, 363-365	NPV, Net Present Value	21, 98, 104, 165, 169-172, 176, 198, 205
CSAT, Customer Satisfaction	101, 104, 148-153, 194, 263	Payback Period	98, 104, 176, 193
		P&G	46, 292
CTR, Click-Through Rate	99, 240-241, 246-247, 257-258, 260, 281	Profit	163-165, 173-175
		PV, Present Value	166-167, 172
Data-mining	25, 37, 76, 261, 298, 300	ROAS, Return On Ad dollars Spent	104, 242-243
DCP	144-145	ROI, Return On Investment	26, 173, 183, 360
Decision Tree	25, 224-226, 300-309		
DSW	150-152	ROMI, Return On Marketing Investment	98, 102, 104, 162, 176-178, 183, 187, 192
EDW, Enterprise Data Warehouse	22, 75-76, 322, 334, 338, 368	SAS 엔터프라이즈 마이너 툴	228, 301
FGI, Focus Group Interview	62-64, 71-72, 210, 218	SEM, Search Engine Marketing	234-249
		Take Rate	99, 102, 104, 154-158, 241, 245
HP	39, 164		
IC 버스	131-135	TCR, Transaction Conversion Rate	99, 139, 142, 240-241, 246-247, 280
IDC	19		
IRR, Internal Rate of Return	98, 104, 173-175, 193-194, 196, 198-199	Test-Drive	98, 102, 104, 137-142
		WOM, Word Of Mouth	263-270
IT 인프라 구축 모델	75-77		

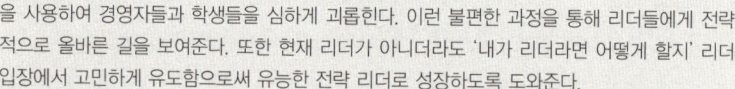
전략시티는 세상에 도움이 되는 지혜를 출판합니다

전략을 보는 생각

하버드가 묻는 7개의 질문에 자신 있게 답할 수 있는가?
로버트 사이먼스 지음 | 김은경 옮김 | 조철선 감수 | 15,000원

질문이 생각을 만들고, 생각이 전략을 완성한다!

이 책은 하버드 경영대학원 교수이자 최고경영자 과정 의장인 로버트 사이먼스가 최고경영자 과정과 경영대학원 수업에서 진행한 전략 강의의 핵심을 담은 책이다. 사이먼스 교수는 강의 시간에 소크라테스식 문답법을 사용하여 경영자들과 학생들을 심하게 괴롭힌다. 이런 불편한 과정을 통해 리더들에게 전략적으로 올바른 길을 보여준다. 또한 현재 리더가 아니더라도 '내가 리더라면 어떻게 할지' 리더 입장에서 고민하게 유도함으로써 유능한 전략 리더로 성장하도록 도와준다.
이 책에서도 사이먼스 교수는 수업 시간에 그랬듯이 7개의 전략 질문을 중심으로 날카로운 질문들을 던진다. 외부에서 정답을 찾으려 하지 말고, 현재의 전략을 시험대에 올려놓고 올바른 질문들을 끊임없이 던져보라고 조언한다. 하버드 전략 수업에 당신을 초대한다!

어떤 브랜드가 마음을 파고드는가 브랜드와 심리학의 만남

수잔 피스크, 크리스 말론 지음 | 장진영 옮김 | 15,000원

심리학 교수와 마케팅 전문가가 밝혀낸 브랜드의 성공 비결!

대중을 대상으로 한 일방적인 마케팅은 한계에 다다랐다. 이제 사람들의 마음을 사로잡기 위해서는 브랜드와 사람과의 상호 관계성에 주목하는 심리학적인 접근법이 필요하다. 인터넷과 SNS, 이동통신의 발달로 사람들이 브랜드와 관계를 맺을 수 있는 관계 르네상스 시대가 펼쳐졌기에 더욱 그러하다.
이 책은 프린스턴대 심리학 교수와 마케팅 전문가의 공동 연구 결과물로서 관계 르네상스 시대 급성장한 45개 브랜드들의 성공 비결을 담았다. 구체적으로 저자들은 사람들과 심리적으로 교감할 수 있는 '사람 냄새' 나는 브랜드를 창출하려면 사람들과 어떻게 관계를 맺어야 하는지, 어떻게 사람의 마음을 파고들어야 하는지 그 해답을 제시하고 있다.

차이를 만드는 조직 맥킨지가 밝혀낸 해답
스콧 켈러, 콜린 프라이스 지음 | 서영조 옮김
맥킨지 서울 사무소 감수 | 게리 하멜 서문 | 22,000원

《초우량 기업의 조건》이후 30년 만에 나온 맥킨지 최고의 걸작

세계 최고의 컨설팅 회사 맥킨지가 역사상 가장 폭넓고도 과학적인 연구를 통해 한순간의 성공에 그치지 않고 지속적으로 탁월한 성과를 창출하는 비결을 밝힌 책. 기업은 지속적으로 성장해야 한다는 것은 누구나 알지만, 어떻게 해야 그럴 수 있느냐는 질문에는 누구도 답하지 못했다.
이에 맥킨지가 축적된 컨설팅 경험과 글로벌 네트워크를 활용하여 십 년 넘게 전 세계를 대상으로 심층 조사를 수행하며 그 해답을 찾아 나섰다. 해답을 찾는 과정에서 게리 하멜 같은 최고의 경영학자들과도 협업했고, 다수의 기업들에 실제로 적용해 봄으로써 실무적으로 유용한지 검증했다. 또한 코카콜라와 P&G, 웰스 파고, ANZ, 봄바디어, GNP, 텔레포니카 등 지속 성장에 성공한 기업들의 사례도 담았다.

경영전략전문가 조철선의 기획 실무 노트
당신의 책상 위에 놓인 단 한 권의 경영 전략 실무서
조철선 지음 | 39,800원

전략적 사고에서 기획서 작성에 이르기까지

경영 전략 실무의 모든 것을 담은 종합 지침서

전략적 사고에서부터 사업 전략, 마케팅, 전사 기업 전략, 기획서 작성에 이르기까지 실무 관점에서 경영 전략의 모든 것을 다룬 종합 기획 실무서. 전략 기획 분야의 스테디셀러인 《전략기획전문가 조철선의 기획 실무 노트》를 500페이지 넘게 추가하여 전면 개정 증보한 완결판으로, 전략가라면 반드시 알아야 할 전략 이론과 실무 적용 기법을 다양한 사례와 함께 도표 중심으로 일목요연하게 제시함으로써 독자들이 실무에 활용할 수 있도록 구성했다.
830페이지가 넘는 방대한 분량이지만 필요한 부분만 따로 볼 수 있도록 편집함으로써 실무 활용도도 높였다. 기획 실무자나 마케터, 조직의 리더뿐만 아니라 전략가가 되고 싶어 하는 모든 이들에게 경쟁력 있는 전략 기획에서 전략적 의사 결정에 이르기까지 실질적인 도움이 되리라 확신한다.